青蓝工程
专业能力必修系列

高中化学教师专业能力必修

gaozhong huaxue jiaoshi zhuanye nengli bixiu

教育部基础教育课程教材发展中心　组编

编委会主任：曹志祥　周安平
本　册　主　编：刘克文
副　主　编：张福涛　董素静

西南师范大学出版社
全国百佳图书出版单位　国家一级出版社

图书在版编目（CIP）数据

高中化学教师专业能力必修／刘克文主编. －重庆

：西南师范大学出版社，2012.12

（青蓝工程系列丛书）

ISBN 978-7-5621-5957-5

Ⅰ.①高…　Ⅱ.①刘…　Ⅲ.①中学化学课－教学研究

－高中－师资培训－教材　Ⅳ.①G633. 82

中国版本图书馆 CIP 数据核字（2012）第 218027 号

青蓝工程系列丛书

编委会主任：曹志祥　周安平

策　划：森科文化

高中化学教师专业能力必修

刘克文　主编

责任编辑：杨光明　鲁　艺

特约责编：杨炜蓉

封面设计：红十月设计室

出版发行：西南师范大学出版社

　　　　　　地址：重庆市北碚区天生路 1 号

　　　　　　邮编：400715　市场营销部电话：023-68868624

　　　　　　http://www.xscbs.com

经　　销：新华书店

印　　刷：重庆五环印务有限公司

开　　本：787mm×1092mm　1/16

印　　张：16. 25

字　　数：310 千字

版　　次：2012 年 12 月　第 1 版

印　　次：2012 年 12 月　第 1 次印刷

书　　号：ISBN 978-7-5621-5957-5

定　　价：32. 00 元

《青蓝工程》
编委会名单

编者的话

在基础教育课程改革 10 周年之际，伴随着义务教育课程标准的再次修订与正式颁布，我们隆重推出这套"青蓝工程——学科教师专业能力必修系列"丛书。丛书立足于教师应该具备的最基本的教学专业知识与普适技能，为有效实施新修订的义务教育课程标准，深化基础教育课程改革，贯彻落实《国家中长期教育改革和发展规划纲要（2010—2020 年）》，助力素质教育高质量地推进提供了保证。

"教育大计，教师为本。"课程改革的有效实施和素质教育的贯彻落实需要一支高素质、专业化的教师队伍作支撑。教师的专业化发展在我国历来受到高度重视，但今天我国教师的专业化水平与社会的现实需求和时代的进步，特别是与教育改革发展的需要还存在着较大的差距。

以往，我们常常说教师要提高自身的专业水平或教学技能，但一个合格的教师究竟需要哪些最基本的专业知识与专业技能？教师的专业发展又该朝着哪个方向和目标去努力？这些问题，在教师专业化发展，尤其是在学科教师专业能力的提高上，一直以来并不是十分清晰。因此，我们聘请了当前活跃在基础教育学科领域的顶级专家，他们中的绝大多数是直接参与义务教育课程标准修订、审议或教材编写的资深学者，以担任相应学科的中小学教师应该（需要）了解（具备）的最基本的常识性知识和技能为出发点，总结了具有普适意义的学科教育教学知识和技能，力求推进教师教育教学能力的均衡发展，实现大多数教师教育教学能力的达标。从这个意义上，可以说这套丛书是教师专业化水平建设与发展的一个奠基工程，也是 10 年基础教育课程改革成果的结晶。我们希望青年教师不但能从书中充分汲取全国资深专家与优秀教师的经验、成果，更能"青出于蓝而胜于蓝"，在前辈的引领下，大胆创新，勇于超越，也因此，我们将丛书命名为"青蓝工程"。

丛书从"知识储备"和"技能修炼"两个维度展开论述（个别学科根据自身特点在目录形式上略有不同）。"知识储备"部分一般包括：①对学科课程价值的理解与认识；②修订后课标（义务教育）的主要精神；③针对该学段、该学科的教学所需的基本知识和内容等。"技能修炼"部分主要针对教学设计、目标把握、教学实施与教学评价等专题展开论述。每个专题下根据学科特点和当前教学实际设有几个小话题，以案例导入或结合案例的形式阐述教师教学所必需的技能以及形成这些技能所需要的方法和途径等。

本丛书具有权威性、系统性和普适性，希望对广大教师，特别是青年教师的专业成长能有实实在在的帮助。

丛书编委会
2012 年 1 月

前　　言

随着我国基础教育新课程改革的不断深化，人们对教师的素质提出了更高的要求。因为只有高素质的教师，才能保证有高质量的教育。提高教师的素质，关键是立足教学实践第一线，促进教师专业发展。本书就是为了满足高中化学教师专业发展而编写的教师专业必修用书。

本书分为上下两篇共八个专题，上篇的主题是"高中化学教师专业发展的知识储备"，下篇的主题是"高中化学教师专业发展的技能修炼"。

上篇"高中化学教师专业发展的知识储备"主题包括四个专题：

专题一：理解高中化学课程的价值

主要论述高中化学课程的设置目的、高中化学课程的目标、高中化学课程的价值等内容。

专题二：感悟高中化学课程的基本理念

主要论述学生科学素养的培养，课程体现基础性、现代性和选择性，倡导科学探究教学，理解化学的本质等内容。

专题三：掌握高中化学课程的内容标准

主要内容包括：《化学（必修）》模块内容解读，《化学与生活》模块内容解读，《实验化学》模块内容解读，《化学与技术》模块内容解读，《化学反应原理》模块内容解读，《有机化学基础》模块内容解读，《物质结构与性质》模块内容解读。

专题四：把握高中化学教材的编写特点

阐述了高中化学教材的整体特点，人教版高中化学的突出特点，鲁科版高中化学的突出特点，苏教版高中化学的突出特点等内容。

下篇"高中化学教师专业发展的技能修炼"主题包括的四个专题是：

专题五：高中化学教学设计

主要论述了教材内容和学生分析，教学目标、难点、重点的确定，教学方法及媒体选择，教学过程设计。

专题六：高中化学教学过程与方法

主要内容有：高中化学教学的基本过程，常用的高中化学教学方法，高中化学教学评价。

专题七：高中化学教学资源的开发

阐述了公众媒体中教学资源的开发，社区、日常生活中，工业生产中教学资源开发等。

专题八：高中化学教学研究

主要内容有：高中化学教学研究论文的撰写，高中化学教学研究报告的撰写，高中化学教学、化学科学研究论文的撰写。

总的来讲：该书涉及学科教学专业知识及教学方法论，教材理解及目标把握，教学设计，教学实施与课堂组织，教学评价，教学科研，学科教学新视角、新方法等方面的内容。

本书由刘克文任主编，张福涛、董素静任副主编。专题一、专题二由董素静编写，专题三由张福涛编写，专题四由刘克文编写，专题五由陶秀梅和陈瑞雪编写，专题六由王秀荣编写，专题七由孙京编写，专题八由王笃年编写，张福涛、朱玉军对全书稿件进行了审校，并提出了宝贵意见。最后全书由刘克文统稿、定稿。

基础教育新课程背景下的教师专业必修内容是一个不断探索的课题，本书在这里作了一些尝试，由于成书时间仓促，不足和缺憾在所难免，恳请广大读者批评指正。

本书在编写过程中参阅、引用了许多作者的著作和文章，他们的许多经典论述，使本书增添了生机和活力。我们对这些作者表示深深的感谢。

本书的出版有赖于西南师范大学出版社雷立军先生的精心策划，在此一并致以诚挚的谢意！

刘克文

2012 年 3 月

目 录

Contents

高中化学教师专业能力必修　Gao Zhong Hua Xue Jiao Shi Zhuan Ye Neng Li Bi Xiu

上 篇

知 识 储 备

　　作为高中化学教师，首先要具有必备的知识储备，还应转变化学课程的传统教学方式。本篇在理解高中化学课程的价值、感悟高中化学的基本理念、掌握高中化学课程的内容标准和把握高中化学新教材的编写特点等方面给出了中肯的建议。

专题一　理解高中化学课程的价值

化学作为自然科学的一门分支科学，它从产生到发展至今为人类作出了巨大的贡献，现在的化学已经发展成为一门与人类社会、国计民生紧密联系，又与社会科学技术密切相关的基础科学。化学应用于现代科学技术的研究越来越深入，信息和资料也越来越多，化学中最有创造性的工作是设计和创造新分子，几乎每天都有大量的物质被发现或从实验室里研制出来。化学在现代社会发展中的重要性日益突显出来，正是这样，不少化学家都认为，化学已成为21世纪的中心学科。

在新时期社会科学技术高度发展的背景下，学习和掌握化学基础知识和基本技能、具有创造性思维能力和科学研究的方法等已经成为对21世纪公民在生活、学习、工作中必不可少的要求。高中阶段是公民学习知识和形成能力的关键时期，高中化学课程的设置恰恰为公民在各方面提高科学素养提供了平台。我国高中化学课程与九年义务教育《化学》或《科学》相衔接，属于我国的基础教育课程。

1. 高中化学课程的性质

1.1　课程的定义

课程在任何一个国家的教育和教学中总是处于中心地位。现代课程理论认为，课程是为学生有目的地学习而设计的内容，它与教学的起点（课程目标）、教学的过程（课程观念、课程内容、教科书）和教学的结果（课程评价）密切相连。课程是培养人才的蓝图，是一个国家教育事业的心脏。

我国"课程"一词始于唐宋年间，"课"指课业，"程"是有程度、进程的意思。课程就是指课业及其进程，它既包括教学科目，又包括这些科目的教学顺序和时间。

在西方，课程（Curriculum）的词根源自拉丁语的动词"Currere"（"跑道"的意思），其动词意为"奔走，跑步"，它的名词意思是"跑步的道路，奔走的过程或进程"，隐喻"一段教育进程"。

归纳起来，课程的定义大致有以下几种：课程即教学科目；课程是"学校提供给学生的教学内容或特殊材料的一种综合性的总计划"；课程是"一种预期学习结果的结构化序列"；课程是"学习者在学校指导下获得的一切经验"；课程即文化再生产；课程即社会改造的过程；课程不再是确定性的产品，而是一个不断展开的过程（Evolving Curriculum），就是现在所说的教育内容之意。

1.2 化学课程的含义

什么是化学课程？由于认识的角度不同，不同的学者对化学课程的认识也不相同。归纳起来，对化学课程的认识有以下几种：

（1）化学课程是指化学的教学内容，主要体现在化学教科书、化学课程计划和化学课程标准之中。

（2）化学课程是指对化学教学的目标、内容、活动方式和方法的规划和设计，亦即化学课程方案（或教学计划）、化学课程标准（或教学大纲）和化学教科书（或教材）中预定的教学内容、教学目标和教学活动[①]。可以说，化学课程是为实现化学教育目标所设计的全部内容。

（3）所谓化学课程是指学生通过与化学教学有关的目的活动所主动获得的全部经验。这是从学生发展的角度来定义化学课程的，在郑长龙编著的《化学课程与教学论》一书中，对化学课程的含义做了详细的解释。

①化学课程是一种"经验"，这种经验可以是直接经验，也可以是间接经验，既可以通过学生亲身的实践活动而获得，也可以通过教师的讲授而获得；这种经验可以是学生认知方面的，也可以是情感、态度、价值观方面的体验；可以是过程性的经历，也可以是结果性的结论。

②化学课程是学生的自主的经验，是学生通过教师引导之下主动地构建知识、获取信息、养成能力、发展个性等方面的过程，化学课程的根本目的是促进学生科学素养的全面发展，这种发展是自主性的。

③学生经验获得的途径是通过有目的的"活动"，获得经验的渠道和形式也是多方面的，可以通过课堂教学活动获得，也可以通过课外活动获得，可以是家庭实验活动，也可以进行社会实践调查。

④学生的这种活动的内容主要与化学教学有关。

总的来说，化学课程的含义具有多维性，人们经常从不同的维度、侧面和角度使用"化学课程"一词[②]。

1.3 化学课程的几种不同形式

1.3.1 学科课程和活动课程

学科课程是以化学学科为基础设计的课程[③]，具有一定的学科逻辑结构的知识体系。活动课程是打破学科逻辑组织的界限，以学生的兴趣、需要和能力为基础，通过学生亲自动手组织的一系列活动而实施的课程。

学科课程重在基础知识、基本技能和基本方法的传授，重视学科的系统性和学生间接经验的获得，学生从不同内容的学习中培养良好的科学态度、分析和解决问题的

---

① 王后雄主编．新理念化学教学论．北京：北京大学出版社，2009.21
② 郑长龙编著．化学课程与教学论．长春：东北师范大学出版社，2005.10
③ 刘知新主编．化学教学论．第3版．北京：高等教育出版社，2004.20

能力，理解科学研究的方法和过程。学校课程表中的化学课就属于学科课程①。当前的高中化学课程还是以学科课程为主，不过与以前的课程不同的是，课程内容体系已经由"以学科为中心"转向了"以学习者为中心"，知识内容的选取结合当前社会发展的新情况，接近社会生活实际和符合学生认知能力发展的水平。

活动课程是针对学科课程的单一性、弥补学科课程的不足而提出的，重视学生在活动的过程中实际体验到的各种经历、感受等直接经验的获得。重在激发学生的学习兴趣，利用已有的知识经验、亲身实践的技能来分析、解决遇到的实际问题。具有自主性、开放性、实践性、灵活性等特点。当前的高中化学活动课程形式主要有：研究性学习、社区服务、社会实践、社会调查、咨询访谈、交流讨论、化学家庭实验、化学小制作等。目前活动课程还处于辅助地位，是学科课程的补充。

1.3.2　显性课程与隐性课程

显性课程指学校教育中有计划、有组织地设计和实施的课程。隐性课程是不在课程表中出现，在学校计划中也未被明确列出，但对学生的发展起到了潜移默化的影响的内容。

显性课程一般有固定的教学时间和明确的教学目标，有比较稳定的教材和教学内容②。如课程表中所说的"化学课""化学活动课"等就是显性化学课程；隐性化学课程以不定的时间和不同的内容、方式出现，比如化学讨论会、化学辩论赛、化学板报、科学家画报、化学晚会等。

1.3.3　必修课程和选修课程

必修课程是国家规定的每一位学生为了达到学业要求所必须学习的课程。选修课程是学生根据自己的兴趣爱好、需要及职业倾向等自主选择进行学习的课程。

必修课程一般是国家课程，大多具有学科课程的特点③。必修课程是工具性基础课程，是学习其他知识和能力发展不可缺少的基础。我国现行《高中化学课程必修1》（以下简称《必修1》）、《高中化学课程必修2》（以下简称《必修2》）就属于国家必修课程，其课程内容的设置不仅在于使学生掌握化学基础知识，同时结合社会生活实际，如《必修1》中的焰色反应、碳酸氢钠的不稳定性、硅及其化合物的性质等选材广泛联系学生的生活和社会发展实际，考虑到学生的兴趣、需要和个性发展，为促进学生将来的发展打下良好的基础。

选修课程在不同的内容体系上侧重点不同，充分考虑到不同学生的发展需求。我国当前高中化学6个选修模块（《化学与生活》、《化学与技术》、《物质结构与性质》、《化学反应原理》、《有机化学基础》和《实验化学》）强调的知识内容、理论思维、实践技能等有所不同，满足不同学生的选择，增强了学生的选择性与自主性能力的

---

① 郑长龙编著．化学课程与教学论．长春：东北师范大学出版社，2005.12
② 同上。
③ 刘知新主编．化学教学论．第3版．北京：高等教育出版社，2004.21

发展。

1.3.4　分科课程与综合课程

分科课程指由一系列自成体系的科目组成，通过概念、原理的组合将学科发展的序列展现出来从而形成知识体系的学科课程。综合课程是指由不同学科领域组成的、具有独特育人功能的学科课程。

当今高中化学课程综合化的趋势越来越明显，如化学课程更多地关注环境、能源、资源、技术等STS的热点问题，着重培养学生综合应用科学课的知识和技能来解决实际问题的能力。

1.3.5　基础型课程、拓展型课程和研究型课程

刘知新在其主编的《化学教学论（第3版）》中介绍了这三种课程。

基础型课程为必修课，体现国家对公民素质的基本要求，课程内容涉及化学知识、化学实验活动和实验探究。上海市"二期课改"中实行的在高一和高二年级开设的化学课程和高三年级开设科学课程都属于基础性课程。拓展型课程包括学科（选修）和社会实践（必修）两个部分，满足学生向不同方向、不同层次发展的需要，体现出不同的基础以适应社会多样化需求，同时在高一、高二、高三年级开设。研究型课程属于必修课程，活动方式主要有实践探究、文献研究、社会调查、作品设计等。研究型课程Ⅰ单独设置，从学生的兴趣和经验出发，由学校、教师和学生共同开发并实施，一般以课题和项目为载体，采用弹性课时制，强调校内外结合；研究型课程Ⅱ介于基础型课程和拓展型课程之中，结合学科内容进行研究性学习的渗透。研究型课程主要以学生的自主学习、主动探究和实践体验为主。

1.4　高中化学课程的设置

高中化学课程的设置要考虑多方面的因素，根据化学学科的本质特征、国家的政治、经济和社会文化技术发展以及现代公民整体发展和个性培养的需要，科学地设置化学课程。化学课程的设置及课程目的与内容的拟定是学校化学教育的目标和任务物化的表征。

1.4.1　普通高中化学课程的性质

现阶段的高中化学教学建立在九年义务教育基础之上，是较高层次的基础教育。我国《普通高中化学课程标准（实验）》中明确提出：普通高中化学课程是与九年义务教育阶段化学或科学相衔接的基础教育课程。课程强调学生的主体性，在保证基础的前提下为学生提供多样的、可供选择的课程模块，为学生科学素养的发展和高中阶段后续课程的学习打下必备基础，培育学生超越基础的化学素养，但又不是专门化的基本素质，使学生实现"独立行走"，这便是普通高中化学课程存在的独立价值。

高中化学课程的设置有助于学生主动构建自身发展所需的化学基础知识和基本技能，进一步了解化学学科的特点，加深对物质世界的认识；有利于学生体验科学探究的过程，学习科学研究的基本方法，加深对科学本质的认识，增强创新精神和实践能

力；有利于学生形成科学的自然观和严谨求实的科学态度，更深刻地认识科学、技术和社会之间的相互关系，逐步树立可持续发展的思想。

1.4.2　高中化学课程设置的依据及其影响因素

高中阶段设置化学课程，既是社会发展的需要，也是学生发展的需要。

化学与国计民生有着密切的关系。它已经成为改善人类社会活动的最有成效的科学之一。现代社会的发展、变革和人类的衣食住行都离不开化学和化学技术。因此，设置化学课程是依据社会发展和公民个体发展的需要，同时又受同时代教育宗旨（方针）的制约。化学课程设置的目的及任务要适应其所处时代社会的政治、经济、文化、科技、公民个体的发展需求。

（1）高中化学课程设置的依据

①社会发展的依据：化学的发展推动了当今社会生产力的高度发展和科学技术的飞速前进，同样，社会生产力和科学技术的变革也促使了化学的进一步发展。如今的化学已经渗透到社会生活、环境能源、生物医学、科学技术等方方面面，社会的发展进步离开了化学将会寸步难行。这种社会发展形势也要求高中化学课程中的化学知识内容与当前社会生活、科学技术密切相关。高中化学对化学科学自身的发展及其他前沿科学的发展起到基础性的作用，在高中阶段设置化学课程非常必要。

②公民发展的依据：化学课程的设置必须依据同时期学生发展的需要，同时也要遵循学生心理和生理发展的规律。社会的发展进步需要化学，学生是社会人，为适应社会生活和生存必须要具备一定的化学知识和技能。设置高中化学课程既要立足于全体学生的一般发展，也要考虑学生个体的发展，要符合他们的需要、志向和动机，更要契合他们的知识、经验和能力的现实水平；课程结构、内容安排、能力要求等符合高中学生的接受能力，适应他们的心理和生理发展规律；同时注意课程的发展性价值，促进学生的科学思维的培养、行为习惯养成和思想道德的提升。

③教育方针的制约：学校的教学计划是由国家教育主管部门根据教育方针和学校的教育任务制定的指导性文件，它对学校的教学、生产劳动和社会活动等进行全面安排。学校教学计划中规定了化学课程的设置，具体包括化学课程的开设顺序、课时分配以及学年编制等等。各门课程的设置顺序并不是任意的，而是反映出各门课程之间的相互联系和配合。学习化学需要有一定的数学和物理知识的储备。因此，教学计划中规定，在数学（初一开始设置）和物理（初二开始设置）之后开设化学课程（初三开始设置），这是符合知识间的相互联系和循序渐进的教学原则的。

另一方面，高中化学课程的设置又有其相对的独立性。化学课程的内容中，最基本的是自然科学基础知识，它的本质和作用不会因国家政治经济制度的改变而改变，其他学科知识也不能替代化学学科知识在生产建设和国防上的重要地位。

（2）高中化学课程设置的影响因素

高中化学课程的设置受多种因素的影响，总的来说，最主要的影响因素有社会、学科和学生这三个方面。

①社会因素：教育的根本目的是育人，促进学生的发展。学生的发展又是以社会发展为依据的。社会通过社会生产力发展水平和社会文化传统及意识形态来影响课程的设置。中学化学课程的设置与社会的政治、经济、生产、文化以及科学技术发展的需要密切相关。社会要综合考虑培养劳动力的需要、符合文明社会的需要及适应成本（财力和时间）的要求，这会影响化学课程的设置。

化学作为一门自然科学，化学课程在很大程度上取决于化学在社会中的地位和价值取向。首先表现在化学与化学工业通过各种渠道转化为生产力因素，直接促进了化学课程在学校教育中的诞生，并使其随之改变而发展；其次，社会随科技的发展丰富了教育教学的传播方式和拓展了科学的领域，使得化学课程为了更好地达成目标要考虑其影响，并努力与之契合；最后，化学本身的发展带来了一系列不可避免的环境效应，使得开设化学课程、学习化学知识和技术、发展创新思维能力成为学校实施环境教育的基础。考虑社会环境因素是高中化学课程义不容辞的责任[①]。

人类社会从茹毛饮血、刀耕火种发展到现在，现代文明的飞速发展和科学技术的进步使得化学与科技、化学与社会、化学与生活非常贴近，化学知识与技术的应用和掌握直接与国家的经济发展水平相联系。因此，社会的发展与变革对高中化学课程设置产生了很大的影响。

②学科因素：科学文化知识本质是作为一种客观存在具有相对独立性，不以人的意志为转移。人类长期积累的化学科学文化知识是化学课程内容的重要源泉，化学课程就是建立在化学学科基础上的，没有化学学科，就不会有化学课程，化学学科本身的价值、知识、结构和特点及发展必然对化学课程的设置产生影响。因此高中化学课程的设置同样受化学学科自身的特点和化学学科变化着的性质对其产生的影响。

化学学科是以实验为基础的，有其特定的概念和理论，有独特的科学语言，同时具有较强的经验性，与人类生活和工农业生产有直接的联系。这就决定了化学课程以实验为基础，利用化学用语学习元素化合物知识以及概念、原理，并且广泛联系生产和生活实际的特点[②]。从化学学科的发展来看，化学与相关学科如环境科学、材料科学、能源科学、生命科学等相互渗透、相互交叉融合越来越强烈，高中化学的设置客观地反映化学学科的发展现状[③]。

③学生因素：学生因素对化学课程设置的影响主要有两方面，一是作为社会人，出于学生发展的需要，二是受学生生理、心理发展水平的制约。化学课程的设置是公民个体的需要，学生作为社会人，出于学生发展的需要，确定课程设置，应着眼于学

---

① 江家发主编. 化学教学论. 合肥：安徽人民出版社，2007. 17
② 马宏佳主编. 化学教学论. 南京：南京师范大学出版社，2007. 15
③ 李晶，何彩霞主编. 化学新课程与学科素质培养——化学教育新视野. 北京：中国纺织出版社，2002. 134

生的发展；同时要认识、掌握、遵循学生的生理、心理的发展规律和个别差异。学生的认知水平随年龄不同而有不同的阶段性发展，并且不同学生的兴趣、爱好、特长也存在个别差异。化学课程中存在许多抽象概念和抽象理论，要想很好地理解这些概念和理论，只有学生的智力达到了一定的水平，特别是具备一定的抽象思维能力时，才能收到比较好的学习效果[1]。一些心理学研究表明：十一二岁至十七八岁是逻辑思维逐步成熟的阶段。在我国，中学化学课程分设在义务教育阶段和普通高中阶段。我国初三年级学生的年龄一般在十三至十五岁之间，高中年级学生的年龄一般在十五至十八岁之间，这个时期正是抽象逻辑思维开始占相对优势的时期，从这时开始学习化学课程，是符合学生心理发展特征的。

2. 高中化学课程的目标

目标是一种活动期望的结果或状态。对于任何活动，人们对其都有一种期望在里面，这种期望就是目标。课程目标是课程诸多构成要素中的第一要素，也是课程设计过程中极其重要的一环。课程作为培养人才的蓝图，它的规划和设计的依据就是课程目标。

课程目标是课程编制过程中所确定的目标，即学校课程在一定阶段力图所达到的教育目标，是通过课程实施（即教学）所要完成的指标体系，是课程使学生发展的基本标准（即最低要求），即通过一定学段的学校课程学习使学生达到的发展状态。

美国学者泰勒在 1949 年出版了其专著《课程与教学的基本原理》，提出了后来被学术界称誉为"经典课程范式"的泰勒原理：学校应该达到哪些教育目标？提供哪些教育经验才能实现这些目标？怎样才能有效地组织这些教育经验？我们怎样才能确定这些目标正在得以实现？泰勒原理的这些内容后来逐渐被归纳总结成课程的四个方面，分别为：课程目标、课程内容、课程组织和课程评价，其中课程目标是课程研制的首要问题，它直接影响到国家对人才培养的方向和质量，影响课程内容的选择和教科书的编制，影响教学过程的实施及评价。也就是说，课程目标既体现国家对培养总目标的要求，又结合学生的实际情况、社会的需求和学科发展的现状，体现课程开发的有关价值取向。

20 世纪中期，美国学者布鲁姆提出著名的"教育目标分类学"，他把教育中应该达到的全部教育目标分为三个领域：认知领域、情感领域和动作技能领域。认知领域的目标包括知识、领会、应用、分析、综合和评价六个主要类别。情感领域的目标包括接受（或注意）、反应、价值、作用、组织化和个性化五个主要类别。动作技能领域的目标包括基础动作、规定动作、制作动作。这三个领域的各个目标是分等级逐级递进的，低级目标是高级目标的基础，高级目标中包含低级目标。认知目标的层级上

---

[1] 王克勤主编. 化学教学论. 北京：科学出版社，2006.23

的分类思想一定程度上促进了我国化学课程目标设计和教学评价工作[①]。可以说，我国2003年颁布的《普通高中化学课程标准（实验）》中，我国的化学课程目标的确定，其理论基础之一就是布鲁姆的教育目标分类理论[②]。

化学课程目标是为了实现化学课程一定的教育目的而预先设想好的要达到的结果，是人们赋予化学课程教育功能时所规定的最低教育要求，反映了一定时期的教育价值取向。化学课程目标规定了化学学科的基本教育内容，对学生的发展过程起着导向的作用。由于社会是不断发展变化的，社会对人才质量规格的要求也在不断地随之改变。化学课程目标是培养目标在化学学科上的具体形态。因此，化学课程目标并不是一成不变的，不同阶段的化学课程目标要受制于这一阶段一定的培养目标。

我国现行高中化学课程目标规定了学生在整个高中阶段，通过化学学科的学习应该达到的发展目标。课程目标由目标的维度、目标的内容和水平要求等要素构成。

2.1 高中化学课程目标的结构

高中化学课程目标从大、中、小三个不同层次上加以表述，由课程总目标、课程三个维度的展开目标和8个模块的内容目标三部分构成课程目标体系。结构图如下：

图1-1　课程目标体系结构

2.2 高中化学课程目标的维度分析

我国现阶段的《普通高中化学课程标准》指出了总的课程目标为：我国高中化学课程在九年义务教育的基础上，以进一步提高学生的科学素养为宗旨，激发学生学习化学的兴趣，尊重和促进学生的个性发展；帮助学生获得未来发展所必需的化学知识、技能和方法，提高学生的科学探究能力；在实践中增强学生的社会责任感，培养学生热爱祖国、热爱生活、热爱集体的情操；引导学生认识化学对促进社会进步和提高人类生活质量方面的重要影响，理解科学、技术与社会的相互作用，形成科学的价值观和实事求是的科学态度；培养学生的合作精神，激发学生的创新潜能，提高学生的实践能力。

《高中化学课程标准》中从知识与技能、过程与方法和情感态度与价值观三个目

---

① 刘知新主编.化学教学论.第3版.北京：高等教育出版社，2004.41
② 周青主编.化学学习论.北京：科学出版社，2006.198

标维度方向的描述如下：

（1）知识与技能目标

①了解化学科学发展的主要线索，理解基本的化学概念和原理，认识化学现象的本质，理解化学变化的基本规律，形成有关化学科学的基本概念。

②获得有关化学实验的基础知识和基本技能，学习实验研究的方法，能设计完成一些化学实验。

③重视化学与其他学科之间的联系，能综合运用有关知识、技能与方法分析解决一些化学问题。

"知识与技能"目标是学生学习化学所要达到的最基本的要求，从以上三方面的表述中可以看出，高中化学在学习化学基础知识之上，理解科学的本质，更加关注学习化学核心概念、试验方法和实验技能，建构化学核心观念，同时还注重于学生的高级认知技能和问题解决技能的培养。

（2）过程与方法目标

①经历对化学物质及其变化进行探究的过程，进一步理解科学探究的意义，学习科学探究的基本方法，提高科学探究能力。

②具有较强的问题意识，能够发现和提出有探究价值的化学问题，敢于质疑，勤于思考，逐步形成独立思考能力，善于与人合作，具有团队精神。

③在化学学习中，学会运用观察、实验、查阅资料等多种手段获取信息，并运用比较、分类、归纳、概括等方法对信息进行加工。

④能对自己的化学学习过程进行计划、反思、评价和调控，提高自主学习化学的能力。

"过程与方法"目标对学生的问题意识、独立思考能力和合作能力提出了更进一步的发展要求，使学生在体验探究过程中获得化学知识，同时加强学生化学学习过程中方法的掌握和终身学习能力的提高。

（3）情感态度与价值观目标

①发展学习化学的兴趣，乐于探究物质变化的奥秘，体验科学探究的艰辛和喜悦，感受化学世界的奇妙与和谐。

②有参与化学科技活动的热情，有将化学知识应用于生产、生活实践的意识，能够对与化学有关的社会、生活问题做出合理的判断。

③赞赏化学科学对个人生活和社会发展的贡献，关注与化学有关的社会热点问题，逐步形成可持续发展思想。

④树立辩证唯物主义世界观，养成务实求真、勇于创新、积极实践的科学态度，崇尚科学，反对迷信。

⑤热爱家乡，热爱祖国，树立为中华民族复兴、为人类文明和社会进步而努力学习的责任感和使命感。

情感态度与价值观一般包括对己、对人、对自然及其相互关系的情感、态度、价值判断以及做事应具有的科学态度、科学精神。

情感态度与价值观目标侧重对学生的合作精神和社会责任感的培养，使学生在化学的学习过程中懂得化学的价值，形成科学的世界观。这一目标充分体现了化学课程的人文内涵，发挥化学课程对培养学生人文精神的积极作用。

由此可见，高中化学课程的总目标是提高学生的科学素养，在具体落实总目标时，又将科学素养从知识与技能、过程与方法、情感态度与价值观三个维度加以具体化。课程目标的这三个维度层次分明，自内向外发力，其内涵逐层凝聚，使学生在三个方面得到统一和谐的发展，尤其突出后两个目标在学生发展过程中的重要作用，把培养学生的科学素养作为化学课程的教育价值中枢，将学生学习的知识与活动和体验交织在一起，从而建构起化学课程的目标体系，更能全面地体现素质教育的理念。

2.3　高中化学课程目标的水平要求

《普通高中化学课程标准（实验）》对课程目标要求分别从认知性学习目标水平、技能性学习目标水平和体验性学习目标水平三个方面进行了描述。

认知性和技能性学习目标水平属于行为性的教学目标，可以根据学生的实际情况确定水平，一般选择恰当的可观察的行为动词进行述写，对学生的学习结果可以进行测量和评价，如："知道元素、核素的含义"；"知道乙醇、乙酸、糖类、油脂、蛋白质的组成和主要性质"；"了解有机化合物中碳的成键特征"等，这些是可以结果化（明确）的课程目标。

体验性学习目标水平可以说是最灵活、最具动态性、最具主观体验性、涵义最丰富的一类目标[1]，是难以直接观察和直接测量的，一般采用体验性或表现性目标的方式，明确安排学生表现的机会，体现出学生学习的过程性和体验性，注重学生学习过程中的心理感受和体验。行为动词常需采用有关的心理活动词语或较宽泛的行为词语进行描述如体验、感受、关注、体会等，即"描述心理活动状态的词语 + 某项主题"。如："从科学家探索物质构成奥秘的史实中体会科学探究的过程和方法，增强学习化学的兴趣"；"形成绿色化学的观念，强化实验安全意识"等，课程目标的这种体验性学习目标水平的表述方式指向无需结果具体化或难以结果具体化。

《普通高中化学课程标准（实验）》中对这三种目标水平的表述分别归纳如下：

（1）认知性学习目标的水平

低	知道、说出、识别、描述、举例、列举
	了解、认识、能表示、辨认、区分、比较
	理解、解释、说明、判断、预期、分类、归纳、概述
高	应用、设计、评价、优选、使用、解决、检验、证明

---

① 蔡重庆. 普通高中化学课程标准（ 实验）研析［J］. 安徽教育学院学报，2004（11）：108

（2）技能性学习目标的水平

低	初步学习、模仿
	初步学会、独立操作、完成、测量
高	学会、掌握、迁移、灵活应用

（3）体验性学习目标的水平

低	感受、经历、尝试、体验、参与、交流、讨论、合作
	认同、体会、认识、关注、遵守、鉴赏、重视、珍惜
高	形成、养成、具有、树立、建立、保持、发展、增强

认知性学习目标水平和技能性学习目标水平是对三维目标中的知识与技能目标所要达到的要求的具体表述，而体验性学习目标水平是对三维目标中的过程与方法及情感、态度和价值观的所要达到的要求的具体表述。

2.4　高中化学课程的目的

课程目的是课程标准制定者对课程运行方向和总目标的概括的原则性规定。决定课程目的的内部因素主要是学科功能特点、教师完成任务的能力以及学生的发展水平和需要等；决定课程目的的外部因素主要是社会发展的需要。

化学课程作为化学科学文化在学校教育中的代言，其基本目的是提供化学场景来传承人类社会优秀的化学文化；帮助学生了解化学的价值；把握化学的思维方法；发展学生的综合能力，获取有效的、更高级的思维技能；体会化学的实践精神；欣赏化学的美学价值；领会化学家的创新精神以及化学文化的深刻内涵。高中阶段作为基础教育的重要阶段，高中化学课程目的要体现基础教育的社会公民教育性质，着重提高学生的思想道德素质、以化学为重点的文化素质和心理个性素质。因此，其主要目的已不是为高一级学校输送合格的将来从事化学事业的学生，而是转向于提高学生的基本素质，为他们将来更好地适应现代和未来社会的工作、学习和生活做好准备。

高中化学课程的基本目的为以下几个方面：

（1）以化学为重点提高学生的文化科学素质。高中化学课程使学生具有生存和发展所必需的化学基础知识和基本技能，对化学科学知识逐步形成一定的初步构架；使学生认识到化学科学和化工技术对实际社会应用的可能性和存在的局限性，认识到化学对社会发展的积极作用和预测可能带来的消极影响；使学生了解化学科学的怀疑精神、实践精神、创造精神和人本精神；了解化学科学过程和方法，学习用化学科学观念、化学科学知识和化学科学方法来观察、认识自然与社会、科学与技术的相互作用，并能做出正确的决策。

（2）提高学生的心理个性素质，发展学生的个性特长。通过对高中化学知识内容的学习，使学生建立热爱化学、尊重化学的观念；激发学生进一步学习化学的兴趣、热情、意志，培养良好的非智力品质；弘扬实事求是的科学精神；发展学生智力，培养学生的观察能力、自学能力、操作能力、表达能力和科学思维能力，促进学生全面发展。

（3）提高学生的思想道德素养。用辩证唯物主义和爱国主义来教育学生，使他们树立正确的人生观、价值观和世界观；关心自然与社会；具有环境保护、珍惜自然资源、尊重他人、尊重技术、团结协作等科学伦理道德的观念、体验和态度；能较自觉地关注现代社会生活中与化学相关的问题，如环境、能源、材料、卫生、健康、生物等方面的热点问题，并能运用化学知识解释或解决这些简单的化学问题。养成良好的道德品质。

根据以上叙述，归纳总结出高中化学课程总的目的要求：贯彻全面发展的方针，精选学生发展所必备的化学基础知识和发展学生的基本技能；加强化学课程与学生生活的联系，充分关注和培养学生的学习兴趣，发展学生的个性特长，培养他们的创新精神和实践能力；培养学生的自学能力，为学生的终身学习打好基础；提高学生的科学素养；帮助学生形成正确的人生观和价值观。

3. 高中化学课程的价值

化学作为自然科学的一个分支，是科学学科的重要组成部分。化学经历了长期的艰难曲折过程，发展到现在的化学，已经充满了非凡的魅力，无论是从化学学科自身存在来说，还是从其他相关学科的发展而言，化学都起着其他学科无法取代的作用。

一门课程的开设总是有其一定的目的，体现出相关学科的特点。高中阶段衔接着义务教育和高等教育，高中化学课程在初中化学课程做初步启蒙之后开设，使学生对化学科学有整体性的了解，对当前社会生活中存在的热点问题进行积极的思考并有所作为，当前高中化学课程正在体现出其存在的重大价值。

3.1 高中化学课程的地位

高中化学课程是整个教育体系中基础教育课程的重要组成部分，它以初中基础教育为前提，保证进一步发展学生对化学基础知识和基本技能、科学方法、科学本质等全方面的理解，同时担负着培养学生情感、态度、价值观的重要教育使命，展示出化学学科的人文内涵。高中化学课程的开设为学生的未来发展创造了良好的机会。它的存在和完善对整体教育目标的实现、提高学生的科学素养、促进学生全面发展有着不可替代的重要作用。

3.2 高中化学课程的价值体现

目前的化学已经渗透到国民经济和社会生活的一切领域中。化学对社会的文化、经济、生态、环境等的作用和影响成为推动和影响社会发展的重要力量。通过高中化学课程的设置，有效地传播了人类社会生存发展所积累下来的化学科学知识、化学方法、化学科学技术的价值观念，同时为中学生今后投身社会、能够充分全面地认识和解决与化学有关的社会问题、更全方位地发展和积极主动地参与社会决策做准备。

21世纪的高中化学课程的最高价值已从过去的知识传承至上、考试分数第一转向一切都是为了使学生形成对科学的探索兴趣和积极的情感；培养看待自然与世界的科学态度和精神；增进对科学过程和科学活动的实质和价值以及科学与技术和社会的密切关系的理解和认识；发展运用科学知识和科学方法解决社会和个人生活问题的能力。具体来说，高中化学课程的价值有以下几个方面：

（1）文化价值：现行高中化学新课程更倾向于从文化层面去理解课程，强调课程的深层文化价值，及其对儿童精神生命的关照与滋养，而不仅仅是知识技能的掌握或单纯的智力培养①。通过社会全体公众对高中化学课程的学习，了解到化学对人们的化学科学基本知识和科学技术、科学思想、科学精神和科学观念等的基础性作用，从生活日用品到科技常用品再到国家的国防技术领域，都存在化学知识技术的身影，显示出人类对化学的依赖性增强。高中化学的知识内容蕴含着爱国主义、辩证唯物主义、实事求是的精神，培养了学生的科学品德和社会责任感，学习化学为提高全民族的科学文化素质奠定了基础，同时也间接地为整个社会文化进步、教育总体发展、生态指标水平的提高等做出了巨大贡献。

（2）学生发展的价值：化学教育的价值就在于通过有效的教育手段作用于未来的人才，造就大批具有科学素养的人才②。高中化学课程是为每一位社会公民设置的，是面向大众的教育，促进人的全面健全发展；是学生进一步学习化学知识和提高能力的基础科目。高中化学着重于加强学生科学品德、社会道德的培养，同时既注重创新思维又注重不同学生个性心理特征的发展，即结合社会需要在培养全体学生科学素养的同时发展学生的个性特长；将化学科学基础知识、科学态度、科学精神与现代科学技术和科学方法以及人类的价值观念和审美观念有机地结合起来，充分体现了高中化学的全面教育思想。

第一：高中化学课程帮助学生积极主动构建自身发展所需的化学基础知识和基本技能，有助于学生在初中化学的基础之上进一步加深对化学学科特点的了解，加深对物质世界的认识。

传授化学的基本知识：高中化学是在九年制义务教育初中化学的基础上开设的，为的是使学生进一步学习一些化学基本概念和原理以及元素化合物的基础知识，主动构建自身发展所需的化学基础知识和基本技能，进一步了解化学学科的特点，加深对物质世界的认识；学习一些基础化学实验和化学计算，从而进一步培养学生化学实验和化学计算的基本技能；初步认识化学与人类、社会、生活、科学、技术等的密切联系以及化学的重要应用。

培养和发展学生的基本技能：首先，高中化学可以培养和发展学生对所学知识的迁移应用、分析和解决问题的能力。高中化学知识和化学现象在现实生活和工农业生

---

① 江家发主编．化学教学论．合肥：安徽人民出版社，2007.29
② 钟启泉总主编，高剑南、王祖浩主编．化学教育展望．上海：华东师范大学出版社，2001.253

产中随处可见，学生通过对高中化学知识内容的了解、学习，能结合实际迁移应用所学的知识来解决实际问题；其次，通过对高中化学的学习，可以培养和发展学生的观察能力、自学能力、实验操作能力和表达能力等；再次，可以培养学生独立获取知识的能力、科学探究的能力以及创新能力，使学生能较自觉地关注现代社会生活中与化学相关的问题，如环境、能源、材料、卫生、健康、生物等方面的热点问题，并能运用化学知识解释或解决这些简单的化学问题。

第二：高中化学课程为学生进一步进行科学探究创造了有利的环境，有助于学生从中体验科学探究的过程，学习化学科学研究的基本方法，加深对科学本质的认识，从而增强创新精神和实践能力的培养。通过了解和学习高中化学中的物质及其变化的过程、化学实验的现象和本质等可以让学生了解探究的意义和学习探究的基本方法，进一步培养和提高学生科学探究的过程与方法，提高基本的科学探究能力。

第三：高中化学课程有利于学生形成科学的自然观和严谨的科学态度，更深刻地认识科学、技术和社会之间的相互关系，逐步树立可持续发展的思想[1]。高中化学课程中化学反应与变化、化合物的制备和性质、有机合成与应用及对化学实验的学习探究等都能激发学生学习化学的兴趣，都可以让学生体验、理解与运用科学方法，培养学生一丝不苟的科学态度以及细致观察和探索物质奥秘的良好习惯、分析解决问题的实践能力、求新求变的创新意识、求真求实的科学精神；相关的化学史的学习，激发学生的辩证唯物主义和爱国主义教育，培养学生的社会责任感以及刻苦、顽强、团结合作等优良品德。

当今世界的政治、经济、文化、军事等发展与变革浪潮席卷全球，科学世界和生活世界越来越相互交融，这就要求学生能够从社会生活实际出发，认识化学与人类生活的密切关系，关注人类面临的与化学相关的社会问题，培养学生的社会责任感、参与意识和决策能力。高中化学促进学生在这些方面的全面发展，为学生将来参加社会主义建设打好基础。

（3）社会发展价值：学生的发展是以社会的发展为依据的，而当今社会的发展离不开化学的巨大贡献，同时化学的发展也对社会的发展产生了消极的影响。我国现行的高中化学课程为学生能认识社会、适应社会的发展提供了很大的空间。近几十年来，化学的发展非常快，以致有不少化学家认为，化学已成为21世纪的中心学科。

一方面，化学为人类提供了水源和空气、丰富的食物和能源、品种繁多的材料和治疗疾病的医药，以及在保护人类的生存环境等方面起了巨大作用。化学与人类、社会、科学、技术等的联系越来越紧密，生命科学技术、材料科学技术、环境科学技术、能源科学技术及信息科学技术等是21世纪的几项前沿科学技术，化学应用于现代科学技术的研究正越来越深入，信息和资料也越来越多，每天都有大量的物质被发现或从

---

① 王克勤主编. 化学教学论. 北京：科学出版社，2006.22

实验室里研制出来。化学在社会生活中的重要性正日益显示出来，成为21世纪的重要支柱和发展动力，而这些科学技术都涉及化学物质和化学变化，化学正是这些科学技术的重要基础，对这些科学技术的形成和发展都有重大的贡献。正如美国化学科学机会调查委员会等编的《化学中的机会》一书中所说，"很多社会需要，包括那些决定我们生活和经济实力的方面都要求化学来解决"，"化学是一门满足社会需要的中心科学"。

另一方面，化学的发展也对人类社会的发展带来了不同程度的负面影响，大量的重金属、有毒有害气体的排放、有机农药的使用、放射性物质的泄露等等都说明化学对社会作出巨大贡献的同时也给人类带来了灾难，再加上自然资源的有限性和天然材料功能的单一性，使化学正面临着重大的考验。

正因如此，化学也承担着探索新能源、发展绿色化学、治理环境、促进其他科学发展与提高国民经济和国家综合实力的义不容辞的社会责任。高中化学课程设置加强了学生对化学与社会当前发展各方面的充分认识和了解，使学生将来有效地正确利用化学科学知识和技术，克服化学对社会的不利影响，促进社会的发展。

（4）学术价值：化学是人类的认知能力和智力潜力的巨大蕴藏之地。高中化学通过为高一级学校输送合格的将来从事化学事业的学生，直接凭借化学技术力量，带动社会生产力水平和化学科学技术水平以及社会经济的增长。保证了化学科学事业后继有人，兴旺发达。同时，有力地促进国家化学事业的发展，为提高国家的科技水平打下坚实的基础。

高中化学课程的设置是为了向高一级学校输送合格的将来从事化学事业的学生以及为社会培养高科技人才做准备。

首先，社会的发展和进步离不开科学家和高科技人才的努力，社会和国家经济的增长离不开化学家和化学人才的巨大贡献。因化学有其自身的学科特点，有自己专门的语言和符号（如元素符号、化学式、化学方程式等），有自己严密的科学体系和逻辑结构（如原子结构、分子结构、化学键等），有自己独特的研究方法（如实验的方法）等。这些自身的特点是其他学科无法取代的；而学习者的化学学习方法、研究方法及化学思维能力和分析、推理、判断能力的养成和提高必须在特定的年龄阶段内进行有效的训练、培养，方能牢固掌握和长期发展；对于化学家和与化学有关的高级科技人才来说，必须从小打下扎实的化学学科基础，具备必要的化学相关的逻辑思维能力，才能为以后进一步进行化学学习、研究服务。

另外，化学发展使得化学知识正越来越多地与其他学科知识相互融合渗透，像生命科学、环境科学、能源科学等这样的科学家毫无疑问需要强有力的化学知识支撑，就是计算机、自动控制这样的学科也会用到化学知识。所以，这也要求从事其他学科的人才需要具备一定的化学专业知识才能更好地在自己的学科领域有所发展。

总之，高中化学课程的设置为适应国家和社会发展进步的需要，培养具有一般科学素养的公民和未来从事化学专业研究的人才及其他高科技人才打下基础。

综上各个方面来说，化学一方面分化形成许多新兴的分支学科，另一方面跟许多其他科学相互依存、渗透和综合。它联系着物理学和生物学，形成现代科学技术的支柱和轴心，是重要的轴心科学之一。因此，从根本上说，在高中设置化学课程是搞好21世纪化学教育的需要，是21世纪社会的需要，也是学生发展的需要。化学在社会生活中的重要性正日益显示出来，很难想象，一个对化学缺乏起码认识的人，怎样来适应现代社会的生活。因此，高中化学具有其他科学学科无法取代的重要价值。

专题二：感悟高中化学的基本理念

高中化学课程应有助于学生主动构建自身发展所需的化学基础知识和基本技能，进一步了解化学学科的特点，加深对物质世界的认识；有利于学生体验科学探究的过程，学习科学研究的基本方法，加深对科学本质的认识，增强创新精神和实践能力；有利于学生形成科学的自然观和严谨求实的科学态度，更深刻地认识科学、技术和社会之间的相互关系，逐步树立可持续发展的思想。

高中化学课程以提高全体学生的科学素养和终身学习能力为指导思想，以知识与技能、过程与方法、情感态度与价值观三个维度目标为统领。

为了充分体现普通高中有共同基础、适应不同学生发展需要并适应时代需要的可选择性的化学课程体系，我国新的《普通高中化学课程标准》中明确了高中化学课程的基本理念：

（1）立足于学生适应现代生活和未来发展的需要，着眼于提高21世纪公民的科学素养，构建"知识与技能"、"过程与方法"、"情感态度与价值观"相融合的高中化学课程目标体系。

（2）设置多样化的化学课程模块，努力开发课程资源，拓展学生选择的空间，以适应学生个性发展的需要。

（3）结合人类探索物质及其变化的历史与化学科学发展的趋势，引导学生进一步学习化学的基本原理和基本方法，形成科学的世界观。

（4）从学生已有的经验和将要经历的社会生活实际出发，帮助学生认识化学与人类生活的密切关系，关注人类面临的与化学相关的社会问题，培养学生的社会责任感、参与意识和决策能力。

（5）通过以化学实验为主的多种探究活动，使学生体验科学研究的过程，激发学习化学的兴趣，强化科学探究的意识，促进学习方式的转变，培养学生的创新精神和实践能力。

（6）在人类文化背景下构建高中化学课程体系，充分体现化学课程的人文内涵，发挥化学课程对培养学生人文精神的积极作用。

（7）积极倡导学生自我评价、活动表现评价等多种评价方式，关注学生个性的发展，激励每一个学生走向成功。

（8）为化学教师创造性地进行教学和研究提供更多的机会，在课程改革的实践中引导教师不断反思，促进教师的专业发展。

1. 培养学生的科学素养

从当今国际形势的发展来看，科学素养是 21 世纪公民必须具备的基本素质。当今世界科学教育在基础教育阶段，课程改革方面的着眼点就是培养和提升学生的科学素养，简单来说，科学教育的宗旨就是培养学生的科学素养。由于各个国家在对中学的科学教育方面的要求有所不同，提出的化学课程目标也有差异。但总体来看，大多数国家和地区都一致把培养学生的科学素养提到日程上来，作为教育改革的出发点和重要归宿。因为在当今科学技术飞速发展的形势之下，人们要想很好地驾驭科学技术，使其为人类带来无尽的福祉，不仅需要大量的科学家和工程师进行创造性的研究工作，而且更需要全体公民对科学和技术有相当程度的理解和掌握，以满足科学技术发展对社会生产中各行业从业人员劳动素质的要求，并使公民能理性地充分享受现代科学技术所带来的舒适生活。为此，学校科学教育就必须为提高公民的科学素养服务，并把它作为科学教育最基本的价值取向。

1.1 科学素养的由来

科学素养一词来源于英文"Scientific Literacy"，直接翻译成中文的意思是"科学读写能力"，总体是指对科学和技术的基本知识、基本观点和对科学价值观的基本了解。英文中科学素养"literacy"一词来自英文词汇 literate，一指有学识，有学养，跟学者有关；另一个指能够阅读，能够书写，对象是一般普通大众。而"literate"则源自拉丁语的"literatus"，指有文化、有学问的意思。随着时间的推移，"literacy"和"litteratus"两词的意思都发生了变化，产生了新的涵义。英文"scientific literacy"在现代科学教育的语境中，实际上是指对科学的基本理解。

科学素养一词开始没有特定的意义，只是用来当做学生发展的一个理想化口号，结果后来尽管很多学者尝试过各种的努力，都没能够给科学素养一个可以被科学家和科学教育工作者共同认可的定义。我国的科普工作和各种研究报道对科学素养的理解也存在差异。同时，"素质"一词似乎更接近"qualification"，人们对这个科学素养问题的理解就更不相同了。综合多数的观点来看，随着社会的发展、科学技术的提高和科学教育的改革，科学素养的范围和侧重点有所不同，它的内涵也在不断地发展变化。

1.2 科学素养内涵的发展

有关科学素养的思想在 20 世纪初就已有萌芽，但是在 20 世纪 50 年代以后，"科学素养"一词才被明确提出来，并且出现在学术研究之中。科学素养一词首先出现在美国学者柯南特的《科学中的普通教育》一书中，随后被美国斯坦福大学的赫德首次应用来探讨科学教育问题。此时的科学素养被认为是对科学的理解和对社会实践的应用。

科学素养并不是单纯的一个概念，从其起源和发展来看，它有丰富的内涵，西方发达国家对科学素养内涵的理解是渐次扩充的，在 20 世纪的 50 年代，美国率先发起的科学教育现代化运动就是以科学课程改革为核心的。把科学素养的内涵理解为着重于科学知识的掌握，主要注重"概念性的知识"、"科学的本质"和"科学的伦理"，而脱离"科学与人文"、"科学与社会"的关系。

从 60 年代起，美国开展了"科学扫盲"，对科学素养的内涵从六个方面作了界定：①概念性知识——构成科学的主要概念、概念体系或观念；②科学的理智——科学研究的方法论；③科学的伦理——科学所具有的价值标准，即科学研究中科学家们的行为规范，又称为科学态度和科学精神；④科学与人文——科学与哲学、文学、艺术、宗教等文化要素的关系；⑤科学与社会——科学与政治、经济、产业等社会诸侧面的关系；⑥科学与技术——科学与技术之间的关系与差异。

1967 年，美国威士康星大学的培勒等人进一步指出，一个具有科学素养的人应该理解科学和社会之间的关系、指导科学家工作的伦理原则、科学的本质、科学和技术的区别、科学的基本概念及科学和人文学科之间的关系。

20 世纪 70 年代，舒沃尔特（Showalter）在培勒上述研究的基础上进一步指出，将有科学素养的人应具有的特征扩大到七项内容，分别为：理解科学知识的本质；在与其周围的世界相互作用时，能准确运用合适的科学概念、原理、定律和理论；在解决问题、做出决策、增进对世界的了解时采用科学的过程；在与其周围的世界相互作用时所采用的方式与蕴藏在科学内部的价值是一致的；理解和重视科学、技术和社会之间的相互关系；通过科学教育并使其贯穿自己的一生，形成了对世界更丰富、乐观和积极的看法；具有许多与科学和技术有关的操作技能。

进入 20 世纪 80 年代，美国国家科学教师会发表的《科学—技术—社会：80 年代的科学教育的情况报告书》显示出，科学素养对于一个人是否可以在社区里发挥功能是很重要的。80 年代末，美国公布《面向全体美国人的科学》（即"2061 计划"的第一个综合性报告）提到："世界变化已经使得科学素养成为每个人的需要，而不为少数人所持有。为此，必须改变科学教育方法以适应这种变化。"其中阐释了科学素养的 6 个方面的含义：①熟悉自然世界，认识它的多样性和统一性；②理解重要的科学概念和原理；③通晓科学、数学和技术相互依存的重要方式；④知道科学、数学和技术都是人类的事业，知道它们的力量和局限性的涵义；⑤有进行科学思维的能力；⑥能应用科学知识和科学思维方法于个人和社会目的。而当时世界各国正面临着伴随科技发展带来的环境、资源与人口的危机问题，各国开始关注科学与社会、科学与文化之间的关系，倡导可持续的发展观念，从而转向了科学的人文化方面。源于此，更多国家的中学课程开始关注培养学生的科学素养。

90 年代中期，美国出台了《国家科学教育标准》，认为有科学素养是指了解和深谙进行个人决策、参与公民事务和文化事务、从事经济生产所需的科学概念和科学过程，并从 11 个方面对科学素养的内涵做了详细的解说。这 11 个方面的内容分别是：在处理与他人和与环境的关系时，能够运用科学的概念、方法、技术和价值进行抉择；

认识到产生科学知识必须依赖探讨过程以及概念学说；能够分辨科学证据和个人观点的不同；能够证明事实和学说之间的关系；能够认识科学和技术对促进人类福祉的功能和限度；了解科学和社会的关系；明白科学来源于人类的视野，并理解科学知识的暂时性，当资料充分之后，知识会改变；因为拥有充分的知识和经验，所以能够赞赏别人的科学成就；对世界充满乐观的态度；能够采用和科学相同的价值观，所以能够使用科学和享受科学；能够终身、持续探讨科学并增加其知识。而经济合作与发展组织（OECD）认为的科学素养包括：能够确认科学问题、使用证据、做出科学结论并就结论与他人进行交流的能力和运用科学基本观点理解自然界并能做出相应决定的能力。

综上观点，可以看出，对科学素养内涵的理解与解释的角度是多方面、多层次的，其应用的方式和包含的内容在不断地发展。归纳起来，科学素养的内涵涉及理解科学知识、理解科学研究的过程和方法以及理解科学、技术对社会的影响三个方面。可以看出，目前国际上对科学素养内涵的研究方向逐渐向可实际操作性方面靠拢。

1.3 对科学素养内涵的释义

随着不同的时代背景和文化背景的发展变迁，科学素养内涵的侧重点与要求也在相应出现新的变化，其特点具有开放性和发展性。综合参考各专家、学者对科学素养的认识，联系我国教育、教学的实际情况，针对当前科学教育中的科学技术对人才发展方向的培养要求，将科学素养的内涵归纳为以下几个方面的内容：

（1）对科学术语和基本概念、基本原理、基本规律的了解。科学知识是由科学术语、基本概念、基本原理、基本规律等组成的。一个人能在社会中生存最基本的要求就是掌握科学知识，科学知识对公众的科学素养起着基础性作用，同时也是培养和形成学生的其他科学品质的载体。因此，在科学教育中常用一个人掌握科学知识的多少，来衡量科学素质教育的重要方面。

（2）对科学研究基本过程和方法的了解。科学方法是人们在认识和改造客观世界的实践活动中，总结出来的正确的思维方法和行为方式，是人们有效地认识自然和改进的工具和手段。现代科学对学生的教育功能正在发生转变，注重培养学生怎样运用科学思维进行判断的能力和富有创造性的解决问题的能力。从科学家经历的艰难曲折的科学探究活动来体会和理解研究物质自然世界的基本过程和方法，从中领悟到科学的思想观念，进而加深对科学的深层次理解和认识。

（3）对科学、技术与社会之间相互关系与相互作用的基本了解（即重视 STS 教育）。现代社会衡量科学教育的成效不再仅仅局限于受教育者对书本上的知识和技能的掌握，而是联系科学、技术与社会全方位进行综合考察。将学生对科学知识的学习与社会生活的真实情境相联系，建立人与社会、自然和科学发展相和谐的观念，深入理解科学对社会的作用和对个人发展的贡献，从而认识到科学的本质。培养学生关注自然、关注社会、关注科学，多角度主动思考社会问题并且构思解决方案，付诸实际行动来参与社会决策、运用科学技术促进社会可持续发展。

（4）科学素养的大众化发展方向。科学教育是面向所有学生的，"科学为大众"的理念已经深入人心，科学教育不再是曾经提倡的以培养少数人成为科学家为目的，它的教育方向已经转向为面对所有的受教育者。同时鼓励每一个学生尝试亲历科学探究的过程，从学习中体验科学的乐趣，进而获得科学素养的提高。我国为了推进科学教育与国际接轨，在 2006 年 3 月制定了《全民科学素质行动纲要》，提出重点放在未成年人和农民的科学素质的加强和提高上，培养更多的高素质的公民。

（5）注重对科学能力和科学品质的培养。科学能力是指学习、获取已有科学知识的能力和进行科学研究、探索新科学知识的能力，如实验能力、观察能力、自学能力、创造能力等；科学品质主要是非智力因素，包括兴趣、情感、意志、作风、态度、精神等方面。

由于对科学素养没有统一的界定，国内专家有的把科学素养分成四个方面来阐述，一是科学知识、技能和科学方法，二是科学能力，三是科学观（即科学思维），四是科学品质；还有的专家把科学素养的结构划分为知识结构、智力结构和非智力结构来论述。不管怎样的界说，都可以看出，公众科学素养不仅包含对科学本身的理解，而且也包含了科学对社会的影响的认识；不仅涉及了认知领域，而且也包括情感领域。根据以上对科学素养的理解，一言概之，科学素养是公众对科学知识和科学方法的学习、理解和应用，同时也是对人生观、价值观和现代道德伦理的认识和升华。进行科学素养教育的实质就是通过各科教育教学活动，使学生具备必要的科学基础知识和基本技能，了解和掌握一些科学研究的思维方法和工作方法，发展智力，特别是思维能力，锻炼实践能力，培养创新意识和创造能力，逐步养成良好的科学品德，形成正确的科学观，从而使学生的素养得到全面发展与提高。

1.4　基于科学素养的高中化学课程

化学学科与其他学科一样是自然学科的重要组成部分，承担着培养学生科学素养的重任。我国现行高中化学课程以进一步提高学生的科学素养为基本理念，注重从知识与技能、过程与方法、情感态度与价值观三大方面来培养学生。将学生科学素养融入化学课程之中，从而使学习化学课程的过程成为提高学生科学素养的重要途径之一。

（1）传授基本化学基础知识，培养学生化学基本技能。

高中化学基础知识包括：常见的化学现象、化学事实和化学常识，化学基本概念和基本原理，元素化合物知识，有机化合物的基础知识、基本概念、性质、应用及合成，化学实验的知识，化学与社会生产发展的关系，化学科学发展知识与发展动向等。

这些化学的基本知识是作为一个社会公民所必须具备的，如家庭厨房中加碘食盐和味精的正确使用，钢铁生锈的日常防治，了解工业合成氨，火场逃生，重灾之后的卫生防疫等等。如果不具备这些必要的化学知识，或者不正确应用化学知识，生活质量就会受到影响，有时还会做出危及自身和他人安全甚至危及社会的事情，如新闻中曾经报道过的用浓硫酸毁伤人和动物的事件，用麻黄素合成毒品事件等。

这里所指的化学基本技能是指学生在获得化学知识的过程中掌握的必不可少的基本技能，如听、说、读、写、算和实验操作的基本技能。尤其是实验操作，可以让学生亲历实验的整个过程，感受化学的神奇和美妙之处，同时培养学生的观察能力、主动参与意识和实际操作能力。

（2）培养学生的科学态度、科学方法和问题意识，激发学生的创新思维，弘扬科学精神。

高中化学除了用来传授给学生基本的化学知识之外，还要借助它来培养学生的科学思想、科学方法和科学态度。

科学方法有比较、分类、综合、归纳、演绎、推理、类比等逻辑方法；观察和实验的方法；科学抽象、假设、模型和数据处理的方法等。科学方法是学生获得化学知识的重要手段和主要工具。如学习金属与非金属各有什么化学性质，对这种感性知识的获得必须要借助于观察和实验的方法，学生才能很好地掌握；而在学习物质的量的概念和氧化还原理论时，就要用到科学抽象、假设、数据处理等的方法；学习有机物的分子结构及其化学性质时，就要综合应用抽象、假设、模型等方法，也用到比较、分类、综合、归纳、演绎、推理、类比等逻辑方法。

科学态度是指个人运用科学的方法探究科学知识，并应用于日常生活行为上的意愿、习惯及处置方法的总称。高中化学涉及的化学史知识中，有苯分子结构的发现，稀有气体的发现、元素周期律的发现等许多例子，呈现给学生关于化学和化学家的本来面目，既拓宽了知识视野，加深了对化学知识的理解，又可以让学生明白化学知识的渊源和演变历程，使学生从中领悟科学思想和科学方法，理解化学的精神实质、化学发展的一般规律和化学家的特质，从而受到多方面的教育。对启发学生的思维方法和培养创新精神也产生了良好的影响。

高中化学新课程不再将生活和化学隔离，而是用化学的知识解释和解决生活中的问题，用生活的问题验证和实践化学的知识。化学与生活模块的设置将化学知识与生活紧密地联系在一起，注重培养学生在日常生活行为中习惯应用化学知识解决实际问题，很容易使学生能较自觉地关心与现代社会生活有关的环境、能源、材料、卫生、健康等化学问题，并能运用化学知识解释或解决一些简单的化学问题。

问题意识是培养创新能力的着力点，创新是21世纪的最强音。问题意识既能刺激学生积极思维，又能激发学生的探究欲望，是创新思维的诱因和积极探索的动力。当今高中化学课程注重培养学生的问题意识和创新思维能力，引导学生从全新的角度去看待旧的问题，培养创造性的想象力，使学生逐步养成勤于思考、敢于探索、勇于创新以及不满足现状、不断追求新知识、不畏艰难险阻的科学精神，锻炼学生的意志。这些在高中化学提倡的探究性学习中表现得尤为明显。

（3）化学知识对培养学生的辩证唯物主义、爱国主义和美感具有巨大的作用。

辩证唯物主义思想蕴藏于化学的基本概念、化学理论、原理和定律之中。最基础的是辩证唯物主义的物质观贯穿于物质的组成当中，中子和质子、原子、分子等显示出物质的结构化、层次化；化学平衡知识表现出辩证唯物主义的物质运动观；化学反应的不同类型体现了化学运动的多样性，而建立在原子、离子及原子团上的所有的化学反应又体现了化学运动的统一性；同素异形体、同素异构体等知识显现出化学物质的多样性等等。

爱国主义内容主要表现在我国化学发展现状与古代化学史、现代化学科学成就、化学工业、资源、能源、环境、医疗卫生等方面，如"嫦娥二号"探月、陶瓷知识、戴安邦制碱法、酸雨等知识的呈现对激发学生的爱国主义起到了潜移默化的影响，从而培养学生的社会责任感以及刻苦、顽强、团结合作等优良品德。

高中化学课本中的实物图片、化学实验仪器及其装置、有机分子的结构模型、化学反应现象和化学物质的不同颜色等都给学生以美的感受，吸引学生的注意力，激发学生学习化学的兴趣，进而启迪学生的思维，促进形象思维向抽象思维的转化。

综合以上的分析可以看出，高中化学培养学生的科学素养是不可辩驳的事实，同时作为更高一级的基础教育化学课程对于提高学生的科学素养承担着不可推卸的责任。

2. 体现基础性、现代性和选择性

高中化学新课程充分体现了基础性、时代性和选择性。

2.1 高中化学课程的基础性

高中化学的基础性是指强调学生掌握必要的经典知识及灵活应用知识的能力；注重培养学生浓厚的兴趣、旺盛的求知欲、积极的探索精神、坚持真理的态度；注重培养搜集和处理信息的能力、获取新知识的能力、分析和解决问题的能力、交流与合作的能力。

高中化学的基础性主要体现在四个方面：

（1）为学生的全面发展打好基础。社会发展趋势已经证明，未来社会对人才的要求不再局限于人才单一方面的发展，而是要求公民具有丰富的科学基础知识；具备较强的求知、做事、共处、生存等综合能力；具备高素质的理想与高尚的道德品质；有较强的法律意识和现代的民主法治观念，积极参与社会建设且具有强烈的责任意识和使命感。高中化学课程内容的设置在这些方面都有体现，充分促进了学生的全面发展和道德素养的提高。

（2）为全体学生的个性发展奠定基础。高中化学提供给学生丰富的化学知识，同时兼顾不同学生发展的潜能和差异。不仅为将来学习理科或从事理科研究的学生提供了必备的知识空间，也为将来向文科方向发展的学生提供了充足的知识和人文教育，保证了每个学生的个性发展。

（3）为学生的持续发展打好基础。高中化学课程内容不仅呈现了化学的系统知识，更重要的是在于培养学生的自主学习能力，教会学生学会学习和研究的科学方法，从而具有终身学习的意识和能力，从更多层面激发学生发展的潜能，为学生的可持续学习奠定基础。

（4）为学生进一步学习化学打好基础。高中化学课程中的基本概念、基本原理、化学基本规律、基础知识和基本技能等是学生进一步学好化学的必要基础。除此之外，高中化学中有关内容与学生亲身经历的社会生活密切联系，这就为学生学习化学带来了浓厚的兴趣，驱动学生为进一步学习化学知识而努力。同时对化学的学习也让学生领会科学精神，体会科学的价值，形成科学的思维方法，养成科学思维习惯。

从以上分析可以看出，高中化学课程是以基础性为基本准则设置的，其内容兼顾所有学生的共同基础能进一步得以提升和为每一位学生的发展奠定不同的基础。

2.2　高中化学课程的时代性

高中化学的时代性是指课程内容的选择体现当代社会进步和科技发展，反映各化学学科的发展趋势，关注学生的经验，增强课程内容与社会生活的联系。同时，根据时代发展需要及时调整、更新。

高中化学课程体现时代性主要表现在以下两方面：

（1）课程内容的呈现体现了时代性。高中化学课程在内容选择上力求反映最新的化学观念和思想、现代化学研究的前沿成果、发展的趋势、现代科技的成果及与化学相关的社会现实问题。化学对当今社会的重大贡献即人类社会面临的急需解决的化学问题，灌输绿色化学理念，帮助学生形成可持续发展的观念。体现出现代化学与自然学科、社会学科和人文学科的相互交融，更好地反映了现代科学综合化的趋势等。

（2）在促进学生发展需要上体现时代性。高中化学课程以学生的全面发展为基本出发点，根据社会的需求，注重学生的道德、智力、动手能力、思维能力、探究能力和审美能力等方面全面发展。注重学生潜能的开发，鼓励学生关注现代科学并在将来积极主动地参与科学研究事业。帮助学生为终生学习打下宝贵的基础，塑造学生成为21世纪社会发展要求的标准型人才。

2.3　高中化学课程的选择性

高中化学的选择性是指为适应社会对多样人才的需求，满足不同学生发展的需求，在保证每个学生达到共同基础的前提下，各学科分类别分层次设计多样的、可供不同发展潜能的学生选择的课程内容，满足不同学生对课程的不同需求。

高中化学课程明显的标志就是为学生提供了多样化的选择。其选择性主要表现在三个方面：

（1）从课程的结构上体现了选择性。高中化学课程分为 8 个模块，在保证高中每个学生都能达到共同基础的前提下，受到必要教育的同时，又分类别、分层次设计了多样的，可供不同经验、兴趣和发展潜能的学生选择的课程内容。

（2）从课程内容上体现了选择性。不同的选修模块分别从不同角度、不同层面、立体性地呈现出不同的知识体系和当前化学科学发展的趋势，提供各种可供选择的情景和素材，赋予学生极大的选择权利，既适合将来有意从事化学专业的学生的选择，又适合向理工类及有其他专业发展倾向的学生的选择。通过多元化、选择性的选修模块，满足学生多样化发展的需要。

（3）从学生发展上体现出选择性。高中化学课程"必修＋选修"模块设置，赋予学生个体自主决定的选择权利，使学生能够从选择中学会选择，从而培养学生的自主抉择能力。在培养全体学生的一般化学素养的同时，也为学生的个性化发展提供较大的学习空间。满足了不同学生的兴趣和未来发展的职业倾向需求。为具有不同潜能和特长的学生的未来发展打下了良好的基础。

高中化学课程的"基础性"、"时代性"和"选择性"是相互联系的统一整体，"基础性"是"时代性"和"选择性"的基础，"时代性"和"选择性"基于"基础性"并且服从于"基础性"；恰当的"时代性"和"选择性"有助于学生的进一步发展，能有效提升"基础性"的质量。

3. 倡导科学探究教学

科学就其对自然现象客观规律的探究进程来说，其本质是探究。科学家在长期的探究活动中形成的科学方法、科学精神、科学思维早已是人类社会宝贵的文化财富，构成新世纪人们文化素质的重要组成之一。因此，探究活动是对学生进行全面的科学素质教育的必不可少的手段之一。

探究有"探索"和"研究"之意。探究教学是以探究为主，符合学生进行探究性学习所需要的基本特征和要素，对学生进行探究性学习具有明显支持和促进作用的教学活动和过程称为探究式教学。也就是说，探究式教学的整个过程是在教师的引导启发之下，以学生为主体，以教材为基本探究内容，从学生的实践经验和生活实际出发，通过收集资料、阅读、观察、实验、思考、讨论、听讲等多种途径，采取个人自主学习和小组、集体合作讨论等主要形式，让学生自觉地、主动地探索、表达、质疑、讨论问题，掌握认识和解决问题的方法和步骤，将自己所学的知识应用于解决实际问题的一种教学形式。

3.1 科学探究教学的核心要素

探究式教学是目前化学教学改革中提倡的一种教学方法，主要以学生为主体和教师为主导的原则进行教学活动，注重学生学习能力的形成和发展，并以此为出发点，来调动学生的兴趣，激发学生的创造潜能，联系生活实际并且将所学到的知识结论很好地应用于生活中。教师首先必须明白探究式教学的核心要素，继而才能开展探究教学以帮助学生更有效地学习。问题、假说、求证是科学探究必不可少的核心部分。

（1）问题

科学只能从问题开始。问题是探究的初始动力，只有产生了问题，才会激励人们进一步去学习，进行实验、观察、探索，进而才可能有创造性的结果产生。爱因斯坦曾经说过："提出一个问题往往比解决一个问题更为重要，因为解决问题，也许只是技能而已，而提出新的问题、新的可能性，从新的角度去看旧的问题，却需要创造性的想象力，而且标志着科学的真正进步。"所以，开展探究式教学的首要条件是教师能够指导学生从不同的渠道发现适合学习情境的、有价值的探究性问题。

（2）假说

由于提出的问题具有一定的难度，学生对问题结果的解释过程不能一步到位，需要层层深入进行分析，这就需要学生在其原有的知识经验基础之上整理信息，依据事实材料、科学原理，采取一定的方法和手段进行逻辑推理，形成猜想和假设，对问题的结果做出预测和判断。

（3）求证

科学的发展过程就是一个不断求索的过程。探究教学体现在"探"与"究"两方面，究根溯源，不断探索，努力求证。在探究式教学过程中，学生要根据问题进行猜想和假设，根据实验原理和目的、实验条件的控制、仪器设备、药品、影响实验结果的因素、操作步骤等设计具体实验方案，制订可行的计划（针对如何观察、收集哪些信息、如何记录数据和处理数据等制订出详细的计划）来验证假设和解决问题。为了解决一个问题，有时需要设计多种方案，反复研讨、实验、探索，才能得出结论，而这个结论还需要继续接受实践的检验。

3.2　化学探究式教学的一般过程

不同专家学者对探究式教学的过程环节有不太相同的归纳，本文在参考各位专家的基础上将化学探究式教学的过程总结为以下六方面的内容：

（1）提出问题：教师直接提出要探究的问题，或者是经过教师的启发，学生根据以往的经历或日常现象提出探究性问题。

（2）提出假设：学生根据已经具备的知识，积极思维，建立相关知识结构，进行猜想，提出假设。

（3）实施论证：实施论证大致包括三个过程，分别为：制定实验计划，进行实验，搜集证据。制定实验计划是根据提出的假设，在教师的具体指导下，学生可以以个人或小组的形式分析要点，探讨可适用的研究方法和步骤；进行实验是在试验计划的基础上进行操作研究；搜集证据是仔细观察所进行的研究中出现的现象，查阅资料，记录数据。

（4）分析数据，得出结论：根据论证的过程，对新旧知识进行分析、整合，总结新旧知识之间的联系和规律，得到新的知识和认识，从而获得结论。

（5）反思与评价：教师引导学生针对探究和学习的结果从探究活动过程、态度、方式、效果、学习感受以及各环节中的表现等方面进行评价、反思和小结。

同时教师根据本节课学生的探究活动过程，在课后进行及时的反思、评价、总结，发现本节课的闪光点和不足之处，为以后的探究教学积累经验。

（6）交流与表达：学生相互进行交流，发表自己的观点，结合他人的意见，探究学习的成果，用报告、小论文等书面形式表述探究活动的过程、方法以及结果。

其实教师探究式教学的过程也就是学生进行探究性学习的过程，在毕华林、亓英丽著的《化学教育新视角》中，将科学探究的基本要素、学生在探究过程中的活动及所应用的科学方法进行了总结，如下表所示内容：

表 2 - 1　科学探究的基本要素及其科学方法

探究要素	学生活动	科学方法
提出问题	从日常现象或化学学习中，经过老师或学生的启发，或独立地发现一些有价值的问题，并且能够清楚地表达出来。	观察、表述
假设与猜想	搜索原有知识经验，生成对问题情境及其内部关系的初步理解，建立起关于问题的猜想和假设。	预测、推理、形成假设
制订计划	提出活动方案，设计调查或实验等具体探究活动的步骤，考虑特定的实验条件对实验的影响。	变量控制
进行实验	积极参与完成对化学实验的操作。	实验观察
搜集证据	通过观察、实验、调查、查阅资料等收集资料证据。	测量、记录、数据处理
解释与结论	从信息材料和事实出发，按照一定的理论逻辑方法来推理变量之间的关系，经过加工与整理，对假设做出判断，得出结论。	分类、科学思维、模型化、图表化
反思与评价	对探究结果、探究过程进行反思，做出评价。	反思
表达与交流	用口头、书面等形式明确表述探究的过程、活动以及结果，发表自己的观点，倾听他人的意见。	交流

3.3　探究式教学的特征

探究式教学最基本的特征是未知性与问题性、发现性与探索性、过程性与开放性、主动性与互动性、方法性和生成性。

（1）未知性与问题性：探究的过程就是人们认识未知领域的活动过程。探究式教学是在不告诉学生问题的答案或结论的前提下，学生通过实验，分析推理，从而得出相关结论。

（2）所探究问题的素材选择要有发现性与探索性。如果问题的结论太过简单，学生凭借已有的知识和经验不用思考就能解决，不能激发学生的好奇心和求知欲，这样的知识是不具有发现性与探索性的；而如果问题的设置太难，超出了学生的接受能力极限，也调动不了学生的探究欲望，从而使学生丧失探究的信心。

（3）过程性与开放性：探究式教学强调学生的知识与技能、过程与方法和情感、态度、价值观在探究过程中的统一，重点强调学生解决问题的过程；整个过程是在富有开放性的问题情境中展开的，进而进行实验探究。探究渠道多样，方法不一，不仅有课内探究，还可以在课外活动中进行探究；探究课堂的时空结构也是开放的，能够引出其他的问题，使探究持续进行下去。

（4）主动性与互动性：探究活动是以学生为主体、教师为指导进行的，探究性问题能激发学生的兴趣和主动参与意识，培养学生之间的合作交流能力。因此，学生在整个探究活动过程中是积极地、主动地建构或重新建构其个人认识和化学科学经验的，探究过程中充满各种层次的、丰富的、能动的学生个体活动、师生交流、生生交流。

（5）方法性和生成性：探究教学采取的手段和方法多种多样，根据探究题目内容蕴含的教育思想和教育观念、学生的知识经验和认知水平、教学目标要求和教师个人教学风格的不同，灵活运用不同的科学教育方法开展教学活动；学习活动和任务最终的结果对学生今后的学习知识、发展能力、培养情感等方面能产生高效益，促使学生全面发展。

3.4　学校课堂中开展有效探究教学的基本条件

化学教学提倡进行探究式教学，但是必须注意在保证其有效性的前提下开展。开展有效探究要从问题、求证的过程和处理探究结果方面考虑。

（1）问题的设置要有科学性、探究性和价值性。科学性是指化学探究活动的目标、内容、采用的教学形式和教学方法等是符合学生的认知结构和认知规律的。根据认知结构，设置递进的、螺旋式上升的、有节奏的、前后衔接且相互呼应的问题，符合学生认知结构的提问方式能够促进学生探究，激发学生思维。因此，问题素材的选取首先必须具有科学性，一个可行的、高质量的探究设计必须以科学性作保障，不科学的知识内容是没有探究意义和探究价值的，同时要对问题进行全面分析，把握探究的深度；探究性是指问题的选择要有驱动诱发作用，是基于学生的原有认知基础上的，创设合适的有意义的情境性问题，向他们提出恰当的探究目标任务，才能激发学生自主探究的欲望；价值性表现在：设置问题时要综合考虑各种因素，权衡活动任务的各个方面的价值，提出有价值的问题。不仅要注意学习活动对学生在知识技能方面的基本价值，还要看到活动对学生在情感、态度、价值观上的发展性价值，以及获得的知识、情感、能力的迁移价值。

（2）适时地、正确地指导学生的探究活动。在探究过程中，教师不是旁观者，也不是控制者、替代者或指挥者，而是学生的指导者和组织者，监控学生的整个学习活动过程，要根据探究的目的、教学目标、知识目标、学生对问题现象的预测等方面来为学生开展探究调整时空结构，并在资料素材、原料、设备选择和指导方面提供支持。适时恰当地指导学生主动讨论，及时记录实验现象，收集处理数据、思考证据、假设、结果之间的关系，给学生提供尽可能多的时间和机会，采取多种形式和运用多种手段调动学生积极主动地进行探究活动。要以探究法为主线，多种方法综合应用，才会收到较好的效果，否则学生会感到单调无味以至于疲劳，帮助学生剔除干扰因素，对问题进行梳理、归纳，及时将结论条理化，并且根据活动情况随时调整，避免学生在不必要的问题上走弯路浪费时间。

（3）教学过程中激发全体学生的主动参与意识。问题的设置必须保证不同种能力水平的学生都能参与探究，问题的难度、层次及探究方向应建立在全体学生原有认知水平和不同的身心发展水平上，着眼于"面向全体学生"，使全体学生都能全身心地参与活动过程的始终；同时要尊重学生的个体差异，充分考虑学生的不同兴趣、爱好、知识基础、接受能力及发展方向，选择多种方法，提供不同程度的时间和空间，鼓励学生大胆尝试，以不同的方式参与活动，减少个别学生旁观的机会，最大限度地调动学生的主观能动性。始终坚定"每个学生都能成功"的信念，充分发挥每一个同学的最大潜能，使教学过程满足每个学生个性的发展。

（4）必须组织学生对探究结果进行有效的反思、表达和交流，帮助学生在自己探究的基础上加深认识，以达到教学的目标。在整个探究教学过程中或探究学习结束时，学生之间、师生之间就出现的现象、存在的问题以及需要进行哪些改进等方面必须随时通过交流、团结合作才能完成学习任务，并且完成的学习成果也需要与他人分享，所以，探究教学为培养学生的合作精神提供了广阔的平台。学生通过分组合作查阅资料获得足够的材料后，用口头或书面等方式表达探究过程和结果，相互交流，共同探讨，充分表达自己的观点，同时听取别人的意见，接受他人的成功之处。从而学会如何同他人合作与交流，学会相互尊重和包容，培养学生的民主、平等、自由合作、群体参与精神。

3.5 影响探究教学的因素

影响探究教学的因素是多方面的，根据我国高中当前面临的实际情况和参考多方学者的研究，归纳为以下几方面因素：

（1）学生因素：从学生是否具有科学探究意识方面来讲，学生的探究意识的强弱影响探究活动开展的成效，而开展探究活动的目的是基于学生在活动中的情感体验，培养学生的技能、思维方法，以使学生的价值观得以升华。它注重调动学生在整个活动中的参与积极性，使学生全身心地投入其中来发现问题，克服困难，积极地寻找解决问题的途径与方法。如果学生的探究意识不强烈的话，整个探究活动将不易更深一步进行下去，探究活动也就失去了其本质意义。从学生已有的知识经验来说，开展探究教学是基于学生的旧知识结构和学生以往亲身经历的经验，科学的探究强调学生的自主性，而学生的自主性的激发关键在于学生对以往生活经验中的知识的关注度，学生总是在自己已有的知识经验的基础上去开展探究活动，这样形成对新知识的理解才会深刻。学生的元认知水平对开展探究教学也有影响，元认知是认知主体对自己的能力水平、学习材料的特点及学习策略等方面的认识，同时又是在元认知体验的基础上对自己在学习过程中的结论、思路和方法进行计划评价，并根据评价结果做出调整、改进和完善的过程。元认知高的学生在自我评价、自我反思和自我调节等方面协调得较好，能使探究式教学收到较好的成效，反之则效率低下。

（2）知识本身的因素：我国现行高中化学课程中的知识大致由五部分构成，这五部分知识分别是化学事实性知识、化学理论性知识、化学技能性知识、化学策略性知识和化学情意类知识。①化学事实性知识包括元素化合物知识，化学与社会生产、生活联系的知识。元素化合物知识具体有反映物质的存在、性质、制法和保存等多方面的知识内容；化学与社会生产、生活联系的知识有合成氨工业、硅酸盐工业、海水、金属矿物等自然资源、酸雨的防治、高分子材料等。②化学理论性知识是指反映物质及其变化的本质属性和内在规律的化学基本概念和基本原理。如物质结构、化学反应与能量变化、化学平衡及其移动等。③化学技能性知识是指与化学概念、原理以及元素化合物知识相关的具有化学学科特色的化学用语、化学实验、化学计算等技能形成和发展的知识内容。化学技能性知识是化学学习的基础。④化学策略性知识是指有关化学学习方法和策略的知识。它是建立在前三类知识的基础之上来调节自身的注意、记忆、思维的能力的知识，简单来说就是"如何学习、如何思维"的知识。⑤化学情意类知识是指对学生情感、意志、态度、价值观等方面产生影响的知识内容，主要包括化学知识中蕴含的辩证唯物主义思想、爱国主义思想、科学态度和科学精神、对自然和科学的好奇心和求知欲、对化学学习的兴趣、对科学本质以及化学与社会发展的认知等。

后两类知识是化学探究的"灵魂"，体现在整个探究活动中，是提高学生科学素养的关键。对化学探究知识问题内容的选择要兼顾这些知识的认知价值、迁移价值和情谊价值。综合考虑到化学知识的多重价值、知识的整体价值和相对价值，分析教学内容的探究价值，使它们相互结合以发挥最优化的整体作用。

（3）教师因素：探究式教学强调教师是学生的引导者、启发者和帮助者。教师的个性、能动性、创造性和专业能力等也会影响到探究式教学的成败。在探究活动中，教师如果具有民主作风、优秀的人格特征等可以影响学生的学习动机和认知策略，从而影响到整个探究活动课堂，因此，在活动中，教师要充分发扬民主意识，尊重学生的创新精神，给学生充分的选择权和自主权，鼓励学生积极动脑，大胆探索，自由发言，找出其中有利于深入解决问题的因素。教师有义务为学生创设轻松自如的学习环境，问题情境的创设要有利于学生对化学学习的顺利展开，当课堂气氛沉闷时，教师可用幽默的语言来调节气氛，经常给学生鼓励或赞扬，可以强化学生的良好行为。同时，教师对所授学科的教材和知识及知识点的理解、深度及广度的把握，将直接影响到教师的课堂教学设计，从而影响探究教学结果的成效。因此，教师必须具有渊博的专业知识和敏锐的洞察力和较强的组织能力。只有教师具备这些条件，才能在活动过程中很好地观察学生的情绪变化，及时发现问题，随时帮助学生分析问题、解决困难，使探究活动顺利开展下去。

（4）教学资源、考核制度等因素：探究活动的进行还在一定程度上依赖于一定的教学资源，如实验设备、图书馆、信息中心、活动场所、专家等，有时这些资源单靠学校一方是很难满足的，要使教师能够顺利地开展科学探究教学，还需要有一定的制度保证，学校内部对教师的考核也要有制度上的倾斜，同时也需要得到社会的广泛理解和支持，创造有利的条件提供资源和场所来协助完成探究活动。

3.6 关于探究式教学的几种错误认识归纳

目前许多高中教师对探究教学存在多方面误解，这也使得我国中学开展探究教学的情况并不乐观，这些错误的认识大致归纳为以下几个方面：

（1）认为将原来的教师演示实验改成让学生亲自动手操作的学生实验，就等同于实施了科学探究教学；

（2）将课堂中的探究与科学家的探究完全等同起来，要求学生像科学家搞研究那样学习科学，倡导单纯的科学实验，刻意追求正确性和技术效率；

（3）认为学生不可能进行探究，或认为探究式教学的开展只适合优秀教师和基础好、实验技能强、思维活跃的学生；

（4）认为探究式教学是万能的，对所有内容不加以详细分析，只要一搞探究，什么问题都能解决；

（5）认为进行探究式教学不仅要有完备的实验室条件，进行完整的探究过程；

（6）将探究式教学与其他教学方法等同起来，用一种方法贯穿教学始终教法单一、乏味；

（7）没有充分考虑到教学的内容和实际需要，使探究与教学内容相脱节，一味盲目地追求探究的形式，生搬硬套地创设情境，为"探究"而"探究"；

（8）认为进行探究式教学对学生的影响不大，与学生掌握知识、提高成绩没有多大关系，甚至认为探究式教学浪费时间，影响教学任务的完成。

开展探究式教学不仅是为了培养学生的科学探究能力和学习科学方法，开展探究式教学不仅要关注过程和方法，也要关注结果和收获。

传统教学往往偏重学科知识和学科技能的训练，导致学生被动地接受知识。事实已经证明，探究式教学主要以学生为本，围绕知识与技能、过程与方法和情感态度与价值观的三维目标，给学生提供了更多获取知识的方法和渠道，激发学生的学习动机，使学生通过参加探究的过程获得相关的体验，培养自学能力。通过探究引导学生学习和掌握科学方法，更能促进学生学会如何解决问题和总结规律，能为学生终身学习和工作奠定基础。因此，广大教师要摈弃原有的错误观念，积极地、科学地开展探究性教学，这将有助于提高化学教学的有效性，有利于促进学生的发展。

4. 体现 STS 与 HPS 教育理念

STS 教育是伴随着时代的进步，人们在思考科学、技术与社会的发展关系方面应运而生的，它的出现折射出复杂的社会背景和科学教育观念的根本转型。事实证明，社会的进步要靠科技的动力来推动，科学技术的发展要靠社会的进步来导航，而社会的进步和科学技术的发展需要具有一定科学意识与社会价值观和科学技术与社会的整体观念的新型人才，科学技术与人文精神的功能互补将实现科学教育与人文教育的融合。HPS 教育思想的提出是由于科学教学与科学哲学和科学史的关系日益引起了人们的重视，是源于提出对科学本质的认识及对如何提升科学本质认识，人们在一定程度上达成共识：认为 HPS 是提升科学本质认识的方法之一。STS 教育和 HPS 教育成为当前我国研究科学教育的新的方向。

4.1 STS 教育

STS 是英文 "Science Technology and Society" 的缩写形式。由于不同的人对科学、技术、社会教育含义的理解不同，对 STS 教育定义，看法不一致。国外学者的一种观点是：认为 STS 教育是在人类经验范围内的科学的教学和学习；是科学教育的核心；是激发学习动机的因素；为学习知识、过程以及达到职业目标提供了学习背景。我国学者认为 STS 教育是将整个人类社会的文化环境作为进行科学和技术的教与学的背景，是科学教育领域中实施的以改进整个社会的科学文化为目的的一种文化战略。STS 教育的特征是以突出科学、技术与社会的相互关系和科学技术在社会生产、生活和发展中的应用为指导思想而组织实施的科学教育。

STS 教育远在 20 世纪 20 年代就已经提出，一直到 80 年代后兴起，是科学教育的一种新范式，它以人类社会的和谐、可持续发展为宗旨，强调公众对科学、技术与社会之间相互关系的理解，突出人们对科学的文化解读以及对科学的社会价值与人生意义的认识。在当今世界科学教育改革的浪潮中，STS 教育已成为一种理想的科学教育范式①。

4.1.1 STS 教育的特征

STS 教育提出了新的发展观、价值观、科学观和教育观，重视教育的人本价值取向，提倡以人为本，注重自然科学与社会科学的交叉和兼容，强调科学、技术和社会之间的相互关系，最终着眼于提高公众的科学素养。

STS 教育具有六方面的特征：①多元性：STS 教育的宗旨是"面向所有的人"，让所有人都有机会学习科学，倡导多元文化的理念，注重公民的科学素养的普遍提高；②开放性：STS 教育的主题随世界变化的趋势而变化，强调科学系统本身开放的同时，强调与其密切相关的技术系统、社会环境、认知主体间的相互作用；③综合性：STS

---

① 刘克文 . STS 教育：当代科学教育的一种理想范式 . （会议论文）

体现了人文学科、自然学科、社会学科在课程中的融合，增强人们对客观世界内在统一性的认识。其内容打破了科学知识、原理和命题的逻辑线索，将科学知识、技术应用和社会问题融合在一起，体现出科学、技术和社会三个要素的密切联系。从科学、技术、社会方面多视角的描绘科学世界，实现对学习者科学素养的提高。引导学习者客观、全面的认识现实世界；④交叉性：STS 内容涉及自然科学、工程技术科学和人文社会科学三大领域，层次结构交叉纵横；⑤互动性：STS 教育作为一种综合文化的表现形式，强调师生、生生之间交流与合作的互动。体现出科学、技术与社会之间的互动与互因联系；⑥人本性：STS 教育重在个人本位思想，强调学生的主动探究与参与。强调人的发展的能动性和个人的发展与社会的需求相统一，在科学技术与社会的关系上，强调价值取向。

4.1.2　高中化学新课程 STS 教育的体现

STS 教育中的"科学"提供知识，是巨大的精神动力。"技术"提供应用这些知识的方法和手段，是巨大的物质力量。"社会"则要求以一定的价值观念作指导，使学生知道应该如何正确对待科学和技术。"科学"是第一重要的，"技术"只是它的物化，"社会"是指它的应用，都隶属于"科学"之下。

STS 涵义的内容在高中化学新课程中有两种体现。一是集中体现，二是分散渗透式体现。必修课程中设的一级主题"化学与可持续发展"、选修课程"化学与生活"和"化学与技术"模块中集中体现到 STS 教育；STS 不仅集中体现在必修课程中，其他各模块也有一定的分散渗透。具体内容见附录Ⅰ。

4.2　HPS 教育

随着科学的发展，科学性与人文性融合得越来越强，人们发现联系科学哲学、科学史和科学社会学能更好的、更全面的理解科学的本质。HPS 教育逐渐进入科学教育的视眼。HPS 教育是让公众通过学习科学史与科学哲学史来推行科学教育的一种方法，自 19 世纪初逐渐流行起来。关于 HPS 的具体英文表达主要有两种：一种是 History and Philosophy of Science，意为科学史与科学哲学；另一种是 History，Philosophy and Sociology of Science，意为科学史、科学哲学与科学社会学。

高中化学作为科学教育的基础学科，引入化学史能促进学生学习化学的兴趣，了解化学发展和化学家的经历，有助于学生形成正确的科学态度和科学方法，化学发展的艰难，培养学生的坚强意志，提升克服困难的勇气，下定决心为科学事业和人类社会的发展作出贡献。

高中化学新课程从不同角度体现了化学教育的人文价值取向，其中关于 HPS 教育的教学模式大致有三种：①科学探究取向的 HPS 教学，主要是将化学史中化学家的发现经过科学的设计引入探究教学的课堂中，如自制植物酸碱指示剂并且测定指示剂的变色范围，联系化学上对酸碱指示剂的发现来进行；②科学本质取向的 HPS 教学，一般是引入化学史知识，让学生用辩证的、发展的眼光理解科学知识并不是一成不变的，而是随着社会的发展、科学的进步在逐步完善。如元素周期表的形成、苯分子式的确定等；③科学—文化取向的 HPS 教学，就是将科学作为一种文化来看待，回顾历史，联系当前化学的发展与人类社会的作用，辩证地看待化学既对社会做出了巨大的贡献，同时不可避免地产生了一些副作用，如化学与环境、化学与生活、化学与健康等问题。

总之，当前的社会发展要求积极关注科学、技术与社会的关系，将科学哲学、科学史和科学社会学引入科学教育之中，随着科学技术的高度发展，科学教育改革必然要求将科学文化与人文文化相结合，STS 教育与 HPS 教育已经成为当前我国科学教育研究和改革的新方向。

5. 理解化学的本质

化学的本质是什么？随着时代和科技的发展，人们对化学的本质的认识也在不断地改变。在 19 世纪时，恩格斯认为化学是原子的科学，因为化学是研究化学变化，即改变原子的组合和排布，而原子本身是不变的。20 世纪，由于各种天然的和人工合成的分子和化合物的数目已经达到几千万种，人们认为化学是研究分子的科学。到了 21世纪的今天，超分子、分子簇等前沿领域的研究进入了人们的视野，几乎每天都有新的物质被合成出来，人们又重新总结了化学的本质，将化学的本质理解为：化学是在原子、分子水平上研究物质结构、组成、性质及其应用的一门基础自然科学，其特征是研究分子和创造分子。

化学学科的基本特征是以实验为基础。许多人误认为以实验为基础是化学学科的本质特征，这种表述很泛，因为任何一门自然科学都是以实验为基础的，物理、化学、生物都要进行实验研究。但是物理学的实验研究的是宏观物体和微观粒子，生物学实验研究的是生命现象和生命本质，而化学实验是在分子、原子、离子的基础上研究分子和创造分子。因此，不同的学科有不同的研究对象，不同的研究对象决定了不同学科的本质特征。从而决定了研究方法、手段、过程的不同。

时至今日，化学已经发展成为一门与人类社会、国计民生有着紧密联系，又与整个科学技术密切相关的科学。化学和其他自然科学一起承担着认识世界、改造世界和保护世界的重任，美国化学家布里斯罗说过："化学是一门中心的、适用的和创造性的科学。"因此，化学对农业、生物学、电子科学、药学、工程学、计算机科学、地质学、物理学、冶金学以及其他诸领域都有重大的贡献。

化学是现代社会科学中的中心科学，事实证明，化学是自然科学发展的基础。现代化学已经成为人们研究环境、大气、生命、材料、能源等领域的重要基础。化学药品的合成延长了人类的平均寿命，核燃料、激光、纳米、航天技术更是离不开化学，化学推进了现代技术的发展，化学新能源的开发保证了社会的可持续发展，绿色化学的兴起与发展将是人类实现经济和社会可持续发展的有效手段，同时化学使现代公民具备了一定的化学科学思想、化学科学意识、化学科学方法和化学科学精神，提高了公民的科学素养。这表明，在科学技术飞速发展的今天，化学已经成为了中心科学，没有哪门科学、个人或社会能够不依赖化学而独立地生存和发展。

化学是一门有重要作用的实用科学，化学与人们的衣食住行有非常紧密的联系。从我们身边最简单的氧气、水、金属、陶瓷和塑料等到化石燃料、太空中的臭氧、集成电路等都接近我们的生活和保护我们生存，试想如果没有合成氨的化工技术，人类将面临饥饿的威胁；如果没有新药研制的成功，人们面对许多疾病将束手无策；如果没有大量研制和生产功能各异的合成高分子材料，没有以硅和硅的化合物为原料制出的芯片和光导纤维，就没有信息技术的发展，我们的生活就不会像现在这样丰富多彩。

化学是一门极富创造性的学科，化学研究的对象不仅包括自然界里存在的物质，而且包括人类创造的新物质。化学中最具有创造性的工作是设计和创造新的分子。随着科技的进步，化学研究工作者找出了很多过去并不知道的而且具有实用性的化学物质，新的物质频频出现在化学实验室里，如青霉素的发现，富勒烯的合成等均体现出化学的创造性。而人们现在试图从海洋生物体内分离、提取和提纯化合物，这些化合物的分离和结构确定，将给社会带来更大的变化。

附录 I

STS 教育在高中化学新课程必修模块和选修模块中的体现

模块	STS 内容
必修模块	·知道化学科学的主要研究对象，了解 20 世纪化学发展的基本特征和 21 世纪化学的发展趋势。 ·知道化学是在分子层次上认识物质和合成新物质的一门科学。 ·了解物质的组成、结构和性质的关系；认识化学变化的本质。 ·认识并欣赏化学科学对提高人类生活质量和促进社会发展的重要作用。根据生产、生活中的应用实例或通过实验探究，了解钠、铝、铁、铜等金属及其重要化合物的主要性质，能列举合金材料的重要应用。 ·通过实验了解氯、氮、硫、硅等非金属及其重要化合物的主要性质，认识其在生产中的应用和对生态环境的影响。 ·通过生产、生活中的实例了解"化学能与热能的相互转化"。 ·通过实验认识化学反应的速率和化学反应的限度，了解控制反应条件在生产和科学研究中的作用。 ·举例说明化学能与电能的转化关系及其应用认识提高燃料的燃烧效率、开发高能清洁燃料和研制新型电池的重要性。
选修模块	·了解"手性分子"在生命科学等方面的应用。 ·认识原子结构与元素周期律的关系，了解元素周期系的应用价值。初步认识物质的结构与性质之间的关系，知道物质结构的研究有助于发现具有预期性质的新物质。 ·通过查阅资料说明能源是人类生存和发展的重要基础，了解化学在解决能源危机中的重要作用。知道节约能源、提高能量利用效率的实际意义。 ·经历化学能与电能的相互转化的探究过程，了解原电池和电解池的工作原理。通过查阅资料了解常见化学电源的种类及其工作原理，认识化学能与电能相互转化的实际意义及其重要应用。 ·能解释金属发生电化学腐蚀的原因，认识金属腐蚀的危害，通过实验探究防止金属腐蚀的措施。 ·通过催化剂实际应用的事例，认识其在生产、生活和科学研究领域中的重大作用。认识控制化学反应速率和化学平衡在生活、生产和科学研究领域中的重要作用。 ·初步掌握测定溶液 pH 的方法，知道溶液 pH 在工农业生产和科学研究中的重要应用。 ·认识盐类水解的原理，归纳影响盐类水解程度的主要因素，能举例说明盐类水解在生产生活中的应用。

模块	STS 内容
选修模块	·能说出天然气、石油液化气、汽油的组成，认识它们在生产生活中的应用。 ·举例说明烃类物质在有机合成和有机化工中的重要作用。 ·认识糖类的组成和性质特点，能举例说明糖类在食品加工和生物能源开发上的应用。 ·能说出氨基酸的组成、结构特点和主要化学性质，查阅资料了解氨基酸、蛋白质与人体健康的关系。了解蛋白质的组成、结构和性质，认识人工合成多肽、蛋白质的意义，体会化学科学在生命科学发展中的作用。结合生产生活实际了解某些烃、烃的衍生物对环境和健康可能产生的影响，关注有机化合物的安全使用问题。 ·举例说明新型高分子材料的优异性能及其在高新技术领域中的应用，讨论有机合成在发展经济、提高生活质量方面的贡献。具有安全意识，能顺利地完成化学实验。树立绿色化学思想，形成环境保护的意识。 ·能发现学习和生产生活中有意义的化学问题，并进行实验探究。

专题三　掌握高中化学课程的内容标准

1. 《化学（必修）》课程内容标准解读

1.1　《化学1（必修）》主题1 认识化学科学

1.1.1 知道化学科学的主要研究对象，了解20世纪化学发展的基本特征和21世纪化学的发展趋势

深广度分析：能够列举一些20世纪对化学科学发展有重大贡献的科学家及其成就，知道化学科学的主要研究对象和发展趋势（从定性到定量，从宏观到微观，理论与实验相结合等）。

教学建议：根据不同版本教材的编写思路，可以集中学习（如鲁科版教材《必修1》第1章第1节），也可结合其他知识学习，但不能把该内容看做是化学知识教学的附庸，要引导学生从更加广阔的视野、更加全面的视角，更加深刻地理解化学科学的基本特征和发展趋势。可引导学生搜集20世纪化学发展过程中的重大事件的资料，撰写小论文或制成PPT文稿，展示交流。

可以采用学习档案袋对学生进行评价，收录学生对化学科学的已有认识、对"化学与职业"的认识、查找的相关材料等。

1.1.2 知道化学是在分子层次上认识物质和合成新物质的一门科学，了解物质的组成、结构和性质的关系，认识化学变化的本质

深广度分析：能够通过具体实例，说明化学是一门在分子层次上认识物质和合成新物质的科学；知道物质的组成与结构决定物质的性质；在义务教育的基础上，进一步认识化学变化的本质。

教学建议：在《必修1》教学中不要求学生从化学键的层次上认识化学变化，从原子结构的水平上认识物质性质与结构的关系，上述内容将在《必修2》中学习。

1.1.3 认识摩尔是物质的量的基本单位，能用于进行简单的化学计算，体会定量研究的方法对研究和学习化学的重要作用

深广度分析：知道物质的量是度量物质所含微粒多少的物理量，并通过物质的量建起宏观量和微观量的关系；理解物质的量及其单位摩尔的含义，明确1mol的含义，并能进行物质的量与微观粒子数之间的换算；知道摩尔质量、气体摩尔体积以及物质的量浓度的含义，能够进行物质的量与物质质量、标准状况下气体体积、溶质的物质的量浓度之间的换算；能利用物质的量及其相关关系定量地认识化学反应，并能进行简单计算。阿伏加德罗定律的推论、混合气体的平均相对分子质量等知识不作要求。

教学建议：物质的量相关内容的要求，课程标准所表述的是终态水平，而学生建立和认识相关概念的过程是一个逐渐领悟的过程，因此在初学阶段要打好观念和认识方法的基础，避免"一步到位"。开始学习阶段，只要求进行计算公式的简单换算，如已知溶液物质的量浓度和体积，求计算溶质物质的量。

对物质的量浓度的教学，首先要加强对学生在学习过程中认识发展障碍点的研究，明确其障碍点之一是通过对具体溶液组成的认识抽象出对溶液浓度的认识，其障碍点之二在于将对浓度的认识用于定量分析其他溶液组成。其次，要主动实施以促进学生认识发展为本的教学设计，发挥物质的量浓度相关内容对学生定量认识溶液组成的促进作用和对发展学生定量认识方式的促进作用。

案例 3-1：物质的量浓度教学设计

教学过程	教学思路	设计意图
引入	1. 演示实验：氯化钠与硝酸银溶液反应。 2. 提出问题：若要使 0.001 mol $AgNO_3$ 完全沉淀，需要 NaCl 的物质的量为多少？质量是多少？在称量工具为托盘天平的条件下，如何实现这一反应？ 3. 师生分析：0.058 g NaCl 无法用托盘天平称量，但可称量 0.58 g NaCl，将其配成溶液，然后取出总体积的 1/10，即可保证有 0.058 g NaCl 参与反应。	由真实的情景引入，在引入新课的同时为使学生体会物质的量浓度的价值进行铺垫。
教学展开	环节 1：通过溶液的配制过程帮助学生形成物质的量浓度的概念 1. 学生分组设计实验方案：配制 0.1 L NaCl 溶液，其中溶质的物质的量为 0.04 mol。 2. 师生评价并优化学生设计的实验方案，引出容量瓶，介绍容量瓶的构造及使用方法。 3. 各组根据优化后的实验方案完成溶液配制。 4. 提出问题：将溶液分装至 4 个试剂瓶后，溶液的组成与原溶液相比哪些变化？标签上应该怎样表示该溶液的组成？（引出物质的量浓度的概念） 环节 2：反思实验过程，深化对物质的量浓度的理解 1. 你认为确保物质的量浓度准确的根本原因是什么？ 2. 小结正确配制过程。	在讨论设计方案的过程中，促使学生形成定量实验设计的基本思路，并初步认识到溶液的浓度（组成）由溶质和溶液的量共同决定。 通过溶液组成的表示方法的思考与讨论，使学生认识到"含有不同物质的量的溶质的不同体积的溶液可能具有相同的浓度"，深化学生对溶液组成的定量认识，初步形成定量认识方式。 通过实验后的反思，深化学生对物质的量浓度的概念的理解，发展学生对溶液组成的定量认识，建立定量认识方式的认识角度和认识思路。

教学过程	教学思路	设计意图
总结提升	表示溶液组成的方法很多，包括质量分数、物质的量浓度、体积分数等。你对溶液组成有了哪些新的认识？	进一步发展学生对溶液组成的定量认识。

1.1.4 认识实验、假说、模型、比较、分类等科学方法对化学研究的作用

深广度分析：能够通过具体的实例说明实验、比较、分类等方法在化学中的应用，特别是研究物质性质中的应用，并且能够运用这些方法研究物质的性质。另外，可以在学生学习物质性质的过程中，进行研究物质性质方法与思路的教育。

教学建议：基于现在的课程体系，元素化合物知识主要集中在《必修1》中，学生在《必修1》要学习大量的物质性质，为此，学生应该建立研究物质性质的基本方法，从而为以后能够自主学习打下基础。此外，学生应该建立起研究物质性质的基本思路，即从物质的通性和氧化性、还原性来研究物质的性质：从金属、非金属、酸、碱、盐等物质类别所具有的通性预测某个具体物质可能具有的性质；从物质所含元素的化合价角度预测物质是否具有氧化性或还原性。

该内容属于过程与方法类课程目标，该目标的实现应结合具体的化学知识展开，教学设计要改变传统教学中重视核心知识点教学、忽视过程与方法内容教学的做法。要注意科学方法的学习方式，教学中要让学生尽量经历和体验科学方法，如通过实验探究或实验验证的活动体验"实验"的科学研究方法。

1.1.5 认识并欣赏化学科学对提高人类生活质量和促进社会发展的重要作用

深广度分析：能够举例说明化学与生活、生产、科技进步及社会发展的关系，尤其是体会组成材料的物质性质与材料性能的密切关系，认识新材料的开发对社会生产生活的重要影响，学会关注与化学有关的社会热点问题。

教学建议：该内容的设置，一方面是要强调化学科学在生产、生活和社会可持续发展中的重大作用，另一方面是希望培养学生学以致用的意识和能力，养成学生关心社会和生活实际的积极态度，增强学生的社会责任感，发展学生的创新精神和实践能力。因此，这些要求应结合具体的物质性质学习来达到，不宜为实现这些课程目标单独进行教学。教师在教学设计中要尽量打开自己的认识视野，从生产生活实际、科学技术发展、历史文化、化学实验等多角度去思考相应的内容。

对该内容应以查阅资料、分析资料为主要形式进行评价，考查时应侧重让学生在分析资料的过程中，体会化学对人类社会的发展与进步所作的贡献。

案例3-2：考查本内容的习题案例

[例1] 健康与智慧是幸福的两大要素。请列举事实说明化学科学在提高人类生活质量和促进社会发展方面的重要作用。

评析：学生要较完整地回答此题，就必须查阅相关资料，并结合所学的化学知识对资料进行分析，才能加以阐述。本题侧重考查学生解决问题的能力，并渗透了对情感态度与价值观维度的评价。

[例2] 化学对人类作出了巨大贡献，化学品与化学过程也可能给人类带来灾难。有的人甚至认为，化学是"有毒"、"污染"的代名词。请谈谈你的看法。

评析：本题侧重考查学生对化学学科为人类社会的发展所作贡献的全面认识。

1.2 《化学1（必修）》主题2 化学实验基础

1.2.1 体验科学探究的过程，学习运用以实验为基础的实证研究方法

深广度说明：了解化学实验室常用仪器的主要用途和使用方法，经历化学实验探究过程，体验科学探究的过程和方法在化学，特别是研究物质性质中的应用。学会运用以实验和推理为基础的科学探究方法，能够运用实验方法探究物质的性质，设计简单探究实验并实施。

教学建议：教师在进行教学设计时，要正确理解课程标准中对于实验的教学要求相对于传统课程来说是提高了而不是降低了。因为该内容标准将化学实验作为进行科学探究的重要方式，将设计实验方案、进行实验操作、观察记录实验现象、处理实验结果等融入科学探究的过程之中，全面发挥实验的教学功能，促进学生科学素养的发展。建议创设自主活动和积极探究的情景（如设计易产生认知冲突的实验现象）进行探究，激发探究欲望，参与和体验科学探究过程；通过离子反应发生条件、金属和非金属及其化合物性质、化学反应与能量的变化等有关实验，学会运用以实验为基础的实证研究方法。

该内容可以综合运用以活动表现评价为主的多种评价方式。有条件的学校可以适当采用实验室现场考查等形式，评价时要加强考查学生对科学探究的理解、对科学过程的认识，通常可以提供一些实验问题，让学生有选择地完成。如果没有条件进行实验操作测试，可以采用纸笔测试，如填写实验报告或设计实验方案等。本部分的评价不宜在实验原理方面深究。

案例3-3：考查本内容的习题案例

[例] 下面是一些实验试题，请自行选择其中之一，设计实验方案，经教师同意后在实验室完成实验。

（1）有一瓶橙黄色溶液，可能是 $FeCl_3$ 溶液，请设计实验加以鉴定。

（2）有一包白色粉末，可能是碳酸钠或碳酸氢钠，请设计实验加以鉴别。

（3）有一袋失去标签的化肥，可能是氯化铵或硫酸铵，请设计实验加以鉴别。

（4）配制物质的量浓度为 $2\ mol \cdot L^{-1}$ 的氯化铵溶液 500 mL。

评析：本试题既考查了实验的设计能力，又考查了必修模块中要求的关于实验的核心知识。为了保证实验操作测试的有效性，建议提前公布要测试的内容，给学生较

为充裕的时间进行思考、查找资料、设计实验，学生准备考试的过程本身就是不断提高的过程。

1.2.2 初步学会物质的检验、分离、提纯和溶液配制等实验技能

深广度说明：初步学会溶解、过滤、蒸发、蒸馏、萃取等基本操作；学会 NH_4^+、Al^{3+}、Fe^{2+}、Fe^{3+}、Cu^{2+}、Ag^+、Cl^-、SO_4^{2-}、CO_3^{2-} 等常见离子的检验方法；学会用实验的方法鉴别碳酸钠和碳酸氢钠等常见物质；初步学会配制一定物质的量浓度的溶液，了解容量瓶在溶液配制中的作用。

教学建议：以了解实验操作步骤和训练实验操作技能为主，不宜作习题上的加深。相关内容在学习元素化合物知识过程中逐步提高。学生必须经历有关物质检验和溶液配制活动，掌握基本的实验操作。在配制一定物质的量浓度的溶液时，其中过于细节的操作过程和全面的误差分析等不作为基本要求。

案例 3-4：考查本内容的习题案例

[例] 水污染问题是当前全世界关注的焦点问题。我们每一个人都应该自觉地保护水资源，防止污水的随意排放。化学实验过程中往往会产生污水，污水中的重金属离子如 Cu^{2+}、Ba^{2+}、Ag^+ 对水的污染作用很强。

某次化学实验后，回收的废液中可能含有 Cu^{2+}、Ba^{2+} 和 Ag^+。

(1) 请你用实验的方法检验该废液中是否含有这些离子，写出你的实验方案及相关反应的离子方程式。

(2) 若废液中存在 Cu^{2+}、Ba^{2+} 和 Ag^+ 这三种离子，你认为该废液应该进行怎样的处理后才能倒掉？写出你设计的废液处理方案及相关反应的离子方程式。

1.2.3 树立安全意识，能识别化学品安全使用标志，初步形成良好的实验工作习惯

深广度说明：能够识别主要的化学品安全使用标志，能够对实验过程中的简单事故，如酒精灯燃烧起来、有机物的燃烧等进行处理。

1.2.4 能够独立或与同学合作完成实验，记录实验现象和数据，完成实验报告，并能主动进行交流

深广度说明：掌握常见气体的实验室制法。能够结合具体的实验活动和交流活动，独立或与同学合作顺利完成实验，记录实验现象和数据，分析和处理实验数据，得出结论，完成实验报告，并能在讨论中学会交流和评价。

教学建议：该内容的学习，要让学生主要通过亲自参与而获得，教学中需要设计多样化的活动方式，可以根据学生的水平情况和学习活动任务的难度大小不同而采取不同的分组形式，让学生能够尽量参与教学活动。

1.2.5 初步认识实验方案设计、实验条件控制、数据处理等方法在化学学习和科学研究中的应用

深广度说明：了解控制实验条件的方法，能够进行研究物质性质、制法等实验的设计，能做到评价或改造实验方案；能绘制和识别典型的实验仪器装置图。

教学建议：在《必修1》阶段主要要求学生能够进行研究物质性质的实验设计，学会应用氧化还原反应原理设计实验方案，进行有关物质的氧化性或还原性的探究，并实现简单的物质间的转化。

案例3–5：考查本内容的习题案例

[例]　人们对物质性质的研究是一种科学探究的过程。预测性质，设计实验，观察现象并对实验现象进行分析和解释，对实验结论进行整合，都是非常重要的环节。请从氧化还原的角度对硫单质的性质进行探究。

可选用的仪器物品有：烧杯，试管，集气瓶，酒精灯，石棉网，胶头滴管，铁架台，玻璃棒，燃烧匙，氧气，硫粉，铁丝，铁粉，铜丝，硝酸，酸性 $KMnO_4$ 溶液等。

评析：此题考查了必修模块的核心知识——硫的转化、氧化还原反应等相关内容。同时，将科学探究的重要环节渗透在试题之中。此题既有一定的综合性，又有一定的开放性。

1.3　《化学1（必修）》主题3　常见无机物及其应用

1.3.1　能根据物质的组成和性质对物质进行分类

深广度说明：能运用元素的观点学习和认识物质，能根据物质的组成、能否电离等多种角度对物质进行分类。能够总结同类物质的通性，并初步建立研究物质通性的思路和方法。

教学建议：课标将此内容放在主题3中旨在发挥物质的分类对元素化合物知识学习的指导作用，因此，教学中不但要求研究各类物质之间的相互反应关系，更要研究各类物质之间的相互反应关系的意义，让学生体验物质分类的意义，使学生能够学会运用分类观去研究物质的性质。另外，根据物质的组成和性质对物质进行分类时要注意初、高中的衔接，并在后续学习中逐步完善。

1.3.2　知道胶体是一种常见的分散系

深广度说明：了解胶体是一种重要的分散系，能列举一些生活中的胶体；了解胶体与其他分散系的区别，知道区分溶液和胶体的简便方法；知道丁达尔现象是胶体的重要特性，并能够运用胶体性质解释简单的实验现象和生产、生活中的实际问题。渗析、凝聚、布朗运动和电泳现象不作要求。

教学建议：对于胶体，学生知道胶体是一种重要的分散系，能列举一些生活中的胶体，了解胶体与其他分散系的区别，能利用所学知识对日常生活与工农业生产中的有关现象加以解释即可，不可随意加大深度、难度。

1.3.3　根据生产、生活中的应用实例或通过实验探究，了解钠、铝、铁、铜等金属及其重要化合物的主要性质，能列举合金材料的重要应用深广度说明：钠及其化合物　能说出钠的主要物理性质，认识钠的还原性，并会书写钠分别与水、氧气等的化学反应方程式；认识碳酸钠和碳酸氢钠的重要性质（与强酸、强碱反应，加热分解反应），知道它们性质的差异及其转化；能利用钠及其化合物的性质分析一些简单的实验现象和实际问题。CO_3^{2-} 与酸的分步反应暂不作要求。

铝及其化合物　了解铝的还原性、氧化铝和氢氧化铝的两性，认识铝单质及其重要化合物在化学性质上与其他金属的不同，能书写相关的化学反应方程式，能列举铝合金材料在生产和生活中的重要应用。不要求从定量角度讨论氧化铝和氢氧化铝的两性。

铁及其化合物　能列举含铁元素的单质及其化合物，认识铁、氧化铁、氢氧化铁及含铁盐的重要化学性质（氧化性或还原性），能举例说明 Fe、Fe^{2+}、Fe^{3+} 间的转化，写出主要的化学反应方程式；知道 Fe^{2+}、Fe^{3+} 的检验方法；通过对不锈钢不易锈蚀原理的认识，体会金属性质与金属材料间的密切关系。

铜及其化合物　能结合其他元素化合物性质的学习，归纳铜的主要性质，了解铜合金在工业生产和高科技领域的应用。

教学建议：对金属元素及其化合物的学习，应充分体现课程标准的要求，在自然界和生产生活的背景中进行教学，从学生已有的生活经验出发，将有关物质性质的学习融入有关的生活现象和社会问题的分析解决活动中，体现其社会应用价值。要通过实验探究活动获得，学生应该做的重要实验包括：钠与水、氧气的反应，铁及其化合物间的相互转化，氧化铝与氢氧化铝的两性，碳酸钠与碳酸氢钠的性质等。要突破传统的物质中心模式，不再追求从结构、性质、存在、制法、用途等方面全面系统地研究物质，转变成以元素为核心，围绕某一种元素，学习含有该元素主要物质的核心性质。

在教学实施中，要避免用高考的标准和旧课程的要求处理教材中出现的内容，无限地拓展和提高教学要求，给学生的学习带来额外的负担。

通过钠、铝、铁、铜及其化合物之间转化关系的比较、归纳等，结合物质的分类、氧化还原反应、离子反应等理论知识，逐步掌握学习元素化合物知识的一般方法。

1.3.4　知道酸、碱、盐在溶液中能发生电离，通过实验认识离子反应及其发生的条件，了解常见离子的检验方法

深广度说明：知道根据在水溶液中能否导电可将化合物分为电解质和非电解质；知道酸、碱、盐是电解质，在水溶液中能发生电离，会书写强电解质的电离方程式。在《化学必修1》中，不要求掌握弱电解质及其电离方程式的书写。

认识离子反应及其发生的条件，初步学会从微粒观（电离的观点）的视角，认识物质在水溶液中的存在形式及所发生的反应；会书写易溶、易电离的酸、碱、盐之间发生的复分解反应的离子方程式；能利用离子反应检验常见离子。在必修化学阶段只要求单一离子的检验，不要求书写氧化还原反应类型的离子反应。

教学建议：对本内容的教学，首先要准确把握知识的深广度，明确该内容在《必修1》中应该处理到何种程度，在选修模块怎样更深入地介绍。其次，要密切结合学

生的已有知识和经验进行教学。例如，在建立电离的概念时，利用学生已知的酸碱盐溶液具有导电性、阴阳离子形成的知识，让学生一步一步发现问题，分析问题，建立新概念，从而解决问题。第三，要充分发挥离子反应的认识和指导功能，帮助学生从微观上认识物质在水溶液中的反应实质，使学生初步建立起研究水溶液的思路方法，培养学生从微观角度分析水溶液及其内部发生的反应。例如，离子方程式的书写可采用以下方法：①分析反应物在水溶液里的存在形式。对于易溶于水、易电离的反应物写出其电离方程式，明确溶液中存在的离子，写出它们的离子符号；除此之外，其他反应物则用它们的化学式来表示；②判断上述微粒中哪些能够相互作用生成沉淀、水或挥发性物质，用化学式表示这些物质；③综合前两步，写出离子方程式并配平。

1.3.5 根据实验事实了解氧化还原反应的本质是电子的转移，举例说明生产、生活中常见的氧化还原反应

深广度说明：知道可以依据元素化合价的变化，把化学反应分为氧化还原反应和非氧化还原反应，建立氧化还原反应的概念，知道氧化还原反应的本质是电子转移；能够利用化合价升降判断一个反应是否为氧化还原反应；对于简单的氧化还原反应，能够找出氧化剂和还原剂；能列举中学阶段常见的氧化剂和还原剂；能举例说明氧化还原反应对生产、生活、科学研究等方面的影响；能够初步学会从氧化还原反应的视角研究物质的化学性质。

必修化学阶段对复杂氧化还原反应的配平，单线条与双线条表示氧化还原反应中电子转移的方法、氧化还原反应类型、氧化性和还原性强弱的判断、电子守恒原理及其运用不作要求。

教学建议：教师首先要了解义务教育阶段有关氧化还原反应知识的要求，以及选修模块中有关氧化还原反应知识的发展。在义务教育阶段，仅要求通过实例知道氧化反应和还原反应，在选修阶段，要求通过电解池、原电池、金属腐蚀与防护、溶液中的氧化还原反应原理及应用深化对氧化还原反应的认识。其次，要明确学生学习氧化还原反应的障碍点之一是初中对元素化合价了解较少。第三，既要发挥氧化还原反应知识对元素化合物知识学习的指导作用，又要注意在元素化合物知识的教学中运用并巩固氧化还原反应知识。

1.3.6 通过实验了解氯、氮、硫、硅等非金属及其重要化合物的主要性质，认识其在生产中的应用和对生态环境的影响

深广度说明：氯及其化合物　能说出氯气的主要物理性质；认识氯气的氧化性，能够书写氯气与金属、水、碱的化学反应方程式；了解氯气能够将溴离子、碘离子从它们的溶液中置换出来；能利用氯气的化学性质分析一些简单的实验现象和实际问题。在《化学必修1》中，不要求介绍卤族元素性质递变规律。

氮及其化合物　能列举氮元素的单质及其化合物，了解一氧化氮与二氧化氮的颜色、状态及其与水的反应；掌握氨气、铵盐及硝酸的主要物理性质和化学性质，学会

铵根离子的检验方法和氨气的实验室制法，能书写相应的化学方程式；能够运用相关知识分析简单的环境问题。

硫及其化合物　能列举硫元素的单质及其化合物，通过实验认识硫单质、二氧化硫和浓硫酸的物理性质和主要化学性质，能书写相关的化学反应方程式；认识硫及其化合物之间的转化关系；了解酸雨的形成、危害及其防治的方法。

硅及其化合物　能列举硅元素的单质及其化合物；认识二氧化硅分别与氧化钙、氢氧化钠溶液及其碳酸盐的反应，能书写相关的化学反应方程式；了解硅及其化合物在材料领域中的应用。

教学建议： 对上述非金属及其化合物的主要性质，要求教师在教学中以演示、分组实验或设计实验等形式进行以下实验，并根据实验现象得出结论：氯气与水、金属、氢氧化钠溶液的反应，氨的溶解性实验，氨与酸的反应，铵盐的性质，铵根离子的检验，硝酸的氧化性，硫单质的性质，二氧化硫性质，浓硫酸的性质，硫及其化合物的相互转化，氯、溴、碘单质的置换反应。

要突出元素化合物的内在联系，建立新的知识体系。由于课程结构的变化、课程内容的重新组织，建立了新的知识体系，相同的元素化合物内容在教学中的前后位置发生了变化。教师一定要更换知识体系，才能顺利地、有针对性地进行教学。这包括必修教材的知识体系、必修教材中知识的深广度及必修与选修教材的知识关系。教师头脑中要有三个阶段的知识，建立整体的、立体的、网络化的中学化学知识体系。《化学必修1》中元素化合物知识的系统性侧重体现含有同种元素不同物质的知识结构。

1.4　《化学2（必修）》主题1　物质结构基础

1.4.1　知道元素、核素的涵义

深广度说明： 了解原子核的构成，知道质量数与质子数、中子数的关系，知道质子数、核电荷数、核外电子数的关系，能说出 $_Z^A X$ 的含义；能举例说明什么是元素、什么是核素、什么是同位素（不需要进行概念辨析）；知道核素在医疗、新能源开发等方面的应用。

教学建议： 首先要了解学生在初中化学学习中已经知道原子是由原子核和核外电子构成的，但不知道原子核是由什么构成的、电子在核外是怎样运动、怎样排布的。其次，要借助原子结构理论的发展过程让学生体会假说、模型方法在科学研究中的作用。第三，在介绍原子结构的同时，还要注意发展学生对于原子与元素的关系的认识。在进行"元素、核素、同位素"的教学时，建议通过具体事例让学生理解三者之间的关系，例如，$_1^1 X$、$_1^2 X$、$_1^3 X$ 是三种不同的核素，它们互为同位素，都属于氢元素。

1.4.2　了解原子核外电子的排布

深广度说明： 了解原子核外电子的排布规律，能熟练写出 1～18 号元素的原子结构示意图，并能使用它解释有关问题。

教学建议： 在学习原子核外电子排布规律的同时，引导学生利用原子结构的知识

解释某些元素的部分性质，关注原子结构与元素性质的关系，使学生初步了解原子的最外层电子排布与元素性质的关系。

1.4.3 能结合有关数据和实验事实认识元素周期律，了解原子结构与元素性质的关系

深广度说明：了解元素原子最外层电子排布、原子半径、主要化合价的周期性变化，认识元素周期律；理解原子的最外层电子排布与元素性质（原子的得失电子能力、化合价）的关系。

教学建议：建议在元素周期律的教学中，要遵循学生认识发展规律，充分利用数据，组织学生展开交流、讨论，让学生通过对数据的分析、处理得出结论，形成概念，发现规律。

对原子序数的教学，可以让学生通过观察元素周期表发现其中的每种元素都有一个序号，然后结合原子结构的知识找到原子序数、质子数和核外电子数之间的关系。

对原子半径的周期性变化可进行以下拓展：一是让学生尝试用原子结构的知识解释原子半径的变化规律，二是让学生学会比较同周期元素的原子半径的大小，会比较同种元素的原子和阴、阳离子的半径的大小，会比较电子层结构相同的离子半径的大小。

可以在归纳元素周期律的基础上，引导学生就元素化合价的规律进行深入探讨，使他们认识：①金属元素无负化合价；②非金属元素的最高正化合价与最低负化合价绝对值之和为8。

1.4.4 能描述元素周期表的结构，知道金属、非金属在元素周期表中的位置及其性质的递变规律

深广度说明：了解周期表的结构，知道周期和族的概念，熟练说出 1~18 号元素在周期表中的位置；以第三周期元素为例，简要说明同周期元素性质递变规律及与原子结构的关系；能以 IA、ⅦA 元素为例，简要说明同主族性质递变规律及与原子结构的关系，并能进行应用。

知道元素周期表在科学研究、地质探矿等领域的广泛应用；能够借助元素周期表，对所学过的元素及其化合物知识进行整合。

教学建议：在进行元素周期表的结构的教学时，建议：①将周期和族的讨论分开进行，以分散难点；②通过讨论使学生认识元素的原子结构与其在元素周期表中的关系；③教会学生怎样根据元素周期表的结构掌握每一周期能容纳多少种元素，怎样根据每一周期所能容纳的元素数判断某元素（已知原子序数）在周期表中的位置。

在认识同周期元素性质递变规律和预测同主族元素性质的教学中，可以通过设计实验探究活动让学生获得结论。为了能够充分发挥实验在概念教学中的作用，教师在进行教学设计时应注意以下问题：①引导学生关注实验目的。实验目的反映了该实验所要解决的核心问题，只有明确了实验所要解决的核心问题，才有可能设计出合理的

实验方案，才会在众多繁杂的实验现象中捕捉到最有价值的信息，才可能得出有意义的结论。②在设计实验方案或实验前，要组织学生进行讨论，找到待解决的问题、实验中的变量和实验现象间的关系，以使学生有明确的实验思路。

教师在教学过程中主要注意发挥知识的多维度功能。例如，在进行元素性质递变规律的教学时，不仅让学生了解同主族元素性质递变规律，还要整合ⅦA、IA族元素及其化合物的主要性质，同时让学生学会根据元素周期表和元素性质递变规律预测未知元素的某些性质。

教师在教学过程中要注意把握概念、理论的科学性。例如，在研究同周期、同主族元素性质递变规律时，要注意金属性、非金属性与得失电子能力的关系以及金属性与金属活动性的关系。

建议借助原子结构的知识引领学生探求元素与物质组成的内在联系和影响元素性质的内在因素；从寻找"元素性质递变规律"的视角，对元素化合物知识进行概括、整合，使学生对元素化合物性质的认识开始由感性走向理性，同时结合化学1中讨论元素化合物性质的几个视角（物质分类及其通性、氧化性或还原性、特性）构建元素化合物知识的立体知识网络（具体示例如下图所示）。此外，教材还将借助元素周期表，向学生展示丰富多彩的元素世界，进一步扩展元素化合物知识的学习。

不论研究同周期、同主族元素性质的递变规律，还是了解元素周期表在生产实践中的应用，都要抓住"位、构、性"三者之间的关系这一主线。

1.4.5 认识化学键的涵义，知道离子键和共价键的形成

深广度说明：知道化学键的含义，能从化学键的视角发展学生对物质构成和化学反应实质的认识；知道离子键和共价键是重要的化学键，知道离子键和共价键的含义；能举例说明什么是离子化合物、什么是共价化合物，能区分简单的、典型的离子化合物和共价化合物。

教学建议：关于化学键的教学，教师应明确化学键是指相邻而非距离较远的原子间的"强相互作用"，包括相互吸引和相互排斥，而非"结合力"。而"强相互作用"比较抽象，可以为学生提供一些具体数据，之后，再分析"强相互作用"的含义。

关于共价键、离子键的教学，要抓住其成键原因、成键方式、成键微粒和成键元素这几个问题，并且通过对比的方法，比较离子键和化合键的异同，以加深学生对其本质的认识。

教学中不仅让学生建立化学键的相关概念、通过化学键认识物质构成，还要让学生从化学键的角度认识化学反应中物质变化与能量变化的实质。在进行化学反应中物质变化的实质的教学过程中，由于大多数化学反应的机理比较复杂，要引导学生关注化学键变化的结果，即破坏了哪些化学键、形成了哪些化学键，而不要强调中间过程；使用动画课件时，也要向学生进行适当说明，以免学生形成错误概念。

高
中化学教师专业能力必修
Gao Zhong Hua Xue Jiao Shi Zhuan Ye Neng Li Bi Xiu

案例 3 - 6：化学键的教学设计

[问题]（1）初中化学中曾经讨论过的化学反应的实质是什么？请以 $2H_2 + O_2 \xrightarrow{\quad} 2H_2O$ 为例说明。

（2）如图 3 - 1、图 3 - 2，下面两个反应是你熟悉的放热反应，但是这两个反应只有在点燃的条件下才能发生，你能猜测一下这是为什么吗？

图 3 - 1　天然气（甲烷）的燃烧

图 3 - 2　氢气在氯气中燃烧

[课件] 展示下列图片

图 3 - 3　水的沸腾，条件：加热到 100 ℃

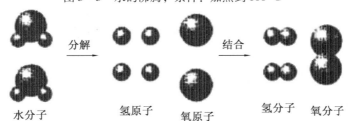

水分子　　　　氢原子　　氧原子　　　　氢分子　氧分子

图 3 - 4　水的分解反应，条件：通电或加热到 2000 ℃以上

[问题] 请同学们根据图片信息，从微观的角度思考：

（1）水分解成氢气和氧气时为什么要吸收热量？

（2）液态水变成水蒸气时要吸收热量，这些能量的作用是什么？

（3）这两组数据说明了什么？

[问题] 请你从微观的角度，借助化学键的概念分析，化学反应中物质变化的实质是什么？请利用原子结构的相关知识分析。

[课件] 展示下列图片

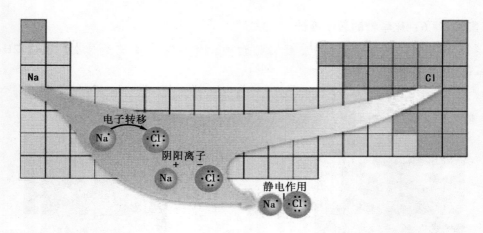

图 3-5

[问题]（1）Na 原子与 Cl 原子是怎样形成氯化钠的？

（2）H 原子与 Cl 原子是怎样形成氯化氢的？

1.4.6 了解有机化合物中碳的成键特征

深广度说明：以甲烷、乙烯、苯为例，了解有机化合物中碳原子之间的成键特点，能够书写其结构式和结构简式。

教学建议：教学中要结合学生已学过的原子结构和共价键知识，引导学生分析碳原子的成键特点。可以要求学生利用配套球棍模型和比例模型搭建甲烷、乙烯、苯的立体模型，也可以使用多媒体演示，让学生体会碳原子的成键特点。

1.4.7 举例说明有机化合物的同分异构现象

深广度说明：知道有机化合物存在同分异构现象，会书写常见的简单的烷烃的同分异构体。教学中不要求书写复杂的同分异构体，不要求区分同分异构体的类型。

教学建议：教学中可以指导学生从比较甲烷、乙烷、丙烷和丁烷分子中碳原子的连接方式入手，先用配套球棍模型和比例模型搭建碳链骨架，再依据碳原子 4 价的原则，用氢原子饱和碳原子上的其他价键。这样，学生不仅通过搭建丁烷、异丁烷分子结构模型建立同分异构体的概念，还能通过甲烷、乙烷、丙烷没有同分异构体认识烷烃同分异构现象的实质是分子中碳原子结合方式的不同，常称为碳链异构。

1.5 《化学 2（必修）》主题 2 化学反应与能量

1.5.1 知道化学键的断裂和形成是化学反应中能量变化的主要原因

深广度说明：能用化学键的观点分析化学反应中能量变化的实质；知道化学反应过程中旧键的断裂和新键的形成要释放和吸收能量，从而使化学反应中伴随着能量变化；知道化学反应中的能量变化能以多种形式进行转化。

教学建议：教学过程中可以提供给学生一些共价键的数据，然后从化学键的角度分析化学反应前后能量变化的实质。在《化学必修 2》的学习中，不要求知道"键能"概念。

1.5.2 通过生产、生活中的实例了解化学能与热能的相互转化

深广度说明：通过具体实例说明化学能与热能的相互转化；了解化学反应有吸热

反应和放热反应；认识化学反应在提供能源方面的作用。

教学建议：化学能与热能的转化教学应侧重与实践相结合，解决生产生活中的实际问题，因此，可借用"即热饭盒"、"铝热反应"等生产生活中的素材，组织学生展开讨论。此外，还可以组织学生就"预测将化学能转化为热能的应用前景"进行讨论或开展研究性学习。

1.5.3 举例说明化学能与电能的转化关系及其应用

深广度说明：能够通过实例说明化学能与电能的转化；了解电池是利用氧化还原反应将化学能转化成电能的装置，能以实例简单分析原电池的工作原理。必修阶段不要求学生知道原电池的构成条件，不要求学生判断哪些装置是否构成原电池，不要求学生会写电极反应式。

教学建议：教学中应使学生认识到只有释放能量的氧化还原反应才可能通过原电池实现化学能和电能的转化，但并非所有释放能量的化学反应均能通过原电池实现。因此，通过原电池的学习，不仅使学生能够了解化学能是如何转化为电能的，还能进一步认识氧化还原反应的实质。

教学中为了加强直观性，建议教师制作动画软件展示原电池的工作原理。

1.5.4 认识提高燃料的燃烧效率、开发高能清洁燃料和研制新型电池的重要性

深广度说明：通过具体实例说明提高燃料燃烧效率的方法，能够举出一些清洁燃料和新型电池，体会提高燃料的燃烧效率、开发高能清洁燃料和研制新型电池的重要性。

教学建议：可以组织学生进行以下问题的讨论或开展研究性学习：①在你的周围有哪些化学能转化为热能的例子？②为提高能量转化效率和热能利用效率提供建设性意见。③列举你所知道的清洁燃料和新型电池。

1.5.5 通过实验认识化学反应的速率和化学反应的限度，了解控制反应条件在生产和科学研究中的作用

深广度说明：能够认识到化学反应是有快慢的，了解化学反应速率的含义，了解浓度、温度和催化剂对化学反应速率的影响，能举出生产、生活中通过控制条件调控化学反应速率的实例。

能够认识到化学反应存在一定的限度，反应物不能完全转化为产物；能结合实例说明什么是可逆反应；了解化学平衡的含义，认识化学平衡状态的特征，知道当条件改变时会发生化学平衡的移动。化学平衡移动规律及其应用在必修阶段不作要求。

教学建议：由于"影响化学反应速率的因素"的研究属于半定量实验，教学中要指导学生通过探究活动体验变量控制思想在实验研究中的应用，以及定量实验（或半定量实验）研究与定性实验研究的区别与联系，使学生在已有基础上继续深化、发展其对实验方法的认识，提高学生利用实验研究问题的能力。

催化剂对化学反应速率的影响，教师应使学生通过实验感受：①使用催化剂可以提高化学反应速率；②不同的催化剂对同一反应的化学反应速率影响程度不同。另外，

可以以"催化剂与化学工业"、"催化剂与生活"为课题，组织学生开展研究性学习，使学生深入了解催化剂在优化化工生产条件和提高生活质量中的作用。

在教学设计中，要关注概念的来龙去脉，要使学生知道概念的建构对化学核心观念的认识发展的作用、概念及相关理论的研究对解决实际问题的价值。例如，在进行"化学反应速率"的教学时，可以在新课引入阶段向学生介绍这是研究化学反应的一个新视角，以及它的价值；在学完相关概念理论后，可以组织学生进行讨论，让学生利用所学原理解决实际问题。

"化学反应与能量变化"是《课程标准化学2》中的第二个主题，它不仅承担着具体化学知识的教学任务，还具有整合、发展学生对化学反应的认识的作用。通过本部分的学习，学生应初步能够从宏观与微观、定性与定量、快慢与限度、本质与现象、积极应用与负面影响、能量转化等方面，多角度、多层面地认识化学反应。

1.6 《化学2（必修）》主题3 化学与可持续发展

1.6.1 认识化石燃料综合利用的意义，了解甲烷、乙烯、苯等的主要性质，认识乙烯、氯乙烯、苯的衍生物等在化工生产中的重要作用

深广度说明：知道怎样从化石燃料中获得甲烷、乙烯和苯；了解甲烷的组成和基本结构特点，认识甲烷的主要化学性质（燃烧反应、取代反应）；知道乙烯的主要物理性质，认识乙烯的化学性质（燃烧、能被酸性高锰酸钾溶液氧化、能与溴的四氯化碳溶液发生加成反应），并能写出相应的化学方程式；知道苯的物理性质，知道由于苯分子结构的特殊性，苯不能使酸性高锰酸钾溶液褪色，不能与溴的四氯化碳溶液反应，但能燃烧、能发生取代反应；知道甲烷、乙烯、氯乙烯、苯在化工生产和生活中的重要作用。

教学建议：甲烷的性质是一个重要的学习内容，可以利用生活中关于甲烷的事件（天然气的利用、煤矿事故等）创设情景，激发学生探究的欲望，在初中学习的基础上发展对甲烷的认识（发生氧化反应和取代反应），利用化学知识解决实际问题。

在乙烯性质的教学中，可以充分利用结构决定性质的线索，与只含有碳碳单键的甲烷相比，乙烯分子中碳碳双键的存在使乙烯表现出较活泼的化学性质，易发生加成反应。

苯的结构的教学可以设计成一个探究活动，以凯库勒提出的苯分子结构为素材提出问题，请学生设计、完成实验，对凯库勒的苯分子结构进行验证，最后通过键长、键能的数据使学生认识到苯分子中存在着一种介于单双键之间的特殊的化学键。

教学中要注意采用"从生产、生活到化学，从化学到社会、生活"的思路，将学生对身边、生活中熟悉的物质的认识和生活经验与化学实验的科学探究相联系，拓宽学生对有机化合物的认识，建构新的认知框架。要依据有机化学对国民经济发展和人们生活水平提高的重要作用，对自然资源合理开发、综合应用及可持续发展的观点，以生产、生活和身边的食物作为切入点，由个别物质的研讨随生产、生活中的联系逐一展开：①对有机化合物的认识是先以甲烷为例认识有机化合物的一般性质，再从甲烷的结构特点拓展到乙烷、丙烷、丁烷及其异构现象，即从结构的多样性初步认识有机化合物的种类繁多；②从石油化工和煤化工的产品引入乙烯和苯的性质及其在生活、生产中的应用。

1.6.2 知道乙醇、乙酸、糖类、油脂、蛋白质的组成和主要性质，认识其在日常生活中的应用

深广度说明：知道乙醇的主要物理性质；能写出乙醇的结构式和结构简式；了解乙醇的主要化学性质（燃烧、与金属钠的反应、在催化条件下可被氧化成乙醛），并能写出相应的化学方程式；能举例说明乙醇在生产、生活中的应用。

知道乙酸的主要物理性质；能写出乙酸的结构式和结构简式；了解乙酸具有酸性，能与乙醇发生酯化反应，并能写出相应的化学方程式；以乙酸乙酯为例，认识酯的水解反应；知道油脂也能发生水解反应；了解酯和油脂在生产、生活中的应用。

知道葡萄糖、蔗糖、淀粉、纤维素都属于糖类；能写出葡萄糖的结构简式，知道葡萄糖能与新制的氢氧化铜反应；知道淀粉在酸或酶的催化下可逐步水解，最终生成葡萄糖。

知道蛋白质是一类结构复杂、相对分子质量很大的化合物，由碳、氢、氧、氮等元素组成，属于天然高分子化合物；知道蛋白质是由氨基酸组成的，蛋白质水解会生成各种氨基酸；了解蛋白质的性质（盐析、聚沉、显色）。

能举出加成、取代、酯化反应的实例，不要求掌握这些有机化学反应类型的定义，不要求进行反应类型的判断。

教学建议：乙醇性质的教学中，可以把乙醇分子看成是乙烷分子中的氢原子被羟基取代后的产物，羟基是乙醇分子的官能团，其性质与羟基有关，能与金属钠发生反应，在不同的条件下乙醇可被氧气氧化成不同的产物。

乙酸性质的教学中，学生通过实验设计及实验实施学习乙酸具有酸性的性质，而对于乙酸的酯化反应在条件许可的情况下更适宜改为分组实验，并结合实验装置图和化学反应方程式讨论浓硫酸的作用。另外，酯化反应是学生接触到的第一个典型的有机可逆反应，可适当组织学生讨论相关反应条件对反应速率和反应进行程度的影响，加深对酯化反应实验装置及操作要点的理解，同时，这也是对主题2中"认识化学反应的速率和化学反应的限度"所学知识的实际应用。

在酯的教学中，要让学生在实践活动中探究乙酸乙酯的水解，在探究活动中，教师可以对"酯的水解程度为什么不同？"、"为什么加碱后酯的水解程度最彻底？几乎没有酯的香味？"等问题结合化学平衡原理进行简单的解释，加深学生对"化学平衡是相对的"这一观点的认识。

在进行糖类教学时，可以将"结构决定性质"的线索外显，引导学生应用这一线索思考和学习相关的知识。例如，可以设计活动让学生思考为什么葡萄糖和果糖具有相同的分子式却具有不同的性质，让学生推测原因。

蛋白质的性质是教学重点，因为蛋白质的盐析、变性、显色反应所涉及的仪器、

操作都比较简单，而实验现象又适宜在近处仔细观察，可以采取并进式（边讲边实验）教学方式进行。关于"蛋白质是由氨基酸组成的教学"，可做两方面说明：一是人体摄入的蛋白质在酶的催化下水解的最终产物是各种 α - 氨基酸；二是各种 α - 氨基酸在人体内重新合成所需的各种蛋白质。

1.6.3 通过简单实例了解常见高分子材料的合成反应，能举例说明高分子材料在生活等领域中的应用

深广度说明：初步认识有机高分子化合物结构的主要特点；认识加聚反应；能列举一些常用的塑料、合成橡胶、合成纤维，并说明其在生产、生活中的应用。

必修阶段不要求分析有机高分子化合物的单体。

1.6.4 以海水、金属矿物等自然资源的综合利用为例，了解化学方法在实现物质间转化中的作用。认识化学在自然资源综合利用方面的重要价值

深广度说明：了解海水中重要元素的存在和应用，了解从海水提出重要化学物质的原理；认识综合开发利用海水化学资源的必然趋势；以镁、溴、碘为例说明如何依据物质的性质从海水中进行提取。

教学建议：教学中不必让学生记忆海水中存在哪些元素，只要求了解元素的多样性即可，其目的在于让他们进一步认识元素在自然界中存在的广泛性。从海水提出有关物质的教学中，要对提高经济效益的措施进行讨论，让学生更加接近工业生产的真实情况。

教学中要着重指出海水化学资源利用应走综合开发的道路，我国对海水化学资源开发利用正在进行相关研究。课后可让学生查阅资料，进一步了解我国科学家在此领域的研究情况，激发他们学习化学的兴趣。

1.6.5 以酸雨的防治和无磷洗涤剂的使用为例，体会化学对环境保护的意义

深广度说明：可以用酸雨的成因、危害及治理措施为例，引导学生体会物质性质及其应用对环境保护的意义。

教学建议：酸雨属于 STS 知识，对于 STS 内容的课堂教学，不能仅仅是传统课堂教学中让学生在"看中学"和"听中学"，教师的教学设计要充分体现 STS 教学内容的特点，利用多样化的形式让学生学习，针对不同的内容进行相应的教学设计。结合教学情况，教师可以利用学生开展研究性学习的时间，进行关于酸雨的小课题研究，如：通过资料查找，对周围环境进行观察，调查所居住地区是否发生过酸雨，判断酸雨的程度，了解导致酸雨污染的原因及政府采取了哪些措施进行整理等，写成小论文并进行展示交流。

1.6.6 能说明合成新物质对人类生活的影响，讨论在化工生产中遵循"绿色化学"思想的重要性

深广度说明：认识到化学反应在制造新物质方面的作用，以及新物质的合成对人类生活的影响；能够以具体实例（如制取氯气等）体会如何利用化学反应制备新物质；了解实验室制备物质的原理、装置、收集方法和尾气吸收方法。

教学建议：以氯气的制取为例，让学生体会物质制备的基本思路，教师要从"如何利用化学反应制造物质"这一角度展开探究活动，引导学生回忆实验室制备氢气、二氧化碳、氨气时所用的制取装置和收集方法，从而归纳出如何根据原料状态、反应条件选择气体发生装置，如何根据气体的性质确定收集方法及是否需要尾气吸收装置。

展现化学的创造魅力需要丰富的资料和多样的表现形式。因此建议在进行相关内容的教学时，与研究性学习相结合，带领学生走出课堂，以小组为单位，通过查阅资料、参观化工厂或科技展览、与科学家（或工程师或教师）座谈等多种渠道，广泛收集信息；再以展板、手抄报、小论文、展览等多种形式进行交流，使学生在活动中受到教育，体会"化学创造了第二个大自然"的含义。

2.《化学与生活》模块内容标准解读

2.1　主题1 化学与健康

2.1.1 认识食品中对人类健康有重要意义的常见有机物

深广度说明：复习初中化学中的六类营养素对人体的重要作用；了解糖、蛋白质、维生素、脂肪等有机物对人类健康的作用；能初步分辨出一些常见食品中所含的主要营养素。

2.1.2 说明氨基酸、蛋白质的结构和性质特点，能列举人体必需的氨基酸

深广度说明：掌握氨基酸的结构特点，会写三种基本氨基酸的结构简式，并以此为例，掌握其性质和用途（酸性、碱性和结合成肽键），了解氨基酸的用途；整合初中化学和必修模块中有关蛋白质的知识，了解蛋白质的组成和结构特点，理解其性质（变性、盐析、颜色反应）；知道人体必需的氨基酸及其来源。

案例3-7：生命的基础——蛋白质的教学设计

教师活动	学生活动	设计意图
[课件]介绍钟南山院士事迹。展示SARS病毒的电子图片，说明蛋白质广泛存在于生物体内，是组成细胞的基础物质。是生命的基础，没有蛋白质就没有生命。 [板书]1.氨基酸 [课件]给出甘氨酸、丙氨酸、谷氨酸的结构，引导学生观察氨基酸的结构特点。 [问题]分析以上氨基酸的结构式，指出氨基酸有哪些官能团？（—NH₂氨基、—COOH羧基） [问题]那么什么叫氨基酸？ [板书]定义：羧酸分子里烃基上的氢原子被氨基取代后的生成物叫氨基酸。	观察，聆听。 学生观察甘氨酸、丙氨酸、谷氨酸的结构，总结归纳氨基酸结构特点。得出氨基酸的通式和定义。	紧扣时代信息激发学生爱国主义和学习兴趣；调动学生的学习积极性。培养归纳总结的能力，复习官能团与性质的关系。

教师活动	学生活动	设计意图
[问题] 官能团决定有机物的性质。氨基酸结构中均含有—COOH 和—NH₂，应具有什么性质？	聆听，思考。	结构决定性质，进行辩证唯物主义教育。
[总结]（1）既能与酸反应又能与碱反应 [练习] 写出下列反应的化学方程式 与氢氧化钠反应： 与盐酸反应： （2）脱水缩合 [练习] 写出下列反应的化学方程式 乙酸与乙醇发生酯化反应： 氨基乙酸与氨基乙酸反应：	观察答出：—COOH 和—NH₂。 练习方程式的书写。	提高书写化学方程式的能力。 使学生掌握通过结构式推导性质的方法。
[讲述] 两个氨基酸彼此之间脱一分子水得到的产物叫二肽。许多氨基酸分子彼此脱水生成的化合物叫多肽。例如： H₂N—CH—CO—OH+H—NH—CH—COOH →H₂N—CH—CO—NH—CH—COOH+H₂O 　　　R　　　　　　　R′　　　　　R　肽键　R′　二肽 [板书] 2. 肽键和多肽 [讲述] 蛋白质在希腊文 Proteios 的意思是"第一"，即蛋白质是生命的基石。 [课件] 存在：动物的肌肉、皮肤、血液、乳汁及毛、发、蹄、角等，或存在于植物的种子里。 组成：蛋白质分子中含有 C、O、H、N、S 等元素。1965 年我国科技工作者成功合成了具有生物活性的结晶牛胰岛素。这是科学史上的一大成就，可以说是科学史上的又一"丰碑"。在认识生命现象揭开生命奥秘的伟大历程中，作出了重要贡献。	认真听讲、思考。	由旧知识向新知识迁移，培养创新思维能力。 激发学生爱国主义热情和民族自豪感，进一步激发学生探索蛋白质知识的兴趣，创设悬念引入新知识领域的探索。

教师活动	学生活动	设计意图
[板书] 3. 蛋白质的性质 [实验] 	分组实验，完成实验报告。 学生结合实验分析、思考产生疑问。 练习。 思考、讨论。	练习操作技能；提高观察能力；学会从实验现象分析、归纳整理出结论的科学方法；激发学生探究问题的兴趣，主动学习知识。 加强掌握蛋白质的性质，了解其他可导致蛋白质变性的因素。

子表格（嵌入在教师活动列）：

试管编号	往装有蛋白质的试管中添加的试剂或操作	现象	继续往试管滴加水后的现象
1	(NH$_4$)$_2$SO$_4$		
2	Na$_2$SO$_4$		
3	(CH$_3$COO)$_2$Pb		
4	CuSO$_4$		
5	Hg(NO$_3$)$_2$		
6	酒精		
7	甲醛		
8	加热		
9	浓 HNO$_3$		

[问题] 从本实验可得出蛋白质有哪些化学性质？

[板书] (1) 蛋白质的盐析：

(2) 蛋白质的变性：

[问题] (1) 误服重金属怎么解毒？

(2) 为什么医院用高温、紫外线照射、喷洒苯酚和酒精溶液消毒？

(3) 为什么用甲醛保存动物标本？

教师活动	学生活动	设计意图
[实验] 蛋白质的颜色反应 [讲述] 蛋白质的颜色反应是检验蛋白质的方法之一，反应的实质就是硝酸作用于含有苯环的蛋白质使它变成黄色的硝基化合物。 [问题] 在日常生活中还有什么其他方法检验蛋白质呢？ [实验] 分别灼烧：羊毛线、棉线。 现象：羊毛线燃烧时燃烧不快，火焰小，离火即熄灭，燃烧有蛋白质臭味，灰烬呈卷曲状为黑褐色结晶，用手指可碾成粉末；棉线燃烧无气味，烧后成灰。 [板书] 4. 蛋白质的检验	聆听。 学生观察、描述现象。	理论联系实际。

2.1.3 通过实例了解人体必需的维生素的主要来源及其摄入途径，了解维生素在人体中的作用

深广度说明：了解维生素在人体中的作用和人体获得维生素的主要途径；以维生素 A、维生素 C 为例，知道其结构和应用。

2.1.4 认识微量元素对人体健康的重要作用

深广度说明：了解人体所需的微量元素，以钙、碘、铁为例，分析人体中的微量元素的作用；通过与人体健康有关无机物的学习，如碘酸钾、铁离子、碳酸钙（钙离子）、硫酸铝（明矾）、碳酸氢钠、碳酸钠，复习必修化学的相关知识，并进行拓展。

2.1.5 了解合理摄入营养物质的重要性，认识营养均衡与人体健康的关系

深广度说明：了解葡萄糖的组成与性质（缓慢氧化与还原性）；知道淀粉的组成，了解其水解反应；知道纤维素的生理功能；了解油脂的组成，了解它的水解反应及其主要生理功能；了解食物的酸碱性，认识营养均衡与人体健康的关系，树立均衡营养的意识。

2.1.6 了解人体新陈代谢过程中的某些生化反应

深广度说明：了解在人体发生的一些生化反应：如葡萄糖的氧化反应、淀粉的水解、油脂的水解及其产物的氧化反应、氨基酸氧化等。

2.1.7 知道常见的食品添加剂的组成、性质和作用

深广度说明：知道食品添加剂的主要类型，能列举一些常用的着色剂、发色剂、调味剂、疏松剂、防腐剂，了解它们的有效成分和作用。

2.1.8 通过实例了解某些药物的主要成分和疗效

深广度说明：以阿司匹林、抗生素、抗酸剂等为例，了解某些药物的主要成分和疗效；学会装备自己家庭的小药箱，合理使用常用药物，明确合理使用药物和防止药物依赖的重要性；了解毒品的危害。

2.2 主题2 生活中的材料

2.2.1 列举生活中的常用材料，能通过实例认识化学在发展生活用材料中的重要作用

深广度说明：知道生活中的常见材料有金属与合金材料（铝、铜、铁等金属及生铁、不锈钢、硬铝等合金）、硅酸盐材料（玻璃、陶瓷、水泥等）、高分子材料和复合材料等；能通过实例，认识化学在发展生活用材料中的重要作用。

2.2.2 了解居室装修材料的主要成分及其作用

深广度说明：了解起居室、卧室、厨房、卫生间的一些常用装修材料的成分及其作用（如陶瓷、水泥、人造石材、涂料、玻璃、地板木、黏合剂等）；认识涂料、黏合剂等在家庭装修中的重要作用及其对环境产生的不利影响。

2.2.3 认识金属与合金在性能上的主要差异，知道生活中常见合金的组成

深广度说明：认识生活中常见金属的性质及其应用（如铝、铜、铁等金属的性质

和应用）；知道常见合金的组成及应用（如生铁、不锈钢、硬铝、黄铜、青铜）；知道金属与合金在性能和结构上的主要差异，了解合金的性能受哪些因素影响。

2.2.4 描述金属腐蚀的化学原理，知道金属防护的常用方法，认识防止金属腐蚀的重要意义

深广度说明：以吸氧腐蚀为例，了解电化学腐蚀的原理；能列举几种防止金属腐蚀的重要措施（如镀塑、电镀、烤蓝、电化学保护法等），认识防止金属腐蚀的重要意义；知道金属腐蚀的本质是金属失去电子被氧化，了解金属防腐蚀的实质是阻止金属失去电子。

案例 3 - 8：金属的防护的教学设计

［引入］金属被腐蚀后，在外形、色泽以及机械性能等方面都将发生变化，会使机器设备、仪器、仪表的精密度和灵敏度降低，影响使用以至报废，甚至发生严重事故。每年由于钢铁生锈会使我国损失大约 100 亿～150 亿元。在英国，每 90 秒钟就有 1 吨钢被锈蚀掉。因此防止金属腐蚀有很重要的意义。

［板书］金属的防护

［交流］讨论自行车不同构件的防锈措施。

图 3 - 6

［问题］电化学腐蚀的实质是什么？影响金属腐蚀的因素有哪些？

［总结］根据学生回答总结展示。

[问题] 海水中的金属为何容易被腐蚀？（提示：电解质溶液）

图 3 - 7

[讨论] 要想减少或避免电化学腐蚀，我们应该采取什么措施？

[课件]（根据学生回答总结展示）

①对金属做必要的精炼，以减少其中能导电的不活泼杂质。

②对机器、仪表及时保养，减少金属与腐蚀性气体、电解质溶液、潮湿气体的接触。

③根据用途不同采取不同的方法使金属与造成反应发生的介质隔离，如涂油脂、喷漆、镀层、表面钝化等。

④选用适宜的金属或非金属制成耐腐蚀的合金，如炼制不锈钢、耐酸钢等。

⑤采用电化学防护方法，如在钢铁的船体上焊接上较活泼的金属锌。

[课件] 常见金属防腐蚀方法：

健身器材刷油漆以防锈

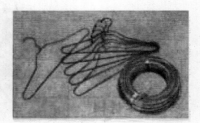

衣架和电线的外面包上一层塑料层

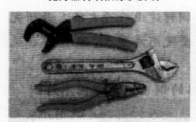

某些工具的"机械转动部位"选用油脂来防锈，为什么不能用油漆？

自行车的钢圈和车铃是在钢上镀上一层既耐腐蚀又耐磨的铬

图 3 - 8

［板书］1. 物理方法

［课件］两种电化学防护方法

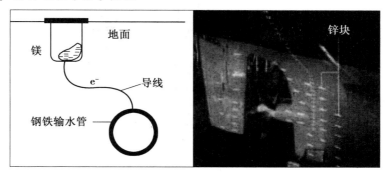

图 3 - 9

［讲述］金属腐蚀本质就是金属失电子而被氧化的过程。金属越活泼，越易被腐蚀。因此在金属铁上连接一块比它更活泼的金属，发生原电池反应时，失电子的为活泼的金属，而铁被保护。

［探究］决策——怎样保护通向学校的小桥

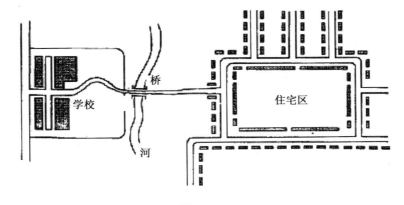

图 3 - 10

假设你为地方政府的架桥部门工作，你要在一条河上修一座供人行走的小桥，有了这座桥，孩子们就可以从住宅区通过小河到学校上学了。这座桥要用铁建造，你要决定采用什么样的保护方法来防止它生锈。这座桥需要保存 16 年，因为 16 年后学校就要搬到另一个新的地方。

有四种防锈措施供选择：

选择 1　不防锈，不采取防锈措施的桥，10 年后必须进行更换，否则会由于锈蚀而发生危险。

选择 2　在对桥进行一般性清理后，涂上油漆。这种保护措施需要每 3 年重新进行一次。

选择 3　用喷砂清理法对桥清理后，涂上油漆。这种保护措施需要每 6 年重新进行一次。

选择 4 将桥喷砂清理后，镀上锌再涂上漆。这种保护措施能使桥保存 18 年。

下面给出了以上四种选择的成本。

表 3-1 四种选择的成本

	选择 1	选择 2	选择 3	选择 4
原料成本	480000 元	480000 元	480000 元	480000 元
安装成本	60000 元	60000 元	60000 元	60000 元
防锈成本 1. 表面清理 2. 表面覆盖	0 元	7200 元 36000 元	24000 元 36000 元	24000 元 60000 元
桥废弃后的价值	9600 元	96000 元	9600 元	

［讨论］（1）计算每个选择从桥建造开始，16 年所花的费用。（包括建造费和维修保护费）

（2）采用哪个选择？

［交流］（1）只有钢铁才能生锈，很多其他的金属，如铝和铜，几乎完全不发生锈蚀。可是为什么我们用钢铁比用其他金属多呢？

（2）假如有人发明了一种又便宜、又简单的方法，使锈永远不可能发生。显然这一发明会带来很大的益处，你认为它也可能带来坏处吗？

（3）汽车排气系统受锈的影响很严重。一辆车，由普通钢制造的排气系统价值 960 元，由于生锈的原因，它使用大约 2 年就需要更换。对同一辆车，如果买一个由不锈钢制造的排气系统，受锈的影响就会减少，并且可以使用 6 年，不锈钢排气系统价值 1900 元。从长远考虑，是普通钢排气系统便宜，还是不锈钢排气系统便宜？解释你的回答。

（4）在英国只有不到 10% 的汽车拥有者购买不锈钢排气系统。请你评论一下这个事实。

2.2.5 知道水泥、玻璃和陶瓷的主要化学成分、生产原料及其用途

深广度说明：知道玻璃、陶瓷、水泥的主要成分、生产原理（如玻璃生产的两个化学反应方程式）及其用途；了解水泥、玻璃和陶瓷的新发展（如光学玻璃、有色玻璃、钢化玻璃、光导纤维和高温结构陶瓷等的性能和组成）。

2.2.6 举例说明生活中常用合成高分子材料的化学成分及其性能，评价高分子材料的使用对人类生活质量和环境质量的影响

深广度说明：知道纺织纤维的主要类型，能说出天然纤维、人造纤维和合成纤维的主要特点；了解缩聚反应也是一种重要的聚合反应，能根据所给出的反应方程式找出聚合物的单体，能区分缩聚反应与加聚反应；能根据衣物纤维的特点选择合适的洗涤剂和洗涤方法；能列举出几种在生活中接触到的高分子材料，说出它们的主要成分和主要性质（如常见的热塑性和热固性塑料、纤维和橡胶制品等）；能评价使用高分

子材料对人们生活质量和环境的影响。

2.3　主题3　化学与环境保护

2.3.1　通过典型的水污染实例认识水污染造成的危害，能说出污水处理中主要的化学方法及其原理

深广度说明：了解水污染造成的危害（如危害人体健康、影响工农业和渔业生产等），知道典型的水污染实例（如重金属污染、原油污染、富营养化等）；能描述明矾净水的实验现象，并简单解释原因；能以明矾净水为例，知道某些盐能发生水解，知道水解的实质；了解污水处理的主要化学原理和方法（如硬水软化、中和酸性或碱性污水、去除污水中重金属离子等）；知道纯净水与自来水的区别，了解天然水净化的主要措施，能列举常用的杀菌消毒剂；知道什么是硬水和软水，能说出永久硬度和暂时硬度的差别，了解常见软化硬水的基本方法，并能简要说明加热法、药剂法和离子交换法软化硬水的基本原理，认识硬度高的水对生产、生活的危害。

案例3－9：水体污染的危害的教学设计

［课件］重要的水资源（展示图片）

图3－11

［讲述］地球上70%都是水，但是淡水只占全球储水量的2.53%，而其中冰川和雪覆盖的冻土层中的水难以利用，可利用的淡水就只有其中的30.4%。我国的总水量居全世界第六位，但由于人口众多，人均占水量居世界第八十几位，再加上人为的污染，那么可以利用的水资源就少之又少了，因此有人预言21世纪的水对人类的重要性，将如同20世纪的石油一样，成为决定国家富裕程度的珍贵商品！

［课件］（展示下列两段材料）材料1：1953～1956年日本熊本县水俣市，因为氮肥厂排放了含汞废渣和废水，造成水俣湾水体受到汞和甲机汞污染，并在鱼贝类体内富集，人长期食用这种鱼贝会引起中毒，引起麻痹，运动失调，痉挛中枢神经病症，严重眼睛失明，精神错乱。在当时发病人数283人，其中60人死亡。

材料2：1931年起，日本富山县神通川流域出现了一种怪病，使许多妇女自杀。原因是得了骨痛病，又名痛痛病，表明痛得厉害，用一个"痛"字还不足以形容。这种病一开始是在劳动过后腰、手、脚等关节疼痛，在洗澡和休息后则感到轻快；延续一段时间后，全身各部位都疼痛，神经痛、骨痛尤烈，进而骨骼软化萎缩，以致呼吸、

咳嗽都带来难忍之苦，因而自杀。

[问题] 上述灾难的原因是什么？

[分析] 材料1描述的是水俣病，它是无机汞转化为有机汞而引起的汞中毒事件；材料2是由于锌、铅的冶炼厂排放了含镉的废水污染了河流，而农民用污染的水灌溉农田，人们又长期食用含镉水灌溉的稻米，因而中毒。

[课件] 1. 重金属污染

图 3 - 12

成分：主要包括汞（Hg）、镉（Cd）、铅（Pb）和铬（Cr）等。

来源：主要来自化工、冶金、电子电镀的行业排出的废水。

危害：（1）水中的重金属污染物可以通过水中的食物链被富集，进入人体，引起人体急性或慢性中毒；

（2）某些污染物可以被微生物转化为毒性更大的有机化合物，如：

$$HgCl_2 + CH_4 \mathrm{=\!=\!=} CH_3HgCl + HCl$$

无机汞 　　　　　有机汞

（甲基氯化汞）

重要事件：日本的水俣病和痛痛病事件

[课件] 人教版《化学与生活》教材第85页有关赤潮的材料及图片。

[问题] 赤潮是怎样形成的？何谓水体的富营养化？

[课件] 2. 植物营养物质污染——富营养化

概念：氮、磷、钾等的一些微量元素，是植物生长所必需的养料，称为植物营养素。

原理：蛋白质在水中分解的过程是：蛋白质→氨基酸→氨，NH_3在微生物的作用下氧化成HNO_2，既而进一步氧化成HNO_3，最后以硝酸盐的形式成为水生植物养料，其过程为：

$$2NH_3 + 3O_2 \mathrm{=\!=\!=} 2HNO_2 + 2H_2O \qquad 2NHO_2 + O_2 \mathrm{=\!=\!=} 2HNO_3$$

危害：形成赤潮。

[问题] 你还了解哪些水体污染？

[课件] 3. 其他水体污染

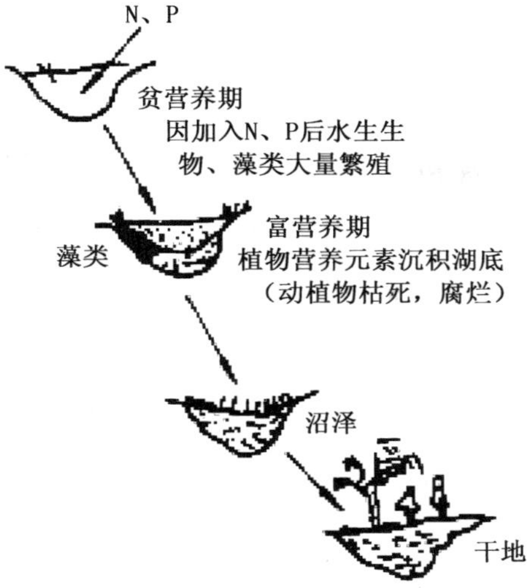

N、P

贫营养期
因加入N、P后水生生
物、藻类大量繁殖

藻类

富营养期
植物营养元素沉积湖底
（动植物枯死，腐烂）

沼泽

干地

图 3 - 13

人教版《化学与生活》教材第 86 页《案例 3 世界上最大的原油泄漏事件》与科学史话《杀虫剂 DDT 的功与过》

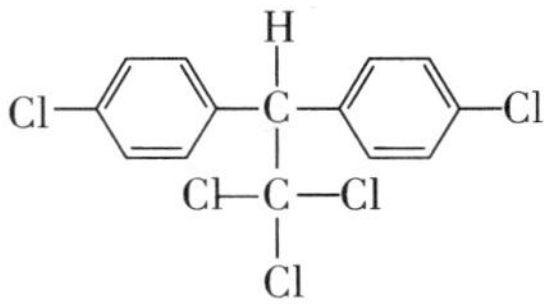

图 3 - 14 原油泄漏

图 3 - 15 DDT 的结构式

2.3.2 知道大气的主要污染物，能说出减少或消除大气污染物的原理和方法

深广度说明：能说明室外空气污染物及其主要来源和治理措施；能列举汽车尾气中的主要污染物，能简要说明减少汽车尾气中有害气体的催化转化原理；能列举一些减少汽车尾气污染的主要途径，了解汽车燃料发展的趋势；了解煤燃烧后产生的主要污染物，能说出减少这些污染物的排放的一些措施，认识到由固体燃料向气体燃料转变，给人们生活带来的变化以及对环境保护的意义；能分别列举出几种家用的固体和气体燃料，知道主要的洁净燃料的成分。

2.3.3 知道主要的居室空气污染物，了解其对人体的危害

深广度说明：知道居室空气的主要污染物，能说出其来源及其对人体的危害；能写出甲醛的化学式及结构简式，了解甲醛的主要化学性质；能列举保持居室空气清新的方法；知道什么是官能团，知道具有相同官能团的物质具有相似的化学性质。

2.3.4 认识"白色污染"的危害和防治方法

深广度说明：能列举"白色污染"的主要危害；能说出"白色污染"的防治方法。

2.3.5 根据防治土壤污染、保护环境的要求，举例说明废水处理、垃圾和其他生活废弃物处置的方法

深广度说明：认识垃圾分类及其意义；能说明垃圾资源综合利用的主要方法，如直接用作材料、循环再生、制成燃油和燃气；知道垃圾无害化处理的途径（如卫生填埋、焚烧、堆肥等）。

3. 《实验化学》模块内容标准解读

3.1 主题1 化学实验基础

3.1.1 认识化学实验在学习和研究化学中的作用

深广度说明：知道在学习中如何通过观察与分析化学实验现象（或对实验结果进行处理）来获得结论，掌握物质的性质、了解物质变化规律；知道如何运用化学实验手段对学习中需要了解或解决的化学问题进行探究；认识化学实验在验证、探究物质性质及其变化规律中的价值；了解所学习的实验方法或操作技能在生产、生活和科学研究中的应用价值。

案例3－10：浓硫酸的性质的教学设计

［问题］描述下列实验（见图3－16）现象，并说明稀 H_2SO_4 的性质。

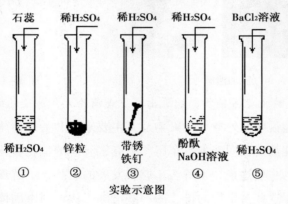

实验示意图

图3－16

［板书］（一）浓硫酸的物理性质

无色、油状液体、难挥发，易溶于水，以任意比与水混溶、溶解时大量放热。

［思考］欲配制250 mL 1 mol·L^{-1}稀硫酸，在稀释浓硫酸时，应该注意哪些地方？

［回答］应把浓硫酸缓慢加到水里去，并用玻璃棒不断搅拌。

［板书］（二）浓硫酸的化学性质

［问题］在实验室里常用浓硫酸干燥气体，这是利用浓硫酸的什么性质？

［实验］向表面皿中加入少量胆矾，再加入约3 mL浓硫酸，搅拌，观察实验现象。

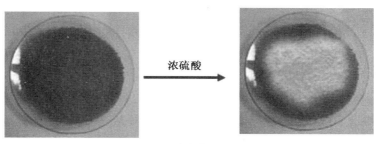

$$CuSO_4 \cdot 5H_2O \xrightarrow{\text{浓硫酸}} CuSO_4 + 5H_2O$$

图 3-17

[板书]（1）吸水性

[实验] 取一张白纸，滴一滴浓硫酸，观察实验现象。（现象：白纸由白变黑）

[总结] 解释现象：①浓 H_2SO_4 与白纸作用，按水分子的组成脱去白纸中的 H、O，生成 C 和 H_2O。

[板书]（2）脱水性

图片原样　　　　　　　　失水效果图　　　　　　　　脱水效果图

图 3-18

[板书]（3）强氧化性 [演示人教版教材必修 1 实验 4-9]

图 3-19

[实验] 在试管里加入 2 mL 浓硫酸，用带导管和一个小孔的胶塞塞紧，从孔中插入一根铜丝，加热。用如图所示的实验装置进行实验，观察实验现象。（①固：红色→黑色；②液：无色→棕黑→蓝色；③气：无色有刺激性气味，使酸性 $KMnO_4$ 溶液褪色；使品红溶液褪色。）

[板书]（1） $Cu + 2H_2\overset{+6}{S}O_4$（浓） $\xrightarrow{\triangle} CuSO_4 + \overset{+4}{S}O_2\uparrow + 2H_2O$

[问题]（1）铜片变黑，黑色物质是什么？怎么生成的？

（2）怎样鉴别生成的气体？教师要启发不能用澄清石灰水鉴别。

①$Cu\ \ \ \ +\ \ H_2SO_4$（浓） $\xrightarrow{\triangle} CuO + SO_2\uparrow + H_2O$

还原剂　氧化剂　　　　　　黑

②$CuO + H_2SO_4$（浓）$== CuSO_4 + H_2O$

酸性

合并式①+②

$$\overset{0}{Cu} + 2H_2\overset{+6}{S}O_4（浓）== \overset{+2}{Cu}SO_4 + \overset{+4}{S}O_2\uparrow + 2H_2O$$

[讲解] 在金属活动顺序表中，Cu 是 H 之后较不活泼的金属元素，稀硫酸不能与 Cu 反应。实验证明，浓硫酸能把金属活动顺序表中 H 之后的金属（除 Pt、Au）氧化成金属硫酸盐，浓硫酸本身被还原生成 SO_2。

[板书] 氧化大多数金属：生成物中金属显高价，同时生成二氧化硫。

[讲述] 常温 Al、Fe 钝化。学生阅读课文 102 页有关内容。教师启发钝化在实际中的应用：铝铁容器盛装浓硫酸。（在前面已经学过这部分知识）

[实验] 取 2 g 蔗糖放入小烧杯中，加入约 5 mL 浓硫酸，迅速搅拌，观察实验现象。

图 3－20

（现象：①蔗糖由白色→黑色；②生成的黑色物质呈面包状；③闻一闻有刺激性气味。）

[讲述] 解释现象：①浓 H_2SO_4 与蔗糖（$C_{12}H_{22}O_{11}$）作用，按水分子的组成脱去蔗糖分子中的 H、O，生成 C 和 H_2O。

$$C_{12}H_{22}O_{11} \xrightarrow{\text{浓硫酸}} 12C + 11H_2O$$

蔗糖

蔗糖炭化现象：②③黑色物质疏松多孔（学生答有气体），气体是怎么形成的，生成的是什么气体？为何有刺激性气味？

[分析] 浓硫酸使蔗糖脱水炭化后，又吸水放热，使其继续反应。

（2）氧化某些非金属如 C、S、P 等（浓硫酸的还原产物一般为二氧化硫）。

$$C + 2H_2SO_4（浓）\xoverset{\triangle}{==} CO_2\uparrow + 2SO_2\uparrow + 2H_2O$$

[问题] 设计一个实验检验反应产生的气体成分。

[练习] 用 Cu、浓 H_2SO_4、水、空气为原料，思考制取 $CuSO_4$ 的所有可能方法，并根据经济效益和社会效益作出评价（课后请同学们做社会调查）。

3.1.2 具有安全意识，能顺利地完成化学实验

深广度说明：具有实验的安全意识和环境保护意识，能安全使用常用的仪器和化学试剂；能简单处理实验中产生的意外事故。

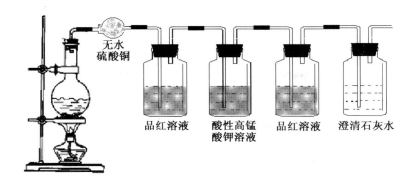

无水
硫酸铜

品红溶液　　　酸性高锰　　　品红溶液　　　澄清石灰水
　　　　　　　酸钾溶液

3.1.3 树立绿色化学思想，形成环境保护的意识

深广度说明：知道各实验课题实施中可能产生的环境污染问题；会选择或改进有利于环境保护的实验方案；会处理实验过程中产生的"三废"，防止实验室内的空气污染，不能把有毒有害废液从下水道排出。

3.1.4 知道物质分离和提纯的常用方法，能根据常见物质的性质设计分离和提纯物质的方案，并初步掌握其操作技能

深广度说明：知道化学沉淀法的应用，会纯化粗食盐水，了解食盐水精制方法中用化学沉淀法除去杂质时，试剂的滴加顺序对纯化效果的影响；学会设计用化学沉淀法进行物质分离的简单实验方案，掌握有关的基本操作；了解重结晶的基本原理，认识蒸发结晶和重结晶两种分离方法的适用条件，掌握用重结晶法提纯物质的步骤和基本操作；学会利用物质升华的性质进行分离的方法；了解蒸馏与分馏的原理，知道使用的仪器装置，能进行实际操作；知道浸渍、萃取的原理和操作方法及其某些应用，学会根据物质的性质选择合适的溶剂；了解利用纸色谱法分离物质的原理和操作；初步形成对物质纯化的效果进行评价的意识。

3.1.5 初步了解常见物质的组成和结构的检测方法，知道质谱仪、核磁共振仪、红外光谱仪等现代仪器在测定物质结构中的作用

深广度说明：掌握用化学方法检验常见离子和官能团；初步掌握样品的处理技能，学会用化学方法检验样品中的离子或有机化合物官能团的程序和操作；知道质谱仪、核磁共振仪、红外光谱仪等现代仪器在测定物质结构中的作用。

3.1.6 初步掌握天平、酸度计等仪器的使用方法，能根据误差分析的原理对实验数据进行分析，认识定量分析在化学研究中的重要性

深广度说明：初步学会天平、滴定管、移液管的使用方法以及滴定分析的基本操作；知道中和滴定的基本原理及数据的记录、处理方法，了解影响滴定结果的准确度的主要因素，初步学会利用中和滴定法测定物质中酸或碱的含量；了解利用反滴定法测定某物质中某组分的含量，加深对滴定分析的认识；了解目视比色法的原理、常用仪器和基本操作。

3.1.7 认识反应条件控制在化学研究中的意义和作用，初步掌握控制反应条件的一些方法

深广度说明：学会应用实验方法研究浓度、温度、催化剂等因素对化学反应速率的影响；学会应用实验方法研究浓度、温度等因素对化学平衡的影响；了解浓度、温度、反应物浓度、催化剂、反应介质对化学反应结果的影响；体会实验研究中变量控制的思想和方法。

3.1.8 了解常见物质的制备和合成方法

深广度说明：了解制取物质所利用的化学反应原理，能依据原理设计制备实验方案，选择使用的试剂和仪器装置；了解制备实验需要控制的实验条件，并能在实验操作中进行控制；知道如何对成品进行初步的分离和检验；初步学习物质制备与合成中常用的一些实验操作（如装置连接、水浴加热、萃取、蒸馏、回流、沉淀洗涤、干燥、尾气吸收等）。

3.2 主题 2 化学实验探究

3.2.1 能发现学习和生产、生活中有意义的化学问题，并进行实验探究

深广度说明：能从社会生产、生活中发现一些有意义的问题，并进行探究；能够运用所学实验知识、方法、技能来探究或解决一些简单的化学问题。

3.2.2 能根据具体情况设计解决化学问题的实验方案，并予以评价和优化

深广度说明：能够设计提取和分离物质的实验方案并对方案的合理性进行评价；能够设计离子检验的实验方法，并能对实验过程进行评价；能够设计有机化合物官能团检验的方案，并能对实验过程进行评价。

案例 3－11：碳酸钠、碳酸氢钠的鉴别的教学设计

［问题］学生提出鉴别碳酸钠、碳酸氢钠固体的方案：

（1）取少量固体于试管中加热，观察是否分解，能分解的是 $NaHCO_3$。

（2）取少量固体于试管中与盐酸反应观察放出气体的快慢，速率快的是 $NaHCO_3$。

（3）取等质量固体于试管中与盐酸反应观察放出气体的多少，气体量多的是 $NaHCO_3$。

鉴别碳酸钠、碳酸氢钠溶液的方案：

（1）滴加 $CaCl_2$ 或 $BaCl_2$ 溶液观察是否产生沉淀，有沉淀产生的是 Na_2CO_3。

（2）滴加 $Ca(OH)_2$ 或 $Ba(OH)_2$ 是否产生沉淀，有沉淀产生的是 Na_2CO_3。

（3）利用水解碱性不同，碱性强的是 Na_2CO_3。

（4）分别向 $NaHCO_3$、Na_2CO_3 溶液中滴加盐酸溶液，观察，马上就有气泡产生的是 $NaHCO_3$，开始没有气泡后来有气泡产生的是 Na_2CO_3。

［评价］首先肯定学生方案的基本思路是正确的，而且大部分学生注意到了"取少量固体"等这些操作上的小环节，但是方案设计是否还有不够严密的地方？引起其他同学的思考。然后组织课堂讨论。

[总结]

方案	操作、现象、结论	优点	存在问题	改进	暴露问题
固体鉴别	（1）取少量固体于试管中加热，观察是否分解，能分解的是 $NaHCO_3$。	经典的固体鉴别法。	不能看到试管壁上有水珠生成，就做出 $NaHCO_3$ 分解的结论，因为 Na_2CO_3 很有可能带有结晶水，产生类似的现象。另外，$NaHCO_3$ 固体因受热分解质量减少，现象也不会像 NH_4Cl 那么明显。	将分解后的产物通入澄清石灰水中，石灰水变浑浊的是 $NaHCO_3$。	学生对一些常识性的东西不了解，（Na_2CO_3 带有结晶水）只能凭理论去想象实验结果，理论与实际是有出入的。
	（2）取少量固体于试管中与盐酸反应，观察放出气体的快慢，速率快的是 $NaHCO_3$。	试管实验操作简单、现象明显。	没有注意到盐酸的浓度对实验结果的影响。	最好将固体分别投入同浓度的稀盐酸中。	学生对定性实验需要涉及定量时往往关注不到。
	（3）取等质量固体于试管中与盐酸反应，观察放出气体的多少，气体量多的是 $NaHCO_3$。	试管实验操作简单、现象明显。	①没有注意到盐酸的用量对实验结果的影响；②实验的可操作性不强，定量测定气体的体积太麻烦。	如需采用，必须采用过量的盐酸。	定性实验，不定量。
溶液鉴别	（1）滴加 $CaCl_2$ 或 $BaCl_2$ 溶液观察是否产生沉淀。	试管实验操作简单、现象明显。	①溶液浓度如果偏大，$NaHCO_3$ 也可能出现白色沉淀。原因：（$HCO_3^- \rightleftharpoons H^+ + CO_3^{2-}$）当溶液中的 $c(CO_3^{2-}) \cdot c(Ca^{2+}) > K_{sp}$时也会产生沉淀。②$BaCl_2$ 有毒，采用 $CaCl_2$ 为好。	尽量采用较稀的溶液。	学生很难将溶度积的知识结合起来看待这个问题。
	（2）滴加 $Ca(OH)_2$ 或 $Ba(OH)_2$ 是否产生沉淀。		错误方案。	改为方案1。	学生只注意了 Ca^{2+}、Ba^{2+} 与 CO_3^{2-} 的沉淀性没有考虑到溶液的碱性。
	（3）利用水解碱性不同，碱性强的是 Na_2CO_3。	试管实验操作简单、现象明显。	①应该采用同浓度同温度的溶液，而且要考虑到 pH 试纸的变色范围。②将定性试验定量。	采用同浓度、同温度的 Na_2CO_3 溶液。	知识的迁移过程中，往往漏洞百出，这是学生的通病。
	（4）分别向 $NaHCO_3$、Na_2CO_3 溶液中滴加盐酸溶液，观察：立刻就有气泡产生的是 $NaHCO_3$，开始没有气泡后来有气泡产生的是 Na_2CO_3。	不错的设计，无须定量；试管实验操作简单、现象明显。	注意盐酸的浓度不宜太浓，滴加的顺序不能错。		

［优化方案］ $NaHCO_3$、Na_2CO_3 的鉴别：

固体：

(1) 取少量固体于试管中加热，将分解后的产物通入澄清石灰水中，能使石灰水变浑浊的是 $NaHCO_3$。

(2) 取少量固体分别与盐酸反应，放出气体速率快的是 $NaHCO_3$。

溶液：

(1) 分别向 $NaHCO_3$、Na_2CO_3 溶液中滴加 $CaCl_2$ 溶液，有沉淀产生的是 Na_2CO_3。

(2) 分别向 $NaHCO_3$、Na_2CO_3 溶液中滴加稀盐酸溶液，立刻就有气泡产生的是 $NaHCO_3$，开始没有气泡产生后来有气泡产生的是 Na_2CO_3。

3.2.3 能通过化学实验收集有关数据，并科学地加以处理

深广度说明：会测定并记录实验中的有关数据；能依据实验要求科学地对数据进行处理。

3.2.4 能对实验现象做出合理的解释，运用比较、归纳、分析、综合等方法初步揭示化学变化的规律

深广度说明：知道研究某种元素及其化合物化学性质的实验方法；了解通过官能团研究有机化合物性质的实验方法；初步了解如何通过实验研究化学变化规律（如认识盐类水解的原理及规律，了解电解的原理和电解的一般规律，了解影响反应速率、化学平衡的因素）。

4. 《化学与技术》模块内容标准解读

4.1 主题1 化学与资源开发利用

4.1.1 通过调查讨论煤、石油和天然气等综合利用的最新进展

深广度说明：知道石油主要是由碳和氢两种元素组成的各种烷烃、环烷烃及芳香烃的混合物，知道汽油、煤油、柴油的沸点范围及所含烃分子中的碳原子个数不同；能说明石油分馏的原理及过程；知道裂化是提高轻质燃油产量的方法，了解裂化的概念及其主要方法，能举例说明热裂化、催化裂化、加氢裂化的特点及区别，并写出相应的化学方程式；了解汽油辛烷值与汽油品质的关系及提高辛烷值的方法，了解催化重整是通过改变烃分子的结构提高汽油辛烷值的根本方法，能说出催化重整与裂化的区别；了解石油裂解是获得基本有机化工原料的重要方法，能说出裂解和裂化的区别和联系，能列举裂解的主要产物，知道裂解产物中乙烯含量最高；能举例说明以乙烯、丙烯、苯为原料能合成哪些基本有机化工原料和高分子材料；通过石油资源的利用认识到由生产基本化工原料到深加工产品是开发和利用天然资源的必然过程；了解改变物质的分子结构是石油化工技术中获得目标产品的有效方法。

知道我国拥有丰富的煤资源，它在我国的能源结构中占有重要的地位；知道煤和石油在组成上的相似性及本质区别，知道通过化学反应可以把煤加工成燃油，认识到

"把煤转化成燃油"是我国能源发展战略措施之一；了解直接燃烧煤会产生哪些污染物；知道洁净煤技术主要包括煤的洗选与加工技术、煤的转化技术、洁净煤发电技术、烟气净化技术；知道氢化法的实质是增加煤中氢元素含量，提高氢原子数与碳原子数的比值；知道气化—液化法就是把由煤转化的氢气和一氧化碳混合气体在催化剂作用下合成为燃油；知道什么是煤的干馏，能列举煤的干馏所得到的化工产品及其用途。

认识技术在环境保护和资源综合利用中的重要作用。

4.1.2 了解我国基本化工的生产资源、基本化工产品的主要种类和发展概况

深广度说明：了解氨氧化法制硝酸的反应原理，能写出相应的化学方程式；能说明催化剂在氨氧化制一氧化氮反应中的重要作用，能运用反应原理分析吸收二氧化氮的适宜条件；知道氨氧化法制硝酸净化尾气的主要途径，认识到尾气处理是充分利用资源、保护环境、实现绿色生产的基本问题。

了解电解的概念，认识到电解是一种重要的工业生产技术；能举例说明氯碱工业产品的主要用途；了解电解槽的基本结构、作用及其主要类型；能说明电解食盐水的基本原理，并能写出相应的电极反应式和总反应的化学方程式；能说明饱和食盐水离子膜电解槽的工作原理，知道离子膜法电解制烧碱的主要工艺流程，了解精制盐水的作用和方法；知道电解饱和食盐水时选择电解槽的隔膜材料和电极材料的依据，懂得合理选用电极和隔膜材料、对电解槽结构进行优化设计是电解生产技术的关键。

知道纯碱是一种重要的基本化工原料，纯碱生产可以以海盐为原料；能说明索尔维制碱法的化学原理和主要生产步骤，并能写出相应的化学方程式；了解侯氏制碱法的工艺流程，了解侯德榜对氨碱法制碱工艺做出了什么改进；能说明纯碱制造技术的主要发展历程；能从原料、原理、工艺等方面对几种制碱方法进行评价。

进一步体会社会需求、资源的科学利用、各种技术间的相互借鉴是推动生产技术发展的重要因素；体会化学反应路线的设计是化工生产技术的决定性因素；以侯氏制碱法为例，认识联合生产是化工生产中的一种优化方式。

知道工业上制硫酸的主要原料，能写出以硫铁矿为原料制硫酸的主要化学方程式，并能举例说明硫酸生产中原料与生产过程的关系；能说出接触法制硫酸的主要生产阶段；能运用化学平衡原理分析二氧化硫催化氧化反应的适宜条件；能看懂表示化学反应过程中热量变化的热化学方程式；知道工业上用浓硫酸吸收三氧化硫的原因；知道选择硫酸厂厂址应考虑哪些因素；知道接触法制硫酸废气处理的主要方法；能列举废渣综合利用的途径。

体会生产设备材料的选择、结构的优化对推动化工生产技术发展的重要作用；体会市场需求与产品间的相互推动、相互制约的关系；知道设计一座化工厂需要综合考虑哪些基本问题，达到哪些基本要求；体会建造化工厂和实施工业生产是一项综合、复杂的系统工程。

案例 3－12：设计一座硫酸厂的教学设计

教师活动	学生活动	设计意图
[导入] 传统的化工生产通常充分利用自然资源。主题 1 中我们学习了利用空气资源进行氨的工业合成并进一步制硝酸。主题 2 中我们学习了利用海水资源进行氯碱生产、纯碱的制造，今天我们将学习利用矿山资源制重要的化工原料硫酸。	聆听，做好准备。	前勾后连，明确学习目标。
[实验] 按教材中提供的实验装置完成实验室制取硫酸的实验。	观察现象，检验产生物。	提高学生的观察能力与动手能力。
[问题]　（1）从整个装置看，可分成哪几部分？各起什么作用？ （2）你认为设计一个制硫酸实验方案应从哪些方面入手？ （3）若进行化工生产设计，你会考虑哪些方面的问题？ [课件] 小组汇报后，归纳总结学生的回答。	思考问题，讨论交流后回答相关问题。	激发学生共同参与"设计"一座硫酸厂。完成从实验设计到化工厂设计理念上的转变。
[过渡] "设计"一座硫酸化工厂应从哪些方面入手呢？	思考。	引起学生注意，做好接受新知识的准备。
[问题]（逐一深入） （1）你知道制取 SO_2 的物质有哪些？ （2）它们是如何转化为 SO_2 的？ （3）化工生产通常选用哪些原料？	根据硫元素价态分析选择氧化剂、还原剂等并一一举例回答。	为学习硫铁矿、硫黄、石膏为原料制硫酸过程中的反应做好知识储备。
[课件] 根据学生回答展示自然界中的硫黄、硫铁矿、石膏等图片。	观看，思考。	使学生更深切地感受化工生产通常利用自然资源，同时感受自然界的魅力。
[总结] 接触法制硫酸的主要原料。	记忆。	学生落实。
[课件] 硫铁矿制硫酸，介绍工艺流程提出表格中问题 表格： 主要生产阶段 / SO_2 炉气的制造 / SO_2 的催化剂 / SO_3 的吸收 设备 主要反应 生产中采取提高经济效益的措施 [课件] 学生回答后总结展示上表。	学生观看，交流、研讨、完成表格内容，交流汇报。	在有知识储备条件下完成重点知识的学习，通过交流汇报，使自己学到的知识得到提升，培养学生的自主探究能力。

教师活动	学生活动	设计意图
[问题] 硫黄制硫酸与硫铁制硫酸有哪些异同？与硫铁矿制硫酸相比有哪些优点？	自学归纳并回答。	训练学生归纳能力。
[总结] 这节课以选择原料路线的任务学习了工业制硫酸的化学原理和工艺流程，理论上完成了从实验室到化工厂的转变。 讨论：（1）写出接触法制硫酸的原料、生产阶段、生产设备及主要反应方程式。 （2）怎样选择 SO_2 催化剂的条件？ （3）工业上用浓 H_2SO_4 吸收 SO_3 的原因是什么？		

4.1.3 了解海水的综合利用，认识化学科学发展对自然资源利用的作用

深广度说明：认识海水淡化的意义；了解淡化海水的主要方法；了解电渗析法在海水淡化中的应用，并能简要说明其工作原理；知道制造纯水所用的主要方法。（此项内容与上一条内容在具体素材上有交叉）

4.1.4 以废旧塑料的再生利用为例，认识化学对废旧物资再生与综合利用的作用，讨论其可能的途径

深广度说明：能列举 20 世纪化学与技术所取得的一些重大成就；了解新世纪人类在资源、环境、健康等方面所面临的问题对化学与技术的挑战；知道"绿色化学"的含义及主要目标；知道化学与技术在循环经济、可持续发展战略中的作用，体会化学与技术的创新在实现人类社会可持续发展中的意义。

4.2 主题2 化学与材料的制造、应用

4.2.1 讨论社会发展与科技进步对材料的要求，认识化学对材料科学发展的促进作用

深广度说明：知道加聚反应和缩聚反应是聚合反应的两种类型，并能区分；能写出典型的聚合反应方程式（给定反应物和产物），能根据给定的聚合反应方程式，指出生成的高分子化合物的单体、链节；知道采用两种或几种单体发生共聚能够改进材料的性能，知道在橡胶合成中广泛采用了共聚技术；体会聚合反应在高分子材料制造上的重要价值，化学合成技术是开发和利用天然资源的基本技术。

知道什么是功能高分子材料，知道功能高分子材料的种类主要有结构型、复合型；知道光敏高分子材料、高吸水性材料、导电高分子材料、生物医学高分子材料的性能、主要用途和研制方法；体会化学在研制功能高分子材料中的重要作用。

4.2.2 举例说明金属材料、无机非金属材料、高分子合成材料、复合材料和其他新材料的特点，了解有关的生产原理

深广度说明：知道制作陶器的主要原料及其主要化学成分；知道陶器制作的主要步骤和陶器烧成过程中的主要工艺条件；知道瓷器与陶器的区别，能说出它们在原料和烧成工艺上有何异同；能举例说明釉的作用及其主要化学成分；知道水泥、玻璃与

陶瓷都属于硅酸盐材料，能列举出一些新型陶瓷材料及其主要性能和用途；了解新型陶瓷材料与普通陶瓷材料的主要区别；了解中国古代陶瓷烧制技术的伟大成就，感受技术与人类文明发展的关系；体会原料与制造工艺对材料性能的影响。

能举例说明冶炼金属的化学原理，认识金属冶炼中的氧化还原反应；能简单说明炼铁和炼铝的主要方法和过程，并能写出相应的化学反应方程式；能够利用氧化还原反应原理分析和解决金属冶炼过程中的相关问题；体会金属材料的制造在工农业生产和社会发展中的重要意义。

了解高分子合成材料、复合材料的特点，了解有关的生产原理。

案例3-13：金属的冶炼的教学设计

教师活动	学生活动	设计意图
[课件] 播放录像《我国古代金属冶炼的成就》，引入新课。	认真观看录像。	了解古代金属冶炼的成就及提高学生的学习兴趣。
[问题] 现实生活与实际生产中金属铁的使用最为广泛，但通过录像可知金属铜的使用最早，为什么？	因为金属铁比铜活泼，相对较难冶炼。	联系现实生活，让学生初步了解金属的冶炼与金属的活泼性有关。
[课件] 以金属铁为例，展现矿石图片了解金属的存在形式。	观看图片，了解金属的主要存在形式。	拓展学生的视野，让学生认识常见的矿石。
[问题] 金属铁主要以化合态形式存在，而我们主要应用的是铁的游离态，由化合态变为游离态就是金属的冶炼。金属的化合态变为游离态发生了什么化学变化？	学生认真听讲并思考：化合态中金属元素显正价，而游离态的金属是 0 价，所以发生还原反应。	学以致用，利用氧化还原反应原理来分析金属的冶炼。
[讲述] 利用金属冶炼的原理来分析以下三种金属的冶炼方法：CO 还原 Fe_2O_3，HgO 受热分解，电解 Al_2O_3。	学生回顾学习的 CO 还原 Fe_2O_3 的反应，HgO 受热分解反应，以及铝厂生产铝的反应。	复习旧知识，引入新知识，符合学生的认识观。联系学生身边的化学，激发学生的学习兴趣。
[课件] 观看冶炼金属铁及电解铝的录像。	学生认真观看录像。总结金属冶炼的方法。	让学生更直观地感受工业上金属的实际冶炼，加深学生对金属冶炼方法的理解。

教师活动	学生活动	设计意图
[问题]（1）三种冶炼金属的方法，各有何特点？ （2）如果你是某金属生产企业的技术员，你准备用什么方法冶炼出金属银、铜、钙？ （3）以上三种冶炼方法分别适合哪些金属？有无规律可循？	学生积极思考、小组内讨论回答： （1）从反应的条件看：加热、高温、电解，条件一个比一个高，从能源的角度来看，最好都用加热法。 （2）分别用加热法、热还原法、电解法。 （3）根据金属活动顺序表较活泼的用电解法，不活泼的用热分解法，中间的用热还原法。	加强学生间的交流，引导学生总结金属冶炼的基本方法及规律。
[问题]冶炼出的金属在现实生活中有什么用途？ [课件]展现有关金属用途的图片。	学生联系身边的物质，讲述可以用在火车、火箭、门窗等。	让学生注意观察生活，让学生感知化学离我们不远，就在我们身边。
[问题]金属用途是广泛的，是不是用之不竭的呢？是不是就没有"过"呢？	学生正在联系身边的物质，被这个问题引向反向思维，思考金属不是用之不竭的，废弃的金属会污染环境。	让学生学会用辩证法的观点看问题。培养学生保护环境的意识。
[活动]（1）请联系实际讨论：金属回收有何意义？ （2）实验探究：如何从废弃的显影液中回收金属银？	学生分组讨论思考： （1）金属回收有利于解决环境的污染且可以缓解金属资源不足，金属的回收比冶炼金属成本要低，较经济。 （2）学生认真地提出实验方案并做好探究实验。	提高学生解决实际问题的能力，提高学生实际动手的能力。
[讲述]利用金属铁在溶液中置换银，用这种方法可以冶炼金属，我们称之为湿法冶金。	学生认真思考，并联系化学史中的一句话："曾青得铁则化为铜"用铁置换铜的反应。	拓展学生的思路，介绍新的金属冶炼的方法。

4.2.3 举例说明用化学方法进行金属材料表面处理的原理

深广度说明：了解金属腐蚀的主要种类，知道电化学腐蚀的两种类型，认识金属腐蚀和金属保护中的氧化还原反应；能以铁的腐蚀为例，分析吸氧腐蚀和析氢腐蚀的化学过程。

能列举金属保护的主要方法及其应用；能简要说明两种电化学保护方法的基本原理；能够利用氧化还原反应原理解决金属保护中的相关问题；体会金属材料的防护技术在工农业生产和社会发展中的重要意义。

4.2.4 收集我国现代材料研究和材料工业发展情况的资料，认识新材料的发展方向

深广度说明：能列举出新材料的一些主要发展方向；了解现代社会中使用的一些新材料，如纳米材料、光敏材料、超导材料等；知道我国在一些新材料（如纳米材料、光敏材料、超导材料）的研制方面所取得的进展；知道什么是纳米材料；知道纳米材料的一些特征；知道纳米材料的一些生产方法。

4.3 主题3 化学与工农业生产

4.3.1 知道化学在水处理中的应用

深广度说明：能结合实例说明离子交换法和反渗透法的简单原理及其在水处理中的应用；依据这几种方法的特点，说出它们的适用范围；能举例说明废水处理的主要方法及其原理；知道应根据生产部门对水质的不同要求选用适宜的水处理技术；认识水处理技术在生产、生活及环境保护中的重要作用。

4.3.2 了解合成氨的主要原理、原料、重要设备、流程和意义，认识催化剂的研制对促进化学工业发展的重大意义

深广度说明：认识合成氨反应的主要原理和特点，了解影响化学平衡移动的因素，能简要分析温度、压强对合成氨反应的影响；能依据反应速率和化学平衡原理，并综合考虑设备等因素选择合成氨的最佳条件。

知道选择适宜的反应条件、确定原料路线、解决未转化完全的原料气的利用是合成氨生产中的主要技术问题；知道获得大量廉价的氢气是实现合成氨生产的关键问题；知道获取合成氨所需氢气的途径和方法，能够写出相应的化学方程式。

能根据合成氨反应的特点，分析氮气和氢气一次不能完全转化为氨的原因；知道循环法使未转化的氮气和氢气得到利用的原理和方法。

初步体会从实验室研究到工业生产所要解决的主要问题（选择反应原理及反应条件、原料来源、设备、生产工业等），认识化学原理对生产技术的指导作用；体会原料路线的选择应综合考虑资源、工艺、能耗、成本、环境等因素。

案例3-14：氨的工业合成的教学设计

［学生1］展示课前调查一：氨的用途

［学生2］展示课前调查二：我国合成氨的工业发展

［学生3］展示课前调查三：氨的工业发展

［引入］从第一次实验室研制到工业化投产，约经历了150年的时间！

化学反应 $N_2(g) + 3H_2(g) \xrightarrow[\text{催化剂}]{\text{高温 高压}} 2NH_3(g)$ 看起来十分的简单，为什么合成氨的工业化生产会经历如此漫长的过程？合成氨工厂为什么需要那么庞大而复杂的生产设备和特殊的生产条件？

要实现合成氨的工业化生产，必须从反应速率和反应限度两个方面选择合成氨的反应条件。由必修1"氮的存在状态"我们已经了解了自然固氮和人工固氮，对于合

成氨有了一些了解；从化学反应原理第2章"化学反应条件的优化——工业合成氨"我们已经进行了探究。

[板书] 一、探索合成氨的最佳条件

[问题1] 请同学们写出合成氨的化学反应方程式，并说明这个反应有什么特点？要更快更多地制得氨气，请你根据《化学反应原理》所学内容，从化学反应限度和化学反应速率两个方面预测。

[学生1] 特点：可逆反应、正反应放热、正反应是气体体积减小的反应。

合成氨反应 反应条件 \ 分析角度	$N_2 + 3H_2 \xrightleftharpoons[\text{催化剂}]{\text{高温 高压}} 2NH_3$（正反应放热）	
	使合成氨的速率快	快平衡混合物中 NH_3 的百分含量高
压　强		
温　度		
催化剂		

[学生] 展示答案

[教师补充] 催化剂降低反应分子活化能，由于氮分子非常稳定，与氢的化合十分困难，合成氨的反应十分缓慢。为了加快化合反应速率，降低反应所需要的能量，合成氨工业普遍使用催化剂。

思考：如何根据工业实际选择合适的温度和压强？

[交流·研讨] 请同学们根据化学反应速率的影响因素及下表（7页表1-2-1）：从化学反应速率和化学平衡两个角度分析合成氨的合适条件。

氨的平衡含量（%） 温度（℃） \ 压强（MPa）	1	10	20	30	60	100
200	15.3	81.5	86.4	89.9	95.4	98.8
300	2.2	52.0	64.2	71.0	84.2	92.6
400	0.4	25.1	38.2	47.0	65.2	79.8
500	0.1	10.6	19.1	26.4	42.2	57.5
600	0.05	4.5	9.1	13.8	23.1	31.4

[学生汇报] 压强越大对设备的要求越高，成本越高。温度太高催化剂会失去活性，应该选择合适高压和合适的温度。

[教师] PPT展示铁触媒在不同温度下的催化能力。

小结：合成氨的工业条件为压强在 20 MPa～50 MPa 之间；温度在 500 ℃ 左右；使用铁触媒作催化剂。

[教师] 随着化学科学的不断进步，活性更高的催化剂不断被发现，合成氨工业

向着常温方向发展。

小结：运用原理选择适宜生产条件的方法。

（1）要注意外界条件对速率和限度影响的一致性和矛盾性。

（2）既要注意温度、催化剂对速率影响的一致性，又要注意催化剂的活性对温度的限制。

（3）既要注意理论上的需要，又要注意实际可行性。

[问题2] 假如你是合成氨厂的新厂长，上任伊始为了节约开支你最想了解的是什么？

[板书] 二、如何获取大量廉价的原料气

[交流·研讨] 你能想到哪些方案制取氢气，哪些可以作为原料气获得的途径？需要考虑哪些因素？结合课本提供的几种制氢方案加以说明。

[学生汇报] 三种方案：电解水制取氢气、由煤或焦炭来制取氢气、由天然气或重油制取氢气。

评价三种方案：第1种方案能耗大成本高，不适合大量制氢；第2种方案污染大，杂质多，步骤复杂；第3种方案洁净燃料，便于运输，污染少，能耗低投资小。

[展示] 展示采用各种原料的相对投资和能量消耗。

原料	相对投资费用	能量消耗（J/t）
天然气	1.0	2.8×10^{10}
重油	1.5	3.8×10^{10}
煤	2.0	4.8×10^{10}

注意：进行选择时还要考虑工厂附近的实际情况，选择合适的制氢气原料。

[问题3] 作为负责人的你，不仅要考虑节约开支，还要杜绝污染浪费。从合成氨厂的合成塔出来的气体中，氨的体积分数仅有26.4%，其余的大部分是未反应的氮气和氢气。你如何采取措施将浪费降低到最低程度呢？

[板书] 三、怎样利用未转化的氮气和氢气

[展示] 展示合成氨工艺流程图

[交流·研讨]（1）根据下列数据讨论如何分离氨和原料气体。

（2）不断分离氨气对化学平衡产生怎样的影响？

	熔点（℃）	沸点（℃）
氮气	-209.9	-195.8
氢气	-259.14	-252.8
氨气	-77.7	-33.35

[学生汇总] 利用沸点不同采取冷凝法，使氨气液化，未反应的氮气和氢气可以分离出来。

高中化学教师专业能力必修

Gao Zhong Hua Xue Jiao Shi Zhuan Ye Neng Li Bi Xiu

4.3.3 通过实例了解精细化工产品的生产特点，知道精细化工在社会发展中的作用

深广度说明：知道药物分子设计的基本思路；了解进行药物分子结构改造的主要方法；能以一些常用的药物为例说明合成药物的基本过程，写出其主要的化学反应原理；知道化学合成药物的一些发展方向；体会在药物的制造过程中选择原料路线和设计生产工艺的思路和方法。

了解制豆腐的基本过程，了解用大豆制豆腐的过程中发生的一系列化学变化；知道用大豆制取食用油的主要方法；通过自己动手制作豆腐，体会化学在农产品加工中的应用。

知道玉米、大豆中所含的主要有机化合物；了解玉米制酒精和制糖过程中所发生的主要化学反应，了解玉米制酒精的基本过程。

能列举一些其他精细化工产品的生产特点及其应用；体会生物资源的开发与利用在可持续发展战略中的重要地位。

4.3.4 通过典型事例了解化学肥料、农药、植物生长调节剂和除莠剂及其发展趋势

深广度说明：知道土壤的酸碱性；了解土壤酸碱性的改良原理；知道化肥是为农作物补充必要的营养元素；了解化肥的生产与合理使用；了解无土栽培技术。

知道高效、低残留是化学农药的发展方向；了解合理使用化肥、农药与环境保护的关系。

5. 《化学反应原理》模块内容标准解读

5.1　主题1 化学反应与能量

5.1.1 了解化学反应中能量转化的原因，能说出常见的能量转化形式

深广度说明：了解化学反应中能量转化的原因及常见的能量转化形式。

5.1.2 通过查阅资料说明能源是人类生存和发展的重要基础，了解化学在解决能源危机中的重要作用。知道节约能源、提高能量利用率的实际意义

深广度说明：了解能源是人类生存和发展的重要基础，了解化学在解决能源危机中的重要作用。知道节约能源、提高能量利用率的实际意义。

5.1.3 能举例说明化学能与热能的相互转化，了解反应热和焓变的涵义，能用盖斯定律进行有关反应热的简单计算

深广度说明：了解化学能与热能的相互转化，了解放热反应、吸热反应、反应热、焓变等概念，了解反应热和焓变的含义及其关系，不要求学习焓的准确定义；初步学习测定反应热的原理和方法；能结合实例说明热化学方程式所表示的含义；能运用盖斯定律进行有关反应焓变的简单计算。

教学建议：对于焓变和反应热，在教学中要充分调动学生利用已有的知识来学习

新的内容，可采用讲授与讨论相结合的方法进行，注意启发和问题驱动。由于内容抽象不好理解，要充分利用有关图示，另外也可以采用电化教学手段，利用多媒体软件进行形象化教学，以利于学生理解 ΔH 的含义及与放热反应、吸热反应的关系。

对于热化学方程式，可通过实例教学，使学生能够比较容易地理解化学方程式的局限性，然后介绍热化学方程式的必要性以及热化学方程式的定义。正确书写热化学方程式是教学的难点，一方面要指导学生对化学方程式和热化学方程式进行对比总结，找出它们的区别与联系，使学生理解为什么书写热化学方程式时必须注明物质的聚集状态等，使学生在理解的基础上正确书写热化学方程式。另一方面，要加强练习，及时巩固，形成良好的书写习惯。

5.1.4 体验化学能与电能相互转化的探究过程，了解原电池和电解池的工作原理，能写出电极反应和电池反应方程式

深广度说明：能从化学能与电能之间相互转化的角度理解原电池、电解池的原理及其应用，初步认识研制化学电源的重要作用；能运用氧化还原反应的原理分析原电池、电解池中发生的电极反应，能准确书写电极反应式和电池反应方程式；了解电解在工业生产中的应用。

案例 3-15：原电池工作原理的教学设计

教师活动	学生活动	设计意图
[情景设疑，问题导入] 1. 你知道氢能源有哪些应用？ 2. 以前接触过能将化学能转化为电能的装置吗？画出装置图并说明其原理。 对于原电池，你想知道哪些知识？本节课，我们通过实例学习原电池的工作原理。	学生倾听后，思考列举相关事实。 根据装置图，叙述原理，交流问题。	1. 新能源、氢能源是学生很感兴趣的话题，从氢氧燃料电池引入，对于学生展开学习原电池原理，认识原电池的功能能起到铺垫的作用。 2. 化学电源是学生熟知的材料，从这里引入原电池，能激发学生的学习兴趣。

高中化学教师专业能力必修
Gao Zhong Hua Xue Jiao Shi Zhuan Ye Neng Li Bi Xiu

教师活动	学生活动	设计意图
[介绍] 先请同学们完成下面的活动探究任务。 [展示]"活动探究"任务：见教材第19页"活动探究"栏目。 [指导] 巡回指导学生探究过程，纠正错误认识，解答学生疑问。 [评价] 组织学生展示探究结果，并展开讨论。得出结论。 1. 锌与硫酸铜溶液的反应是放热反应。也就是说该反应是释放能量的反应。 2. 模仿必修学过的原电池，将铜片和锌片分别用导线连接检流计后平行插入硫酸铜溶液中，发现检流计指针偏转，单一将金属片插入溶液中，检流计指针不偏转。检流计指针发生偏转，说明电路中有电流产生。这套装置就是铜锌原电池装置1。	[设计并实施实验] 实验1. 分别用温度计测量锌粉加入前后硫酸铜溶液的温度，记录数据。比较分析，得出结论，该反应是放热反应。 实验2. 根据所学原电池的知识，设计铜锌原电池，实现将化学能转化为电能。	通过实验探究，学生对原电池的装置有了较为基础的认识，有了感性的实验现象基础。
[问题1] 根据上面的实验现象和教材第20页"图1-3-2"讨论该电池的工作原理。 提示：讨论以下问题 1. 电流的方向是什么？ 2. 电路中是何种微粒运动形成电流的？其运动方向是怎样的？ 3. 电池中发生了怎样的反应？ [总结] 1. 该电池的组成和工作原理。 2. 电极反应和电池总反应。	小组交流研讨，得出结论。 1. 通过检流计的指针偏转方向可以判断电路中的电流方向。电流在外电路中是从铜片流出，流入锌片的；电解质溶液中是从锌片流向铜片的。 2. 在导线中是电子导电；电解质溶液中是阴阳离子导电。根据电流方向可以判断其运动方向。 3. 锌片上电子流出说明锌失去了电子变成了锌离子进入溶液，发生了氧化反应；铜离子在铜片上得到电子发生还原反应。	利用铜锌原电池的实验，不断提出问题，引导学生思考，步步深入，使学生最终探究到知识的本质。

教师活动	学生活动	设计意图
[问题2] 让学生观察比较教材"图1-3-2"和"图1-3-3",分析锌粉和硫酸铜溶液反应和铜锌原电池反应有何异同? [总结] 通过比较分析得出结论: 1. 锌粉和硫酸铜溶液的反应是铜离子和锌片表面锌原子直接接触发生电子转移的反应,溶解的锌离子和铜离子相互碰撞阻碍反应发生,反应杂乱无章;原电池反应,两个反应分别在两极发生,反应的有序性强,反应得更快。 2. 能量转化的形式不同。	[分析比较,交流研讨] 1. 锌粉和硫酸铜溶液的反应是铜离子和锌片表面锌原子直接接触发生电子转移的反应。 2. 原电池中,两个反应分别在两极发生。	利用铜锌原电池的实验,不断提出问题,引导学生思考,步步深入,使学生最终探究到知识的本质。
[问题3] 实验室用锌和稀硫酸制取氢气时,为了加快反应速率,常在稀硫酸中加入少许硫酸铜粉末,其原理是什么?	[迁移应用] 形成了原电池,是反应的有序性加强,反应速率加快。	
[总结提升] 在铜锌原电池的装置中,如果将硫酸铜溶液换成稀硫酸,所得到的装置也是原电池。通过分析电极反应,我们可以得到,类似金属跟溶液这样的反应,我们如何构造一个原电池呢?	[交流研讨] 得出金属和溶液反应的原电池设计方法。	
[问题4] 如果将电池的铜片换成镁片,将硫酸铜溶液换为硫酸锌溶液,锌片上将发生怎样的反应?	[迁移应用] 根据学过的铜锌原电池的工作原理,分析转变后的电池的电极反应。	
[问题5] 如果仔细观察,同学们做实验的铜锌原电池中,电池工作一段时间后,锌片上也有少量的红色物质析出,这是为什么呢? 还可以用什么实验证明你的结论呢?	[活动探究] 1. 电池工作时,锌和铜都浸在硫酸铜溶液中,锌片跟铜离子能够接触,所以可以直接发生电子的传递,发生置换反应,在锌片表面上析出铜。 2. 因为这部分反应没有产生电流,反应放出的能量应该以热能的形式释放出来。所以可以用测量溶液温度变化的实验来证明上述结论。	

教师活动	学生活动	设计意图
[问题6] 铜锌原电池1，反应的能量并没有完全转变为电能。那么有没有办法解决这个问题呢？先阅读"资料在线"栏目给大家的信息——盐桥，然后仔细观察下面的演示实验，回答相关的问题。（教材第21页"观察·思考"栏目，注意阅读资料。）	[观察思考] 1. 阅读"资料在线"，了解"盐桥"的概念和作用。 2. 记录实验现象：盐桥插入前没有电流，插入后产生电流。 3. 与单液电池相比，氧化剂和还原剂不再直接接触。 4. 通过本活动，对原电池的构造和反应有了更加深刻的认识。	利用铜锌原电池的实验，不断提出问题，引导学生思考，步步深入，使学生最终探究到知识的本质。
[问题7] "资料在线" 阅读资料，回答问题。 1. 该装置是否为原电池？如果是原电池，你能找到它的氧化还原反应吗？ 2. 你还有什么收获？	[交流研讨] 先观察实验现象，然后思考问题，交流研讨。	
[问题8] 通过本节探究，总结分析： 1. 构成电池的基本要素有哪些？ 2. 如果设计一个原电池，需要解决哪些问题？	[总结] 1. 构成电池的基本要素。 2. 设计一个原电池，需要解决的问题。	总结提升，体现知识的价值和功能；用知识的价值和功能进一步促进学生学习。
[问题9] 将氯化铁溶液和铜的反应设计成原电池，画出装置图。	[迁移应用] 根据原电池的构成要素设计原电池。	迁移应用，学生能够利用本节所学知识解决问题，享受收获的喜悦。

87

5.1.5 通过查阅资料了解常见化学电源的种类及其工作原理，认识化学能与电能相互转化的实际意义及其重要应用

深广度说明：以锌锰干电池、铅蓄电池、氢氧燃料电池为例，了解常见化学电源的种类及其工作原理；能列举实例（如氯碱工业、金属铜的精炼以及电镀等）说明电解原理在实际生产中的应用。

5.1.6 能解释金属发生电化学腐蚀的原因，认识金属腐蚀的危害，通过实验探究防止金属腐蚀的措施

深广度说明：理解金属电化学腐蚀及其原因，能区别金属腐蚀与金属的电化学腐蚀；认识金属腐蚀的危害，了解防止金属腐蚀的措施和方法。

5.2 主题2 化学反应速率和化学平衡

5.2.1 知道化学反应速率的定量表示方法，通过实验测定某些化学反应的速率

深广度说明：了解化学反应速率的概念和定量表示方法。

5.2.2 知道活化能的涵义及其对化学反应速率的影响

深广度说明：知道活化能是活化分子平均能量与普通分子平均能量的差值，定性了解活化能的高低与反应速率大小的关系。

5.2.3 通过实验探究温度、浓度、压强和催化剂对化学反应速率的影响，认识其一般规律

深广度说明：定性了解温度、浓度、压强和催化剂等对化学反应速率的影响，掌握其规律并能解释简单的化学问题。

教学建议：浓度、压强、温度、催化剂对化学反应速率的影响，是教学的重点。要充分利用教材中设计的实验，通过实验加深学生对浓度、温度、催化剂对化学反应速率影响的认识，同时通过科学探究激发学生的学习热情，进一步加深他们对知识的理解。

教学中尽可能采用边讲边实验的方式，增加学生动手的机会，加深体验，有利于他们从中领悟教科书内容。尽可能利用数据、动画等方法进行说明，以使教学深入浅出、生动形象。也可以自行设计、开发实验，以增强教学效果，例如，改变 $Na_2S_2O_3$ 和 H_2SO_4 的浓度，观察出现浑浊所需的时间；用两张滤纸条蘸 $FeSO_4$ 的浓溶液，其一置于空气中，另一置于 O_2 中，观察纸条颜色变化的快慢；取30%的 H_2O_2 2 mL 于试管中，插入用砂纸打光的铜丝，有气泡迅速生成。

5.2.4 通过催化剂实际应用的实例，认识其在生产、生活和科学研究领域中的重大作用

深广度说明：了解催化剂概念及其选择性，了解催化剂影响化学反应速率的基本原理，知道催化剂不能改变化学反应平衡常数和转化率；了解催化剂研制对提高反应速率、控制反应的重要作用。

5.2.5 能用焓变和熵变说明化学反应的方向

深广度说明：知道化学反应的方向问题主要是探讨某反应在一定条件下能否自发发生；知道反应焓变是影响反应方向的重要因素之一；知道可以用"熵"来描述体系的混乱度，知道反应熵变是影响反应方向的重要因素之一；化学反应发生的总趋向是体系能量降低和熵的增加，综合考虑反应的焓变和熵变等因素，分析某化学反应在某种条件下是否能够自发进行。

5.2.6 描述化学平衡建立的过程，知道化学平衡常数的涵义，能利用化学平衡常数计算反应物的转化率

深广度说明：知道用化学平衡常数可以定量描述化学反应的限度；了解影响化学平衡常数的因素，知道化学平衡常数与反应可能进行的程度之间的关系；能进行有关化学平衡常数的简单计算。

案例 3 - 16：化学平衡常数的教学设计

教师活动	学生活动	设计意图
[课件] 展示教材（联想·质疑）部分 [讲解] 在前面的学习中，我们已经知道在同一条件下同时向正反两个方向进行的反应称为可逆反应。可逆反应进行一段时间后，当正逆反应速率相等，反应体系的组成不再变化时，这样的状态称为什么状态？这说明可逆反应存在反应限度问题，今天我们一起来研究怎样定量描述化学反应的限度。	大部分学生一起回答："化学平衡状态"，有一小部分学生看起来没有反应过来。	复习化学平衡状态的特点。降低了课程难度。 学生带着疑问进入课堂。
[板书] 化学反应的限度——化学平衡常数	学生了解学习目标。	让学生了解本节课内容及要达到的目标。
[课件] 下面表格 1 中给出反应 H_2（g）+ I_2（g）$\rightleftharpoons$ 2HI（g）在一定温度下各物质初始浓度和平衡浓度，请大家计算填表。 说明：表格中指出 c_0（B）表示物质 B 的初始浓度，[B] 表示物质 B 的平衡浓度，c（B）表示任意状态时物质 B 的浓度。	学生分组计算，找三位学生给出自己的计算结果。	让学生亲自计算结果，体会最后结果近似为常数。
[总结] 教师评价学生答案，引导学生分析计算结果得出结论。	学生讨论分析得出结论：不管 H_2（g）、I_2（g）、HI（g）的初始浓度是多大，只要保持反应体系的温度不变，达到化学平衡状态后，$\dfrac{[HI]^2}{[H_2][I_2]}$ 就为常数。	让学生动脑筋分析出其中的规律。

教师活动	学生活动	设计意图
[讲解]温度一定，$\dfrac{[HI]^2}{[H_2][I_2]}$比值为定值，我们就把这个比值称为 $H_2(g)+I_2(g)\rightleftharpoons 2HI(g)$ 在该温度下的平衡常数，分子为生成物平衡浓度的系数次幂，分母为反应物平衡浓度系数次幂的乘积。 [问题]任意一个可逆反应 $aA(g)+bB(g)\rightleftharpoons cC(g)+dD(g)$ 其平衡常数如何表达呢？ [板书]$aA(g)+bB(g)\rightleftharpoons cC(g)+dD(g)$，$K=\dfrac{[A]^a[B]^b}{[C]^c[D]^d}$，温度一定时，$K$ 为常数，称为化学平衡常数，简称平衡常数。上式称为该反应的化学平衡常数表达式。在掌握平衡常数时注意平衡常数只与温度有关，与浓度无关。	学生思考，总结。	由个例推广到普遍。温度一定，比值为定值引出平衡常数。分析透彻表达式中的分子分母的量，过渡到一般化学方程式 $aA(g)+bB(g)\rightleftharpoons cC(g)+dD(g)$ 平衡常数表达式，让学生接受起来容易些。
[问题](1)物质平衡浓度单位为 $mol\cdot L^{-1}$，平衡常数有单位吗？唯一吗？ (2)引入平衡常数是为了研究化学反应的限度。利用平衡常数能否判断一个可逆反应可能进行的程度？ (3)对于一可逆反应 $aA(g)+bB(g)\rightleftharpoons cC(g)+dD(g)$ 的任意状态，$\dfrac{C^c(C)C^d(D)}{C^a(A)C^b(B)}$ 比值成为浓度商(Q)，当反应处于平衡状态时浓度商和平衡常数有什么关系？	可能有单位。当 $a+b=c+d$ 时单位为1；当 $a+b\neq c+d$ 时有不同单位。 学生一起回答：当 $K>10^5$，认为化学反应可以进行完全；$K<10^{-5}$ 认为化学反应几乎不能进行。 学生回答：$Q=K$，化学反应处于平衡状态。	让学生充满疑问：单位不同时应该怎样？通过这个问题的设置，让学生初步体会到化学平衡常数的意义。 学生进一步认识学习化学平衡常数的意义。
[问题](课件展示表格2)分析表中方程式之间的关系，思考：(1)对于一个反应，其平衡常数的表达式是唯一的吗？平衡常数的表达式与哪些因素有关？ (2)分析平衡常数的单位与反应的化学方程式之间有什么关系？ (3)对于一个反应，其正反应和逆反应的平衡常数之间有什么关系？	学生经过讨论分析回答： (1)平衡常数表达式与化学方程式的书写方式有关。对于同一化学反应，由于书写方式不同，各反应物、生成物的系数不同，平衡常数的表达式就不同。因此不能笼统地说某一反应的平衡常数的数值是多少。 (2)同一化学反应，书写方式不同单位不同。 (3)对于给定的化学反应，正逆反应的平衡常数互为倒数。	通过分析方程式之间的关系，让学生练习书写平衡常数表达式。书写时可以自己分析三个表达式之间的关系。

教师活动	学生活动	设计意图
[练习]书写 FeO(s) + CO(g) ⇌ Fe(s) + CO$_2$(g) 的平衡常数表达式。 [板书]$K = \dfrac{[CO_2]}{[CO]}$，单位为 1。 [说明]对于有纯固体和溶剂参加的反应，浓度视为常数，不列入平衡常数表达式。	两个同学到黑板书写。 $K = \dfrac{[CO_2]}{[CO]}$ $K = \dfrac{[Fe][CO_2]}{[FeO][CO]}$ 分析比较哪一个答案正确？	通过学生自己分析得出正确答案对平衡常数表达式书写的注意事项认识得更深刻。有些同学不明白哪一个是正确答案，教师抓住这个机会强调注意事项效果最好。
[练习]书写 AgCl(s) ⇌ Ag$^+$(aq) + Cl$^-$(aq) 的平衡常数表达式。	学生书写答案。	进一步通过练习加深对书写平衡常数表达式的注意事项的理解。

附：表格 1

实验编号	初始浓度/（mol·L^{-1}）			平衡浓度/（mol·L^{-1}）			$[HI]^2/([H_2][I_2])$
	$c_0(H_2)$	$c_0(I_2)$	$c_0(HI)$	$c([H_2])$	$c([I_2])$	$c([HI])$	
1	0.01067	0.01196	0	0.001831	0.003129	0.01767	54.50
2	0.01135	0.009044	0	0.003560	0.001250	0.01559	54.62
3	0.01134	0.007510	0	0.004565	0.0007378	0.01354	54.43
4	0	0	0.004489	0.0004798	0.0004798	0.003531	54.16
5	0	0	0.01069	0.001141	0.001141	0.008410	54.33

表格 2

	反应	K	单位
1	1/2N$_2$(g) + 3/2H$_2$(g) ⇌ NH$_3$(g)	$[NH_3]/([N_2]^{1/2} \cdot [H_2]^{3/2})$	(mol·L^{-1})$^{-2}$
2	N$_2$(g) + 3H$_2$(g) ⇌ 2NH$_3$(g)	$[NH_3]^2/([N_2] \cdot [H_2]^3)$	(mol·L^{-1})$^{-2}$
3	2NH$_3$(g) ⇌ N$_2$(g) + 3H$_2$(g)	$([N_2] \cdot [H_2]^3)/[NH_3]^2$	(mol·L^{-1})$^{-2}$
4	NH$_3$·H$_2$O(aq) ⇌ NH$_4^+$(aq) + OH$^-$(aq)	$\{[NH_4^+(aq)] \cdot [OH^-(aq)]\}/[NH_3·H_2O(aq)]$	(mol·L^{-1})$^{-1}$
5	FeO(s) + CO(g) ⇌ Fe(s) + CO$_2$(g)	$[CO_2(g)]/[CO(g)]$	1
6	AgCl(s) ⇌ Ag$^+$(aq) + Cl$^-$(aq)	$[Ag^+(aq)] \cdot [Cl^-(aq)]$	(mol·L^{-1})$^{-2}$

5.2.7 通过实验探究温度、浓度、压强对化学平衡的影响，并能用相关理论加以解释

深广度说明：理解温度、浓度、压强等外界条件对化学平衡的影响，掌握其规律，并能运用于分析解决简单的化学问题。

5.2.8 认识化学反应速率和化学平衡的调控在生活、生产和科学领域中的重要作用

深广度说明：能综合运用化学反应速率和化学平衡原理分析简单化工生产反应的最佳条件；通过对实例的分析，了解化工生产适宜条件的选择需要综合考虑各种因素。

5.3 主题3 溶液中的离子平衡

5.3.1 能描述弱电解质在水溶液中的电离平衡，了解酸碱电离理论

深广度说明：了解强电解质、弱电解质的概念，知道弱电解质溶液中存在电离平衡，知道电离常数的含义，不要求掌握电离度的含义；了解影响电离平衡、电离平衡常数的因素。

5.3.2 知道水的离子积常数，能进行溶液 pH 的简单计算

深广度说明：了解水的电离和离子积常数，能运用水的离子积常数为计算稀溶液中 H^+、OH^- 的浓度；了解水溶液的酸碱性与 H^+、OH^- 浓度相对大小的关系；了解溶液 pH 的定义，能计算强酸、强碱及其混合溶液的 pH；了解酸碱中和滴定的化学原理，学会利用中和滴定法测定强酸或强碱溶液的浓度。

案例 3-17：水的电离

[引入]通过必修 1 的学习，我们知道氢氧化钠溶液、盐酸溶液能导电，那么纯水能导电吗？下面我们分析两份资料：

[问题]（1）有人对经过 28 次蒸馏的水进行实验，测得水的电导率为 6.3×10^{-8} Ω^{-1}·cm^{-1}，纯水中有没有自由移动的离子？[电导率（G）—电阻（R）的倒数]

（2）经过精确实验得到纯水在不同温度下的有关数据：

$T/℃$	0	10	25	50	80
$[H^+]/(10^{-7}\ mol \cdot L^{-1})$	0.366	0.54	1.00	2.34	5.00
$[OH^-]/(10^{-7}\ mol \cdot L^{-1})$	0.366	0.54	1.00	2.34	5.00
$[H_2O]/(mol \cdot L^{-1})$	55.54	55.53	55.39	54.89	53.99
$K/(10^{-16} mol \cdot L^{-1})$	0.241	0.526	1.82	9.96	46.3

思考：①相同温度下，$[H^+]$ 与 $[OH^-]$ 两者之间有什么关系？

②$[H^+]$、$[OH^-]$ 与 $[H_2O]$ 浓度有什么差别？

③水的电离程度如何？是否可逆？

[总结]水的电离是微弱的，一定温度下产生的 H^+、OH^- 相同，并且是可逆的，一定条件下可以达到电离平衡：

[板书]1. 水的电离过程：$H_2O \rightleftharpoons H^+ + OH^-$

[思考]纯水的组成微粒有哪些？

[板书]2. 水的离子积

[练习]前面我们学习了化学平衡常数，如何书写化学平衡常数的表达式？请同学们试着写出水的平衡常数的数学表达式。

[板书]

$$K = \frac{[\mathrm{H^+}][\mathrm{OH}]}{[\mathrm{H_2O}]}$$

$$K[\mathrm{H_2O}] = [\mathrm{H^+}][\mathrm{OH^-}]$$

[问题](1)K 受什么因素影响？温度一定时，K 值变吗？

(2)4 ℃时，纯水的密度约为 $1000\ \mathrm{g \cdot L^{-1}}$，求纯水的物质的量浓度。

[总结]温度一定时，$[\mathrm{H_2O}]$ 为常数，K 也是常数，因此二者乘积也必为常数，用符号 K_w 表示，K_w 称为水的离子积常数，简称水的离子积。

[板书]$K_w = [\mathrm{H^+}] \cdot [\mathrm{OH^-}]$（单位：$\mathrm{mol^2 \cdot L^{-2}}$）

[课件]1.01×10^5 Pa 时，纯水在不同温度时的离子积常数

T/℃	25	55	80	100
$K_w/(\mathrm{mol^2 \cdot L^{-2}})$	1×10^{-14}	7.3×10^{-14}	2.5×10^{-13}	5.5×10^{-13}

25℃时，纯水在不同压强时的离子积常数

P/Pa	1.0×10^5	1.1×10^5	1.2×10^5	1.3×10^5
$K_w/(\mathrm{mol^2 \cdot L^{-2}})$	1.0×10^{-14}	1.0×10^{-14}	1.0×10^{-14}	1.0×10^{-14}

[问题]回忆影响化学平衡常数的因素，观察分析下表中的数据思考影响 K_w 的因素有哪些？是如何影响的？为什么？

[板书]3. K_w 的影响因素

K_w 只受温度影响，温度升高，K_w 增大，温度降低，K_w 减小；压强几乎不影响 K_w。

水的电离是一个吸热反应，温度升高，水的电离程度增大，$[\mathrm{H^+}]$、$[\mathrm{OH^-}]$ 增大，故 K_w 增大。

[迁移应用]影响水电离平衡的因素有哪些？K_w 如何变化？完成下表：

改变条件	对水的电离平衡的影响 （促进电离、抑制电离、无影响）	K_w
加 热	促进电离	增大
加入少量盐酸	抑制电离	不变
加入少量氢氧化钠	抑制电离	不变
加入少量氯化钠	无影响	不变

[总结]K_w 不仅适用纯水而且在稀的水溶液中也适用。

[过渡]前面学习了水的电离平衡及水的离子积，K_w 有什么应用呢？

[板书]4. K_w 的应用

[练习](1)已知 K_w，求纯水中 $[\mathrm{H^+}]$ 或 $[\mathrm{OH^-}]$

T/℃	25	80
$Kw/(mol^2 \cdot L^{-2})$	1.0×10^{-14}	2.5×10^{-13}
$[H^+]/(mol \cdot L^{-1})$		
$[OH^-]/(mol \cdot L^{-1})$		

（2）根据室温时的有关数据完成下表：

电解质	$[H^+]/(mol \cdot L^{-1})$	$[OH^-]/(mol \cdot L^{-1})$
$1.0 \times 10^{-2} mol \cdot L^{-1}$盐酸	1.0×10^{-2}	
$1.0 \times 10^{-3} mol \cdot L^{-1}$氢氧化钠		1.0×10^{-3}

[小结]$H_2O \rightleftharpoons H^+ + OH^-$

$Kw = [H^+][OH^-]$，单位：$mol^2 \cdot L^{-2}$

温度升高，Kw增大，Kw适用于纯水和稀溶液。

学会通过数据分析得出结论的思维方法，明确相互共存、相互依赖的辩证关系。

5.3.3 初步掌握测定溶液 pH 的方法，知道溶液 pH 的控制在工农业生产和科学研究中的重要应用

深广度说明：了解测定溶液 pH 的方法；知道溶液 pH 的控制在工农业生产和科学研究中的重要应用。

5.3.4 认识盐类水解的原理，归纳影响盐类水解的主要因素，能举例说明盐类水解在生产、生活中的应用

深广度说明：认识盐类水解的化学原理，能结合实例分析温度、浓度、外加酸或碱对盐类水解的影响；能举例说明盐类水解在生产、生活中的应用。

5.3.5 能描述沉淀溶解平衡，知道沉淀转化的本质

深广度说明：知道难溶电解质在水中存在沉淀溶解平衡，了解溶度积的含义，了解分析沉淀生成、溶解及转化的方法。

教学建议：教学中要把握住知识的深度和教学语言的科学性，在难电离物质的溶解平衡问题上的讨论宜粗不宜细。需要指出的是，难溶电解质的溶解平衡和难电离物质（弱电解质）的电离平衡不能混为一谈。首先从物质类别方面看，难溶电解质可以是强电解质也可以是弱电解质[如 $BaSO_4$ 是强电解质，而 $Al(OH)_3$ 是弱电解质]，而难电离物质只能是弱电解质。再从变化的过程来看，溶解平衡是指已溶解的溶质与未溶解的溶质之间形成的沉淀与溶解的平衡状态；而电离平衡则是指已经溶解在溶液中的弱电解质分子与离子之间的转化达到平衡状态。关于这类问题要让学生了解，但不必深入探讨。为了便于学生深入理解难溶电解质的溶解平衡，可以介绍"溶度积"有关知识，但不要求学生掌握有关"溶度积"的计算。

高

中化学教师专业能力必修

Gao Zhong Hua Xue Jiao Shi Zhuan Ye Neng Li Bi Xiu

6.《有机化学基础》模块内容标准解读

6.1　主题1　有机化合物的组成与结构

6.1.1 通过对典型实例的分析,初步了解测定有机化合物元素含量、相对分子质量的一般方法,并能根据其确定有机化合物的分子式

深广度说明:能通过燃烧反应等确定有机化合物中 C、H、O 等元素的存在及其组成比例,能够进行分子式的推导,知道不饱和度的计算方法和常见官能团的检验方法,从而确定结构式。

6.1.2 知道常见有机化合物的结构,了解有机物分子中的官能团,能正确地表示它们的结构

深广度说明:了解有机化合物中碳原子成键方式及其特点,能准确书写常见有机化合物的结构式或结构简式;知道有机化合物主要的官能团及其结构特点,并能根据官能团的结构特点分析其主要的化学性质。

教学建议:学生已经了解了有机化合物的概貌,对甲烷、乙烯、苯、乙醇、乙酸等典型有机物的结构特点也有所认识,知道了有机物分子中碳原子呈四价,碳原子既可以与其他原子形成共价键,又可以相互成键;碳原子之间可以形成碳碳单键、碳碳双键、碳碳三键等;有机物可以形成链状分子,也可以形成环状分子。学生也了解了同系物和同分异构体的概念。在此基础上介绍有机物的结构特点,要从学生熟悉的几种有机物的主要区别、官能团、代表物中,深化碳原子成键特点和碳原子之间的结合方式。复习甲烷、乙烯、苯、乙醇、乙酸的结构特点,加深对饱和烃、不饱和烃、烷烃、烯烃等概念的理解,从而进一步认识有机物的成键特点。

6.1.3 知道通过化学实验和某些物理方法可以确定有机化合物的结构

深广度说明:了解常见有机化合物中官能团的检验方法。常见官能团的检验方法可以在学习过程中逐步掌握,不要求一步到位。知道质谱图是实验测定相对分子质量的一种物理方法,不要求会读质谱图;知道红外光谱图和核磁共振谱图等可以确定有机化合物的官能团及某些特定原子的分布情况,不要求通过谱图写出相应的基团。

6.1.4 通过对典型实例的分析,了解有机化合物存在异构现象,能判断简单有机化合物的同分异构体

深广度说明:了解有机化合物存在同分异构现象,能判断简单有机化合物的同分异构体(只要求碳架异构、官能团异构,不要求顺反异构、手性异构等)。

案例 3 – 18:有机化合物的同分异构现象的教学设计

[活动]阅读课本"交流·研讨",结合学习必修1知识,动手分别做出每组的球棍模型,从不同的侧面观察模型分析碳骨架结构特点,不同官能团结构、位置特点。

[提问]什么叫做同分异构现象?原因是什么?

[回答]化合物具有相同的分子式,但具有不同的结构的现象,叫做同分异构现象。碳原子成键方式的多样性导致有机物的同分异构现象,即分子式相同而结构不同的现象。

[评价]依据学生回答情况作相应评价。

[提问]什么叫同分异构体?

[回答]具有同分异构现象的化合物互称为同分异构体。

[评价]依据学生回答情况作相应评价。

[提问]指出"交流·研讨"中每组物质在结构上的异同点。

[回答]第一组:分子式相同,相同的碳骨架结构;相同的官能团碳碳双键,但位置不同。

第二组:分子式相同,相同的碳骨架结构;相同的官能团——醇羟基,但位置不同。

第三组:分子式相同,不相同的碳骨架结构。

第四组:分子式相同,相同的碳骨架结构;不同的官能团。

[评价]依据学生回答情况作相应评价。

[提问]同分异构体的多样性,常见同分异构体的关系。

[回答]碳骨架异构、官能团位置异构与官能团类型异构现象都是结构异构现象不同的表现形式。其关系:

[提问]根据"交流·研讨"中每组物质在结构上的异同点,总结判断同分异构体的关键三要素。

[回答]判断同分异构体的关键三要素:化合物、分子式相同、结构式不同。

[评价]依据学生回答情况作相应评价。

[练习]以下属于同分异构体的是(　　　　)

A. $Cl-\overset{\overset{\displaystyle H}{|}}{\underset{\underset{\displaystyle H}{|}}{C}}-Cl$ 与 $H-\overset{\overset{\displaystyle H}{|}}{\underset{\underset{\displaystyle Cl}{|}}{C}}-Cl$

B. $CH_3(CH_2)_4CH_3$ 与苯

C. $H-O-C\equiv N$(氰酸)与 $H-O-N\equiv CH$(雷酸)

D. 金刚石与石墨

E. $CH_3-CH=CH-CH=CH_2$ 与 $CH\equiv C-\underset{\underset{\displaystyle CH_3}{|}}{CH}-CH_3$

[活动]动手做出 CH_2Cl_2 球棍模型,从"转""翻"不同角度观察空间结构的"对称"变换,并写出、比较不同角度观察的投影结构式。2分钟后得出答案的学习组自觉举手起立回答,教师评价。

(设置目的:帮助学生理解如何抓住同分异构三要素中的结构式不同,来区分是同分异构体还是同种物质;比较己烷和苯的分子式不同来理解同分异构三要素中分子式相同。)

高

中化学教师专业能力必修

Gao Zhong Hua Xue Jiao Shi Zhuan Ye Neng Li Bi Xiu

[练习]下列物质属于同种物质的是(　　　),属于同分异构体的是(　　　)。并给同分异构体用系统命名法命名。

A.
```
        CH₃
        |
CH₃—CH
        |
CH₃—C—CH₂—CH₃
        |
        CH₃
```

B.
```
        CH₂Cl
        |
CH₃—CH=CH
```

C.
```
                  CH₃
                  |
CH₃—CH₂—CH—CH
                  |
          CH₃—CH—CH₃
```

D.
```
                CH₃
                |
ClCH₂—CH=CH
```

E.
```
        CH₃
        |
CH₃—C—CH₂—CH₂—CH₃
        |
        CH₂—CH—CH—CH₂—CH₃
        |       |
        CH₃   CH₂—CH₂—CH₃
```

F.
```
                          CH₃
                          |
        CH₃CH₃CH₃         CH₂
        |   |   |         |
CH₂—C—C—C—CH—CH₂
        |   |   |
        CH₃CH₃CH₃CH₃
```

[活动]动手做出 B、D 球棍模型从"变""转""翻"不同角度观察,并写出、比较对应的投影结构式、结构简式。2 分钟后得出答案的学习组自觉举手起立回答,教师评价。

(设置目的:(1)在解决新情境下同分异构体的问题时要学会运用书写变换法:"变""转""翻"。

(2)利用动手实践模型再研究再发现有机物的空间结构和结构式、结构简式变化,来说明通过"变""转""翻"实现书写形式的"对称"变换。激发学生探索新事物的学习兴趣,体验学习成功的快乐。)

[总结]学生体会同分异构体结构与命名挂钩的规律,归纳同分异构体的判断方法。

说明:同分异构体也存在于无机物中,如:$CO(NH_2)_2$ 与 NH_4OCN。

[练习](1)写出分子式为 C_5H_8 各种可能的链烃同分异构体并命名。

(2)写出分子式为 $C_4H_8O_2$ 的羧酸和酯的同分异构体。

(学生黑板板演练习,2 分钟后教师依据学生板演情况订正,教师及时了解教情、学情,即时评价课堂教与学的效果,提高课堂教学的有效性。)

[总结]碳链由长到短,支链由简到繁,位置由心到边,官能团类别变。

[问题]2 - 甲基丙烷有十个氢原子,它的一氯代物有几种同分异构体? 原因是什么?

[活动]动手做出 2 - 甲基丙烷的球棍模型,观察空间结构中氢原子的排列规律。

[回答]只有两种,因为 2 - 甲基丙烷中十个氢原子都是对称位置。

[评价]依据学生回答情况作相应评价。

97

［总结］对称氢原子的概念

方法：找出有多少种不同的氢原子。

关键：确定对称原子位置。

［活动］动手做出 CH_4 分子的球棍模型，观察四个氢原子空间对称关系，然后将四个氢原子替换为四个甲基（—CH_3），从"变""转""翻"不同角度观察 12 个氢原子的空间"对称"关系，并比较其结构式的特点，研究发现对称氢原子确定的规律。2 分钟后得出答案的学习组自觉举手起立回答，教师评价。

（设置目的：让学生通过直观研究有机物的空间结构与结构式关系，将抽象空间思维与直观平面结构思维有机地结合起来，培养学生科学研究物质变化规律的方法和归纳解决问题的手段。）

［结论］对称氢原子确定的规律：

（1）同一个碳原子上的氢原子完全对称。

（2）与同一个碳原子相连的甲基上的氢原子完全对称。

（3）结构对称的碳原子上的氢原子完全对称。（方法：寻找对称轴或对称中心进行分析）

［练习］找出下列烃一氯代物的数目并写出其结构简式。

A. CH_3—CH=CH_2 B. $CH(CH_3)_2$—C≡CH C. CH_3—$\underset{\underset{CH_3}{|}}{CH}$—$CH_2$—$CH_3$

（学生黑板板演练习，2 分钟后教师依据学生板演情况订正，教师及时了解教情、学情，即时评价课堂教与学的效果，提高课堂教学的有效性。设置目的：通过练习进一步巩固对称氢原子确定的规律，掌握有机物的一氯代物的书写。）

［总结］有机化合物的同分异构现象课堂小结。

6.1.5 能根据有机化合物命名规则命名简单的有机化合物

深广度说明：能利用系统命名法命名简单的烃类化合物、醇、醛、羧酸和酯类，不要求掌握含多种官能团的复杂物质的命名。了解有机化合物分类的依据，知道有机化合物的一般分类方法，能够举例说明一些常见的有机化合物类别。

6.1.6 能列举事实说明有机分子中基团之间存在相互影响

深广度说明：知道多种官能团出现在同一物质上时，由于结构上的彼此相互影响使其性质会发生相应的变化，并会通过对甲苯和苯、苯酚和苯的性质比较加以说明。

6.2 主题 2 烃及其衍生物的性质与应用

6.2.1 以烷、烯、炔和芳香烃的代表物为例，比较它们在组成、结构、性质上的差异

深广度说明：了解同系物的含义。知道烷烃、烯烃、炔烃和芳香烃在组成和结构上的差异，掌握以下反应：烷烃的卤代、燃烧和高温分解，烯烃和炔烃的加成、加聚、燃烧、被酸性高锰酸钾氧化，苯的卤代、硝化、磺化、与氢气的加成、燃烧，苯的同系物与酸性高锰酸钾反应。

教学建议:在《化学2》中已经介绍了烷烃、烯烃、芳香烃的典型代表物——甲烷、乙烯、苯,教材又介绍了炔烃的代表物——乙炔。教学时要注意引导学生掌握学习有机化学的基本方法——"结构决定性质,性质反映结构";要注意培养学生的演绎思维、迁移能力,从甲烷、乙烯、乙炔、苯的结构和性质,迁移到烷烃、烯烃、炔烃、苯的同系物的结构和性质;要注意不同类型烃的结构和性质的对比;要善于运用形象生动的实物、模型、计算机课件等手段帮助学生理解概念、掌握概念、学会方法、形成能力;要注意充分发挥学生的主体性,培养学生的观察能力、实验能力、探究能力等。

6.2.2 能说出天然气、石油液化气、汽油的组成,认识它们在生产、生活中的应用

深广度说明:结合有关有机物的性质,知道天然气、石油液化气、汽油的组成,了解它们在生产、生活中的应用。

6.2.3 举例说明烃类物质在有机合成和有机化工中的重要作用

深广度说明:知道烃类物质在有机合成反应和有机化工生产中的重要作用。

6.2.4 认识卤代烃、醇、酚、醛、羧酸、酯的典型代表物的组成和结构特点,知道它们的转化关系

深广度说明:理解卤代烃的取代反应和消去反应;能够根据饱和一元醇的结构特征,举例说明醇羟基上的反应以及羟基中氢的反应;了解酚的酸性,酚苯环上的取代反应、显色反应;了解醛的结构特点,能够根据醛的结构特点推测其发生反应的部位及反应类型,认识醛与氢氰酸、氢气等的加成反应,能利用醛与银氨试剂、新制氢氧化铜悬浊液的反应来鉴别醛,能举例说明醛催化加氢还原为醇的反应;了解羧酸的结构特点,认识羧酸的酸性和酯化反应,掌握酯(包括油脂)的酸性水解和碱性水解反应。

知道醇、烯烃、卤代烃、醛、羧酸、酯的转化关系,能够应用常见有机化合物的化学性质实现简单碳骨架的构建(包括碳链增长和缩短)、常见官能团引入和转化的方法,能够完成简单合成路线的设计(很复杂的不作要求),会写出相关化学反应方程式。

案例3-19:酚的教学设计

教师活动	学生活动	设计意图
[问题]请同学们回忆醇和酚的定义,列举实例并指出两者的异同点。(学生讨论后请学生回答并进行评价)	学生思考、讨论,然后回答:醇是指烃分子中饱和碳原子的一个或几个氢原子被羟基取代生成的有机化合物。酚是指芳香烃分子中苯环上的一个或几个氢原子被羟基取代生成的有机化合物。相同点都有羟基,不同点是:酚中的羟基与苯环直接相连。	通过醇酚定义的比较,引入酚的学习。
[过渡]请同学们回忆我们对各类烃及醇的学习过程,讨论:对各类有机物,应按照怎样的程序进行学习?(学生讨论后请学生回答并进行评价)	学生回忆、讨论,然后回答:我们学习一类物质的一般方法是找出一种代表物,根据对代表物的研究来掌握这一类物质。	让学生掌握学习有机化学的方法和程序。

教师活动	学生活动	设计意图
[讲述]我们研究酚这类物质,选取最简单的物质:一个羟基和一个苯环相连构成的化合物——苯酚作为代表物。我们先来看苯酚的物理性质。	学生聆听、思考。	
[问题]我们一般从哪几个方面研究一种物质的物理性质?利用所提供的试剂及仪器总结苯酚有哪些物理性质。(实验完后请学生回答并进行评价)	学生回答:一般从物质的颜色、状态、气味、溶解性等研究物质的物理性质。然后学生依次观察苯酚的颜色、状态,并闻苯酚的气味,做苯酚溶于水的实验。总结并回答苯酚的物理性质。有的同学提出疑问:"我观察到药品有一点红色,这是为什么?"	让学生掌握研究物质物理性质的方法,并让学生通过观察、试验等手段自己学习苯酚的物理性质,培养学生能力。
[讲述]苯酚易被氧化,苯酚部分被氧化时会呈粉红色。		
[问题]同学们观察到苯酚溶于水时呈现浑浊,现在请同学们将上述浑浊的液体加热,观察浊液有何变化?并用温度计测量变化时的温度。	学生开始做实验,发现加热后浊液变澄清,得到不同的变澄清时的温度,并相互讨论谁的正确。	抓住学生学习过程中的疑点,进一步拓展加深,培养学生能力。
[讲述]由于同学们测量的时机不同,振荡的次数间隔时间不同等原因,因此结果有差异,通过科学的测量,在温度高于65 ℃时,苯酚与水互溶。	学生聆听、思考。	
[问题]怎样清洗内壁沾有苯酚的试管?为什么?	学生讨论后回答:用高于65 ℃的热水,因为苯酚能与高于65 ℃的热水互溶。	
[探究]醇和酚具有相同的官能团——羟基,我们已经知道,乙醇不能与NaOH溶液、Na_2CO_3溶液反应,也不能使紫色的石蕊变色,那么,苯酚与NaOH溶液、Na_2CO_3溶液是否反应?能否使紫色的石蕊变色?同学们可以先预测其性质,然后用实验验证,并记录实验现象,讨论得出结论。 [追问]还有没有补充的?	学生预测苯酚与NaOH溶液、Na_2CO_3溶液不反应,不能使紫色的石蕊变色。学生做实验,记录并讨论出现的现象,得出结论:液体由原来的浑浊变澄清,说明苯酚与NaOH溶液、Na_2CO_3溶液发生反应了;苯酚和Na_2CO_3溶液的实验中没有气体放出,紫色的石蕊没有变色,说明苯酚有酸性,但酸性较弱,比碳酸的酸性弱。 学生甲:我们在第2个澄清的试管中充入了CO_2,发现又变浑浊了,说明有苯酚生成,也证明了苯酚的酸性比碳酸弱。 学生开始练习,写完后同桌相互批阅。	通过实际应用,巩固所学知识。 通过所学知识的回忆,能推导出具有相同官能团的物质应该具有相似的性质,通过实验得出与推导结论不同的结论,让学生质疑,激发学生学习化学的兴趣,在尊重实验事实的基础上去探究推导结论中出现的错误,培养学生观察问题的全面性。

教师活动	学生活动	设计意图
[讲述]这组同学做得很好,能利用现有的条件开创性地去探究,希望同学们在学习过程中,多角度地去探究问题,主动地学习。从理论上的解释是:苯环有吸电子作用,使苯酚分子中的氢氧键比醇分子的氢氧键更容易断裂,能微弱地电离出 H^+,同学们写出苯酚的电离方程式;苯酚与 NaOH 溶液的化学反应方程式;苯酚钠与碳酸的化学反应方程式;苯酚与 Na_2CO_3 溶液的化学反应方程式;注意产物和配平。		
[应用](1)清洗内壁沾有苯酚的试管,除用热水外,还可采用什么方法?从操作和洗涤的效果来考虑哪一种方法更好? (2)苯酚有杀菌能力,有毒,对皮肤有强烈的腐蚀作用,如果不慎沾到皮肤上,用热水还是用 NaOH 溶液?为什么?	学生讨论后回答:除用热水外,还可用 NaOH 溶液洗涤。用 NaOH 溶液,操作简单,效果好。 学生讨论后回答:都不行。因为热水会烫伤人的皮肤,NaOH 有很强的腐蚀性,会对皮肤有强烈的腐蚀性,应该用一种对人体没有危害并且能溶解苯酚的试剂,可以用酒精洗涤。	通过实际应用,巩固所学知识。
[探究]同学们完成以下实验,观察并记录实验现象,讨论分析性质不同的原因。(1)苯与溴水混合;(2)向苯酚溶液中滴加溴水;(3)向苯酚溶液中滴加 $FeCl_3$ 溶液。	学生实验,详细记录实验现象并回答:苯与溴水不反应,混合后发生萃取,使原来的溴水层褪色;将苯酚滴入溴水中有白色沉淀生成;向苯酚溶液中滴加 $FeCl_3$ 溶液,溶液变为紫色。结构决定性质,两者与溴水混合现象的不同,可能是由于两者结构的不同导致的。	让学生通过实验比较苯与苯酚性质的不同,掌握其根本原因。
[讲述]结构决定性质,两者与溴水混合现象的不同,正是因为两者结构不同。实验证明,苯酚分子中的羟基使苯环容易发生取代反应,连在苯环上的羟基对与其相邻和相对位置上的碳氢键的影响尤为明显,因此发生取代反应时,羟基邻位和对位的氢原子较容易取代。同学们试写出苯酚与溴水发生的化学方程式,注意取代位置和反应比例。 [问题]怎样定性地检验苯酚?	学生书写化学反应方程式。强调苯酚与溴的比例为 1:3,取代位置是羟基的邻对位。	

教师活动	学生活动	设计意图
[讲述]向苯酚溶液中滴加溴水,有白色沉淀生成,可用于苯酚的定性检验和定量测定。	学生讨论后回答:有两种方法。(1)向苯酚溶液中滴加溴水,有白色沉淀生成;(2)向苯酚溶液中滴加 $FeCl_3$ 溶液,溶液变为紫色。	通过实际应用,巩固所学知识。
[讲述]同学们观察教室里的电木,就是利用苯酚和甲醛发生聚合反应来制取的,反应的原理是苯酚中羟基的邻位上的氢原子与甲醛的氧原子结合生成水,通过聚合反应形成高聚物。同学们写出该反应化学方程。	学生聆听,体会反应原理,书写化学反应方程式。	学生通过化学反应方程式的书写,理解苯酚与甲醛缩聚反应的原理。
[总结]通过上述反应,同学们可以看出,苯酚中由于羟基与苯环的相互影响,使苯酚的性质不同于醇和苯的性质,也不是两者的简单加和,而是具有独特的性质。酚类化合物在人类的生产和生活中有很广泛的用途,同学们阅读课本第71页,了解酚类化合物的用途。	学生读书,了解苯酚的用途。	学生自学酚类化合物的用途。
[课堂小结]请同学们思考以下几个问题,总结本节课的主要内容。 1. 苯酚有哪些物理性质? 2. 苯酚有哪些化学性质?与苯的性质、乙醇的性质有何不同?为什么? 3. 苯酚有哪些用途? 4. 通过本节课的学习,你掌握了哪些学习有机化学的方法?	学生练习,完成后相互批阅。 学生讨论、回答,形成知识网络。	通过问题的思考,总结所学知识,形成知识网络。

6.2.5 根据有机化合物组成和结构的特点,认识加成、取代和消去等反应

深广度说明:掌握取代反应(含酯化反应)、加成反应、聚合(加聚和缩聚)反应、消去反应等重要反应类型的涵义及在有机合成中的应用。知道有机化合物的结构与有机化学反应类型的关系。

6.2.6 结合生产生活实际了解某些烃、烃的衍生物对环境和健康可能产生的影响,关注有机化合物的安全使用问题

深广度说明:知道怎样正确使用有机化合物,了解某些烃、烃的衍生物对环境和健康可能产生的影响。

6.3 主题3 糖类、氨基酸和蛋白质

6.3.1 认识糖类的组成和性质特点,能举例说明糖类在食品加工和生物能源开发上的应用

深广度说明:了解糖类的组成和结构特点;知道糖的分类,能列举常见的单糖、二糖

和多糖;知道葡萄糖、果糖、核糖、脱氧核糖的分子组成;认识核糖、脱氧核糖与核酸的关系及其在生命遗传中的作用;知道葡萄糖、果糖、麦芽糖具有还原性,二糖能水解成单糖,多糖能水解成葡萄糖;能结合糖类物质之间的转化说明糖类与生命活动的关系。

教学建议:要充分利用实验进行该部分知识的教学,使学生认识和体会单糖、二糖、多糖性质的研究过程,理解葡萄糖、果糖、蔗糖、麦芽糖、淀粉的结构。可以利用课外调查糖尿病人的饮食特点的实践活动、科学视野中分子的手性、甲壳质、玉米及玉米核的综合利用等,为学生提供应用知识的空间和拓展知识的机会,充分体现化学知识与生活实际的紧密联系。教学设计时要高效地利用教科书、课外资料、生动的录像和图片,充分调动学生已有的生活经验,如学生对葡萄糖、蔗糖、淀粉的感性认识,以及烃的衍生物中已有的醛类、醇类知识,进行类推、延伸、替代、变换、重组、迁移等思维方式的训练,以使学生的思维对象由单官能团的化合物、小分子的化合物自然地过渡到多官能团的化合物和高分子化合物,形成糖类完整、系统的知识体系,理解糖类在生命活动过程中的重要作用。

案例 3-20:糖类的教学设计

[课件]101 远程教育网——营养与健康

[活动]谈谈糖类与健康的关系

[过渡]由糖类的重要性引起进一步学习糖类的必要性

[板书]糖类

[问题]由结构入手分析概念:什么是糖类? 根据糖类是否水解:糖类如何分类?

[回答]从结构看,糖类是指分子中有两个或两个以上羟基的醛或酮以及水解后可以生成羟基醛或酮的有机化合物。

糖类可分为单糖、二糖和多糖。

[板书]1. 单糖

葡萄糖分子式:$C_6H_{12}O_6$

[课件]葡萄糖和果糖的结构简式

$$CH_2OH—CHOH—CHOH—CHOH—CHOH—CHO$$

$$CH_2OH—CHOH—CHOH—CHOH—\overset{O}{\overset{\|}{C}}—H_2OH$$

[问题]结构分析,葡萄糖分子中有五个羟基和一个醛基,是一种六碳醛糖;果糖分子中有五个羟基和一个酮基,是一种六碳酮糖。请同学们根据前面所学的醛和酮的性质,推测葡萄糖有哪些化学性质?

[总结]葡萄糖分子含有羟基(—OH)和醛基(—CHO),因此具有醇和醛的性质。醇可发生取代反应、氧化反应、消去反应、酯化反应等,醛可发生氧化反应、还原反应等;果糖除具有醇的性质外还具有酮的性质。

[练习]写出葡萄糖与银氨溶液反应的离子方程式及葡萄糖与新制氢氧化铜悬浊液

反应的化学方程式。

[学生板书]

$$CH_2OH(CHOH)_4 - CHO + 2[Ag(NH_3)_2]^+ + 2OH^- \rightarrow CH_2OH^- (CHOH)_4 - COO^- +$$

$$NH_4^+ + 2Ag\downarrow + H_2O + 3NH_3\uparrow$$

$$CH_2OH - (CHOH)_4 - CHO + 2Cu(OH)_2 \rightarrow CH_2OH - (CHOH)_4 - COOH + Cu_2O\downarrow$$

$$+ 2H_2O$$

[课件]葡萄糖的半缩醛结构

[讲述]在葡萄糖溶液中,存在着链式结构与半缩醛结构的平衡:

α－D－葡萄糖↔链式葡萄糖↔β－D－葡萄糖

[讲述]葡萄糖的用途。

[过渡]日常生活中我们还有一种比较熟悉的糖——蔗糖和麦芽糖。

[板书]2. 二糖

蔗糖分子式:$C_{12}H_{22}O_{11}$

[问题]葡萄糖具有还原性,蔗糖是否具有还原性? 用什么方法来检验蔗糖是否具有还原性?

[实验](1)通过蔗糖与银氨溶液或新制的氢氧化铜悬浊液的实验检验蔗糖是否具有还原性。

(2)蔗糖的水解及水解产物的检验。

可以与 $Ag(NH_3)_2OH$ 反应。

[总结]实验结果表明,蔗糖不具有还原性,为非还原糖。所以蔗糖分子结构中不含醛基。

[板书]$C_{12}H_{22}O_{11}$(蔗糖)$ + H_2O \rightarrow C_6H_{12}O_6$(葡萄糖)$ + C_6H_{12}O_6$(果糖)

[问题]在实验过程中为什么要加入 NaOH 溶液?

[总结]因为水解实验时使用 H_2SO_4 作为催化剂。

[指导阅读]课本第 81 页。

[问题]麦芽糖与蔗糖在结构上有什么相同点和不同点。

[回答]蔗糖与麦芽糖的分子式相同,均为 $C_{12}H_{22}O_{11}$,分子结构不同,两者互为同分异构体。蔗糖分子结构中不含醛基,无还原性,麦芽糖分子结构中有醛基,有还原性。麦芽糖水解生成 2 分子的葡萄糖,蔗糖水解生成 1 分子的葡萄糖和 1 分子果糖。

[板书]$C_{12}H_{22}O_{11}$(麦芽糖)$ + H_2O \rightarrow 2C_6H_{12}O_6$(葡萄糖)

[练习]如何鉴别葡萄糖与蔗糖,麦芽糖与蔗糖?

[总结]可用银氨溶液或新制的 $Cu(OH)_2$ 悬浊液鉴别。葡萄糖、麦芽糖与银氨溶液或新制的 $Cu(OH)_2$ 悬浊液发生反应,而蔗糖与银氨溶液或新制的 $Cu(OH)_2$ 悬浊液不反应。

[过渡]在自然界中广泛存在一类天然有机高分子化合物,一个分子能水解成多个单糖分子的糖类——多糖。如棉花、木材、化学实验室用的滤纸主要成分都是纤维素。

饮食中的面食富含的淀粉,都属于多糖。

[板书]3. 多糖

分子式:$(C_6H_{10}O_5)_n$

[问题]淀粉与纤维素是否互为同分异构体?

[总结]不是;因为分子式中的 n 取值不同,故分子式不同。

[问题]阅读课本,回答下列问题:

(1)淀粉与纤维素的最终水解产物是否相同?

(2)淀粉的一种特殊性质是什么? 此性质具有什么用途?

(3)纤维素的分子中约有几千个葡萄糖单元,其中每个葡萄糖单元有三个醇羟基,可以与硝酸或醋酸发生酯化反应生成纤维素硝酸酯(俗名硝酸纤维)或纤维素乙酸酯(俗名醋酸纤维)。试写其方程式,并了解其产物的作用。

(4)为缓解"白色污染",可生物降解塑料的生产引起人们的关注。如利用糖类转化成的乳酸(α-羟基丙酸)发生缩聚反应合成聚乳酸制成可生物降解塑料,请同学们讨论有没有其他措施缓解"白色污染"。

[总结](1)相同,都是葡萄糖。

(2)淀粉遇到碘溶液时会显蓝色,利用此性质可以鉴定淀粉的存在。

(3)$[C_6H_7O_2(OH)_3]_n + 3nHNO_3 \rightarrow [C_6H_7O_2(ONO_2)_3]_n + 3nH_2O$

[迁移应用]结合生物课本内容,进一步了解糖类与生命活动的关系。

[概括整合]本节课主要探讨了糖类的组成和分类及其性质,从结构与性质的关系入手,讨论葡萄糖的性质;以实验为基础,总结了蔗糖和麦芽糖的异同之处;以阅读自学方式,学习了解淀粉和纤维素;通过与生物学科知识相联系,体现不同学科之间的渗透。

6.3.2 能说出氨基酸的组成、结构特点和主要化学性质,查阅资料了解氨基酸、蛋白质与人体健康的关系

深广度说明:知道什么是氨基酸、多肽和蛋白质,了解它们之间的关系,知道氨基酸的结构特点和主要化学性质,了解氨基酸、蛋白质与人体健康的关系。

6.3.3 了解蛋白质的组成、结构和性质,认识人工合成多肽、蛋白质、核酸等的意义,体会化学科学在生命科学发展中所起的重要作用

深广度说明:知道蛋白质的组成、结构,结合《化学2(必修)》的内容进一步了解蛋白质的性质,了解蛋白质结构的含义,知道蛋白质结构与功能的统一性;知道酶是一种蛋白质,了解酶的催化作用特点。

认识人工合成多肽、蛋白质和核酸的意义,了解我国科学家在生命科学研究领域中的贡献,体会化学科学在生命科学发展中所起的重要作用。

教学建议:教学时可结合《必修2》有关知识,首先就蛋白质在生物界里的广泛存在作简单的介绍,强化蛋白质是生命的基础,没有蛋白质就没有生命的重要结论。对于组成蛋白质的基本结构——氨基酸的结构与性质,应注重强调氨基酸是多官能团化合物的

特点;对于蛋白质,应借助模型、图片、多媒体等手段,帮助学生更好地了解其结构,通过学生分组实验,体会其性质。要多联系生活、生产和社会,渗透相关学科的知识,让学生真正了解蛋白质重要而广泛的用途,以体现化学教育的经济价值、社会价值和人文价值;对于酶、核酸,可进行常识性的介绍,不必讲得过深,应考虑到学生知识水平及接受能力。通过人工合成结晶牛胰岛素等重大成果,唤起学生的民族自豪感,激发学生对生命科学的研究和探索的强烈兴趣。

6.4 主题4 合成高分子化合物

6.4.1 能举例说明合成高分子的组成与结构特点,能依据简单合成高分子的结构分析其链节和单体

深广度说明:理解单体、链节、链节数等概念;能根据简单聚合反应产物的结构简式确定单体和链节;能根据简单单体结构简式确定加成聚合反应产物的结构简式。

教学建议:教学中可通过学过的具体物质,指出淀粉、纤维素、蛋白质、聚乙烯及聚氯乙烯等都是有机高分子化合物,这样既联系了前面学过的知识,又使学生容易识别有机高分子化合物。高分子化合物是小分子通过聚合反应制得的,对于教材中出现的结构单元、链节、聚合度与单体等几个概念,可结合1~2个典型例子,要求学生知道它们是研究有机高分子化合物时常用的几个名词就可以了,不必加深和拓宽。教学中注意培养学生密切联系自己的生活实际,细心观察,从生活中学习化学的方法。初步体验高分子材料在国民经济发展和现代科学技术中的重要作用。

6.4.2 能说明加聚反应和缩聚反应的特点

深广度说明:理解加成聚合反应和缩合聚合反应的特点,能书写一些常见、简单的高分子化合物的聚合反应。

6.4.3 举例说明新型高分子材料的优异性能及其在高新技术中的应用,讨论有机合成在发展经济、提高生活质量方面的贡献

深广度说明:了解新型高分子材料的性能及其在高新技术中的应用,了解合成高分子化合物在发展经济、提高生活质量方面的贡献。

7.《物质结构与性质》模块内容标准解读

7.1 主题1 原子结构与元素的性质

7.1.1 了解原子核外电子的运动状态

深广度说明:知道原子结构模型的发展历程;了解核外电子排布与能级的关系;知道核外电子的运动不同于宏观物体,人们不能同时准确测定它的位置和速率;知道电子云是对电子在空间内出现概率大小的形象描述。

教学建议:可以在课前安排学生收集有关原子结构理论发展史的材料,课上组织学生交流、合作。通过活动使学生了解原子结构理论发展史中各种理论的要点和相关科学家的重要贡献,体会人类对原子结构的认识是一个逐步深入的过程,科学理论的发展是

一个逐步完善的过程。在活动中使学生感悟科学家献身科学的精神和进行科学探索中所具有的科学态度。

在介绍能层与能级时,可以引导学生思考电子在核外的排布特点,结合必修知识进一步明确核外电子是按照能量的不同分成不同的能层及能级,可以利用"能层是楼层,能级是楼梯的阶级"来充分理解能层与能级之间的关系。

7.1.2 了解原子结构的构造原理,知道原子核外电子的能级分布,能用电子排布式表示常见元素(1~36号)原子核外电子的排布

深广度说明:理解能量最低原理、泡利不相容原理、洪特规则;能根据基态原子的核外电子排布规则和基态原子的核外电子排布顺序图完成1~36号元素基态原子的核外电子排布。

7.1.3 能说出元素的电离能、电负性的涵义,能应用元素的电离能说明元素的某些性质

深广度说明:了解常见元素的电离能的涵义并能说明元素的某些性质;了解常见元素的电负性的涵义并能说明元素的某些性质。

案例3-21:原子结构与元素性质的教学设计

教师活动	学生活动	设计意图
[复习](1)请同学们写出第3周期及VA族元素原子的价电子排布; (2)请同学们根据写出的价电子排布分析元素周期表中元素原子得失电子能力的变化规律。	学生写的是电子排布式,没有抓住价电子规律内容书写。	巩固第二节的学习内容,并为本节的教学做准备。
[过渡]在科学研究和生产实践中,仅有定性的分析往往是不够的,为此,人们用电离能、电子亲和能、电负性来定量地衡量或比较原子得失电子能力的强弱。	学生思维活跃:什么是电离能、电负性呢?并且主动猜想。	调动学生的积极性,明确学习目标。
[问题]电离能是元素的一种性质。表1-3-2和表1-3-3中写出了某些元素的第一电离能数值。从已经学过的知识出发,你能推测出电离能描述的是元素的哪种性质吗?你能分析第一电离能的数值和性质的关系吗?[课件展示鲁科版教材表1-3-2第三周期元素(除Ar)的第一电离能的变化和表1-3-3 VA族元素的第一电离能的变化]	学生可能会分析出是失电子的能力;也有可能得出是得电子的能力。	对比分析,再次生成强烈的疑惑感,为进一步分析做准备,又使他们产生了浓厚的兴趣。

教师活动	学生活动	设计意图
[问题] 先让学生阅读分析教材内容,思考:什么是电离能?电离能的意义是什么? [板书] 一、电离能及其变化规律 1. 定义:气态原子或气态离子失去一个电子所需要的最小能量叫做电离能。 符号:I_1 表示第一电离能;I_2 表示第二电离能…… 2. 意义:表示原子或离子失去电子的难易程度。电离能越小,该原子越容易失去电子;反之,电离能越大,表明在气态时该原子越难失去电子。因此,运用电离能数值可以判断金属原子在气态时失电子的难易程度。	自我的深度学习,解决问题,巩固知识,即时梳理。 学生会提出疑问:Mg 的第一电离能比 Al 的大,所以 Al 比 Mg 易失去电子,但我们以前学习的金属失电子顺序中,Mg 比 Al 易失电子,与酸反应时更剧烈。同理:P 与 S。 有同学反驳,条件不一致,一是气态,二是溶液。	让学生自己动手查阅资料,形成自己的知识体系,解决刚才生成的疑惑,产生新的疑问,为解决问题很好地过渡,激发了学习兴趣。
[问题](肯定学生的发言,强调分析事物时看好条件是关键)请同学们根据这些物质的电子排布式和我们前面学习的电子排布的特殊性来解释上述疑问。	可能会想到洪特指出的电子排布的特殊性,能量相同的原子轨道在全充满(p^6 或 d^{10})、半充满(如 p^3 或 d^5)和全空(p^0 或 d^0)状态时,体系的能量较低,原子较稳定。	学生自己动手解决,既学习了新知识,又巩固了已学知识。
[总结]强调学生的分析思路是正确的,鼓励学生自己继续探究。强调 Mg($1s^2 2s^2 2p^6 3s^2 3p^0$)正处于全空状态,能量较低,比较稳定,所以不易失去电子。同理分析:P 和 S。	学生分析 P 和 S,P($1s^2 2s^2 2p^6 3s^2 3p^3$)半满状态,比较稳定,所以不易失去电子。	解决问题,学生的积极情绪正在提升。
[问题]观察图 1-3-5 和 1-3-6,请你说明原子的第一电离能随着元素原子序数的递增呈现怎样的变化,并从原子结构的角度加以解释。	和前面所学知识对应,找出不同点,讨论分析,还是从全空、半满、全满角度分析特殊性。	从学过的知识认识到这种规律,使知识更加准确。

教师活动	学生活动	设计意图
[总结]通过观察可以发现,对同一周期的元素而言,碱金属元素的第一电离能最小,稀有气体元素的第一电离能最大;从左到右,元素的第一电离能在总体上呈现由小到大的变化趋势,表示元素原子越来越难失去电子。短周期元素的这种递变更为明显,这是同周期元素原子电子层数相同,但随着核电荷数的增大和原子半径的减小,核对外层电子的有效吸引作用依次增强的必然结果。同主族元素,自上而下第一电离能逐渐减小,表明自上而下原子越来越易失去电子。这是因为同主族元素原子的价电子数相同,原子半径逐渐增大,原子核对核外电子的有效吸引作用逐渐减弱。过渡元素的第一电离能的变化不太规则,随元素原子序数的增加从左到右略有增加。这是因为对这些元素的原子来说,增加的电子大部分排步在$(n-1)$d轨道上,核对外层电子的有效吸引作用变化不是太大。 总之,第一电离能的周期性递变规律是原子半径、核外电子排布周期性变化的结果。	认真体会,理解。	对知识及时总结,有效增加知识的增长点。

[问题]课件展示下表

电离能 \ 元素	钠	镁	铝
第一电离能	496	738	577
第二电离能	4562	1451	1817
第三电离能	6912	7733	2745
第四电离能	9540	10540	11578

化合价是元素性质的一种体现。观察思考:为什么钠元素的常见价态为 +1 价,镁元素的为 +2 价,铝元素的为 +3 价? 化合价与原子结构有什么关系?

学生活动	设计意图
分析素材 2,钠原子的第一电离能较低,而第二电离能突越式变高,也就是说,$I_2 \gg I_1$。这说明钠原子很容易失去一个电子成为 +1 价阳离子,形成稀有气体元素原子的稳定状态后,核对外层电子的有效吸引作用变得更强,不再失去第 2 个电子。因此,钠元素的常见化合价为 +1 价。同理分析镁和铝。	学生自己讨论解决以前的知识,做到了深化。

教师活动	学生活动	设计意图
[总结]元素的化合价与原子的核外电子排布尤其是价电子排布有着密切的关系。除Ⅷ外,元素的最高价化合价等于它所在的族的序数,非金属元素的最高正化合价和负化合价的绝对值之和为8(H除外);稀有气体元素原子的电子层结构是全充满的稳定结构,其原子既不易失去电子,也不易得到电子,因此稀有气体元素的化合价在通常情况下为0;过渡金属元素的价电子较多,并且各级电离能相差不大,因此具有多种价态,如锰元素的化合价为 +2 ~ +7。	认真体会,理解。	对知识及时总结,有效增加知识的增长点。
[自学]阅读课本,回答下列问题: (1)什么叫电负性? (2)电负性的意义? (3)电负性在元素周期表中的变化规律 (4)电负性的用途	阅读教材内容,分析图1-3-7元素的电负性示意图、讨论,得出结论。	一种阅读提炼的探究方法,最实用的方法之一。
[总结]二、元素的电负性及其变化规律 1. 电负性的定义:元素的原子在化合物中吸引电子能力的标度。 2. 意义:用于表示原子在化合物中吸引电子的能力,电负性越大,表示该原子在化合物中吸引电子的能力越强。反之,电负性越小,表示该原子在化合物中吸引电子的能力越弱。 3. 变化规律 同一周期,从左到右,元素的电负性递增;同一主族,从上到下,元素的电负性递减。 4. 用途 (1)用于判断一种元素是金属元素还是非金属元素,以及元素的活泼性如何。 (2)利用电负性可以判断化合物中元素化合价的正负。 电负性大的元素易呈负价,电负性小的元素易呈正价。 (3)确定共价键的极性的强弱 两种元素的电负性相差越大,它们之间键的极性就越强。 (4)确定化学键的类型 一般的,当两个原子的电负性差值 >1.7 时,形成的化学键就是离子键。	师生共同总结、强化。 由学生自己画图分析变化规律,指出与得失电子能力和第一电离能的变化的关系。 电负性大的元素集中在元素周期表的右上角,电负性小的元素位于元素周期表的左下角。 电负性最大的是 F,电负性最小的非放射性元素是 Cs。 通常,电负性小于2的元素大部分是金属元素。 电负性越小,金属元素越活泼。电负性越大,非金属元素越活泼。	学生通过对以前知识的回顾和知识在线的帮助,自己总结出了电负性的用途,既突出了学习的应用性,又巩固了新知识。

高中化学教师专业能力必修

Gao Zhong Hua Xue Jiao Shi Zhuan Ye Neng Li Bi Xiu

教师活动	学生活动	设计意图
[小结]学生归纳本节主要内容,总结分析常见的知识盲点。		解答疑惑,让学生可以继续学习。

7.1.4　知道原子核外电子在一定条件下会发生跃迁,了解其简单应用

深广度说明:知道波尔理论的要点,了解电子所处的轨道的能量是量子化的,了解核外电子在能量不同的轨道之间的跃迁,了解其简单应用。

7.2　主题2 化学键与物质的性质

7.2.1　能说明离子键的形成,能根据离子化合物的结构特征解释其物理性质

深广度说明:知道离子键的实质,能结合具体实例理解离子键的形成过程;知道元素电负性差值较大的原子间通常形成离子键;了解离子键的特征——没有方向性和饱和性。

7.2.2　了解晶格能的应用,知道晶格能的大小可以衡量离子晶体中离子键的强弱

深广度说明:了解晶格能的概念,知道离子晶体的熔、沸点等性质取决于晶格能的大小;知道晶格能的大小与离子晶体的结构型式,阴、阳离子所带的电荷以及阴、阳离子间的间距有关。

7.2.3　知道共价键的主要类型 σ 键和 π 键,能用键能、键长、键角等说明简单分子的某些性质

深广度说明:知道共价键的本质是高概率出现在两个原子核之间的电子与原子核之间的电性作用;知道电负性相同或差值较小的非金属原子形成的化学键通常为共价键;认识 σ 键和 π 键的形成条件,能够分析一些简单分子中存在的 σ 键和 π 键;认识共价键的特征——饱和性和方向性,知道共价键的饱和性决定了各种原子形成分子时相互结合的数量关系,共价键的方向性影响着分子的立体结构;知道共价键可以分为极性键和非极性键,能够判断哪些共价键是极性键和非极性键;了解键长、键角、键能的概念,知道键长、键能反映了共价键的强弱程度,键长、键角通常用来描述分子的空间构型。

教学建议:在教学过程中,可以通过制作原子轨道模型的方式来帮助学生理解 σ 键和 π 键的特征。可以引导学生充分利用有关数据,从定量的角度理解键能、键长与分子性质的关系。键角是一个难点,可以介绍一些学生比较熟悉的分子的键角,如 CO_2、H_2O、CH_4、NH_3 等,并引出共价键具有方向性。介绍键角时不要求对具体角度做解释,留待分子结构中继续学习。

7.2.4　认识共价分子结构的多样性和复杂性,能根据有关理论判断简单分子或离子的构型,能说明简单配合物的成键情况

深广度说明:认识一些典型分子的立体构型;能够用杂化轨道理论或价电子对互斥理论的初步思想,解释一些典型分子的立体构型;以简单分子为例,了解配位键的形成过

程,知道形成配位键的一方是能够提供孤对电子的原子,另一方是能够接受电子对的空轨道的原子;知道配位化合物在国防及工农业生产中有重要应用。

教学建议:从 H、C、N、O 的原子结构,依据共价键的饱和性和方向性,用电子式、结构式描述 CO_2、H_2O、NH_3、CH_2O、CH_4 等分子结构,为学习本节课的内容做好知识准备。由 CO_2、H_2O、NH_3、CH_2O、CH_4 的球棍模型(或比例模型),对照其电子式采取对比的方法,引导学生对中心原子的共用电子对和未成键电子对与空间结构的关系进行分类,经分析、比较建立价层电子对互斥模型理论。进而应用该理论判断简单分子或离子的构型,认识多原子分子的立体结构。

介绍杂化轨道理论时,可以从甲烷分子中碳原子的价电子构型 $2s^2 2p^2$ 及 3 个 2p 轨道相互垂直,对照甲烷分子正四面体结构(甲烷分子中的 4 个 C—H 键是等同的,键角皆为 109°28′),推出碳原子具有与 4 个氢原子电子云重叠的完全相同的 4 个轨道,进而引入 sp^3 杂化轨道——杂化轨道理论。除 sp^3 杂化轨道外,还有 sp^2 杂化轨道和 sp 杂化轨道。结合价层电子对互斥模型理论,列举了一些多原子分子中心原子的杂化轨道类型。

介绍配合物理论时,通过观察 $CuSO_4$、$CuCl_2 \cdot 2H_2O$、$CuBr_2$ 等固体及其水溶液颜色的实验,分析得知天蓝色的物质——四水合铜离子,探究其结构,由孤对电子对和空轨道形成的配位键,引出配位键和配合物的概念。再通过形成 $[Cu(NH_3)_4]^{2+}$ 和 $[Fe(SCN)]^{2+}$ 的实验,进一步介绍一些简单配合物及其成键情况。

7.2.5 了解手性分子在生命科学等方面的应用

深广度说明:初步认识简单的常见的手性分子,了解其应用。

7.2.6 结合实例说明等电子原理的应用

深广度说明:结合实例初步知道等电子原理及其应用。

教学建议:关于等电子原理,只需以 CO 和 N_2 为例,简单介绍等电子原理的概念即可。还可例举 CH_4 和 NH_4^+,但不要做太多的扩展。

7.2.7 了解原子晶体的特征,能描述金刚石、二氧化硅等原子晶体的结构与性质的关系

深广度说明:知道共价键的方向性和饱和性导致原子晶体形成空间立体网状结构;能列举常见的原子晶体(如金刚石、二氧化硅);能从常见的原子晶体的结构出发,解释原子晶体的高沸点、高熔点和大硬度。

7.2.8 知道金属键的涵义,能用金属键理论解释金属的一些物理性质

深广度说明:理解金属键的涵义并能解释金属导电性、传热性和延展性等物理性质。

7.2.9 能列举金属晶体的基本堆积模型

深广度说明:初步知道金属晶体的三种常见堆积方式。

案例 3-22:等径圆球的堆积模型的教学设计

教师活动	学生活动
第一步:提出问题,让学生思考。 [问题]假如在一个箱子里装入同样大小的小球,怎样排列才能装得最多?	思考并想象小球排列的方式。
第二步:安排学生活动。(给学生特写) [活动内容]等径圆球的堆积方式。 说明:在长方盒内排列小球,小球看作构成晶体的微粒,盒子中的小球是构成晶体的一部分。 目的:如何排列才能使装入的小球最多?有几种可能的紧密堆积方式?总结三层及三层以上出现的周期性变化规律。 要求:各小组合作,按照活动步骤的要求,完成活动探究问题。	动手堆积小球,探究等径圆球的堆积方式。 活动步骤: 1. 先将小球排成一列,最紧密的堆积有几种? 2. 再将小球排成一层,最紧密的堆积有几种?认真观察每一个小球周围最多排几个球?有几个空隙?同时以画图的方式表达。 3. 将小球扩展到两层有几种堆积方式?认真观察两层球形成的空隙,分为几类? 4. 第三层球将压在什么位置?有几种方式?认真观察三层球形成的空隙,分为几类? 5. 找出更多层小球的重复性堆积规律。
第三步:组织学生交流活动探究成果,做好点评和总结,并配合多媒体展示。 [PPT展示]一列球的最密堆积。 [总结]一列球只有一种最密堆积方式:小球依次紧密堆积在一条直线上。 [PPT展示]密置层和非密置层小球的堆积方式。 [总结]密置层的每个小球周围紧密接触六个小球,每个小球与周围六个小球形成六个空隙。 [PPT展示]密置双层的堆积方式。 [总结]密置双层也只有一种堆积方式:每个小球的球心恰好对应第一层三个小球形成的空隙中心,并与三个小球紧密接触。但第二层球只占用第一层球形成空隙的一半,使得两层球形成的空隙分为两类。 [PPT展示]第三层球的两种堆积方式。 [总结]第三层球有两种堆积方式:一种方式是第三层的球心恰好对应第一层球的球心,使得第三层球与第一层球完全对应;另一种方式是第三层球与第一层、第二层球均不对应。	[交流1]一列球的最密堆积方式。 [交流2]一层球的最密堆积方式及特点。 [比较]密置层和非密置层的区别。 [活动]各组检查堆积的小球是否为密置层。 [交流3]双层球的最密堆积方式及特点。 [活动]各小组仔细观察两层球形成的两类空隙:一类为第一层球形成的空隙上压上第二层球;另一类是第一层球、第二层球形成的空隙恰好对应。 [交流4]三层球的最密堆积方式及特点。 [活动]各小组仔细观察三层球形成的两类空隙:一类空隙能"穿透"三层球;另一类空隙不能"穿透"三层球。

教师活动	学生活动
[PPT 展示]A_3 型、A_1 型最密堆积。 [总结]扩展到更多层,小球的堆积方式出现两类:一类从第三层开始,重复第一层、第二层的排列,形成 ABAB……堆积,这种堆积方式称为 A_3 型最密堆积;另一类从第四层开始,重复第一层、第二层、第三层的排列,形成 ABCABC……的堆积,这种堆积方式称为 A_1 型最密堆积。 [介绍]从 A_3 型最密堆积中可以划出一个六方单位,所以 A_3 型最密堆积又称为六方最密堆积。从 A_1 型最密堆积中可以划出一个立方面心单位,所以 A_1 型最密堆积又称为面心立方最密堆积。 [PPT 展示]A_3 型最密堆积的六方单位和 A_1 型最密堆积的面心立方单位。	[交流 5]扩展到更多层,小球的堆积规律。 [活动]堆积多层球,认识 A_3 型最密堆积和 A_1 型最密堆积的特征。 [探究]A_3 型最密堆积中的六方单位模型和 A_1 型最密堆积中的面心立方单位模型。
第四步:总结金属晶体的堆积方式。 [总结]金属晶体的结构型式可以归结为等径圆球密堆积。事实上,大部分金属采用最密堆积方式,例如金属镁就属于 A_3 型密堆积;金属铜就属于 A_1 型密堆积。只有少数金属采用非最密堆积的方式。金属采取哪种堆积方式可以通过 X 射线衍射实验证实。	[思考]金属晶体采用密堆积的原因是什么? [阅读]"化学与技术"栏目。了解 X 射线衍射是测定晶体微观结构的最有效的实验手段。

7.3 主题3 分子间作用力与物质的性质

7.3.1 结合实例说明化学键和分子间作用力的区别

深广度说明:了解化学键和分子间作用力,了解化学键和分子间作用力的相同点与不同点。

7.3.2 举例说明分子间作用力对物质的状态等方面的影响

深广度说明:了解分子间作用力是一类弱相互作用,最常见的分子间作用力有范德华力和氢键,了解分子间作用力对物质的状态等方面的影响,知道范德华力和化学键存在的区别。

7.3.3 列举含有氢键的物质,知道氢键的存在对物质性质的影响

深广度说明:知道氢键的含义,了解氢键的形成条件和类型;了解氢键的存在对物质性质的影响,能列举含有氢键的物质。

案例 3 - 23:分子间作用力与物质性质教学设计

教师活动	学生活动	设计意图
[展示]展示壁虎材料。提问:通过这则材料你感受到微粒间还存在一种什么作用力?它的实质是什么? [引言]分子间也存在着相互作用,统称为分子间作用力,最常见的是范德华力和氢键。范德华力是分子间普遍存在的作用力,你能举例证明水分子中存在着范德华力吗?	课前阅读:感受分子间作用力的存在及其实质。 回答:列举能证明水分子间存在范德华力的生活现象,进一步体会分子间作用力的客观存在。	通过"壁虎飞檐走壁之谜"将抽象的分子间作用力展现出来,让学生感受到它的客观存在;并能了解分子间作用力的学科价值,激发其探究的欲望。
[讲解]范德华力使得许多物质以固态或液态存在,如降低温度时,气体分子的平均动能减小,当分子靠自身的动能不足以克服范德华力时,分子就会聚集在一起形成液体或固体。 [提问]范德华力与前面学过的化学键有哪些不同呢? [投影]水的电解和水的三态转化微观示意图,请说出水的电解与水沸腾两个变化的不同之处? [追问]通过这些不同之处我们可得出范德华力与化学键有哪些不同呢? [展示]$NaCl$、HCl 的熔沸点,HCl、HBr、HI 中共价键能、范德华力作用能的数值。 [追问]范德华力主要影响物质的熔沸点,是怎样影响的呢?	学生列举水的电解与水沸腾两个变化的不同: ①前者水分子种类变了,后者只改变了水分子间距离; ②前者化学键被破坏,而后者未被破坏; ③前者所需能量大于后者; ④前者是化学变化,后者是物理变化。 (相互补充、全班交流) 学生回答: ①前者破坏的是化学键,而后者破坏的是什么? ②前者所需能量大于后者,说明什么? ③前者是化学变化,后者是物理变化,说明这两种作用分别是怎样影响物质性质的?(物理性质或化学性质) 学生分析:通过数据对比并得出范德华力远比化学键小。	通过水的电解和水的三态转化这两个学生熟悉的现象展示范德华力与化学键的区别,使抽象问题形象化。
[展示]卤素单质熔沸点数据。 [总结]范德华力特点及其对物质性质的影响。 [启发]按规律,第(2)问中 H_2O 在常温下应是什么状态?而事实上常温下水的状态是什么?这又让你产生了什么新想法?	分析:分析卤素单质熔沸点数据变化,并得出规律:一般地,组成和结构相似的物质,相对分子质量越大,范德华力越大,熔沸点越高。 [练一练1]比较下列物质的熔沸点大小。 (1) CF_4、CCl_4、CBr_4、CI_4 (2) H_2O、H_2S、H_2Se、H_2Te(已知 H_2S 气体的沸点是 -60 ℃)	[练一练1]既是对范德华力对物质熔沸点的影响规律的巩固,同时又因与事实产生矛盾而引出氢键的存在。

教师活动	学生活动	设计意图
[事实]人们计算出水分子之间的范德华力,发现它只占冰中水分子间作用力的1/6。 [投影][水分子结构模型]、[水分子间氢键示意图]、[冰中氢键示意图] [讲解]当氢原子与电负性大的 X 原子以共价键结合时,它们之间的共用电子对强烈地偏向 X,使 H 几乎成为"裸露"的质子,这样相对显正电性的 H 与另一分子中相对显负电性的 X(或 Y)原子相接近并产生静电相互作用和一定程度的轨道的重叠作用,这种相互作用称氢键。用 X—H…Y 表示。 [分析]观察[水分子间氢键示意图]发现,每个水分子的 O—H 键与另一个水分子中氧原子的孤对电子所在轨道的轴在一条直线上;导致每个水分子最多可与四个水分子形成四个氢键。 观察[冰中氢键图]发现,冰中水分子最大程度地形成氢键,由于氢键有方向性,造成冰晶体的微观空间存在空隙,所以冰的密度比水小,使冰可以漂浮在水面上。 [讲解]由于水分子间除范德华力以外,还存在氢键,导致水的熔沸点升高,所以常温下水才是液态,地球上因此而有了生命。 [总结]氢键的实质、表示方法、形成及其对熔沸点的影响。	思考:通过第(2)问的矛盾和给出的事实,你能得出哪些结论? ①水分子之间除范德华力外还存在其他作用力。 ②这种作用力能比范德华力能强。 观察并思考:观察模型并从结构上思考氢键的形成。 倾听、思考:通过分析模型发现氢键具有方向性和饱和性。 讨论:通过氢键的形成过程分析:要形成氢键需具备哪些条件? ①H 位于 X 和 Y 之间; ②X、Y 电负性强、半径小。 [练一练2] 1. 观察教材右图并解释第ⅤA族、ⅥA族、ⅦA族元素气态氢化物的沸点变化趋势为什么与ⅣA族元素气态氢化物的沸点变化趋势不同? 2. 判断下列分子间能否形成氢键。 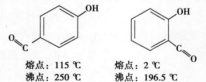 熔点: 115 ℃　　　熔点: 2 ℃ 沸点: 250 ℃　　　沸点: 196.5 ℃	通过直观模型分析归纳氢键的形成、特点及对水的特殊物理性质的影响,培养学生的观察能力和分析能力。 通过[练一练2]引出分子内氢键及其对熔沸点的影响。

教师活动	学生活动	设计意图
[过渡]学习了氢键对我们人类有何意义？ [投影]DNA 双螺旋结构中的氢键。	思考、交流:假设水分子间不存在氢键,地球会变成什么样子?	将氢键与生命科学紧密联系起来,让学生进一步体会氢键的存在和重大意义,以激发兴趣,开阔视野。
[总结]微粒间作用力小结。	自我反思:从知识上、方法上反思本节课的收获。	帮助学生整合本节知识及与前 3 节知识间的内在逻辑关系,形成框架。

7.3.4 知道分子晶体与原子晶体、离子晶体、金属晶体的结构微粒、微粒间作用力的区别

深广度说明:知道分子晶体是分子通过分子间作用力结合形成的晶体,能列举常见的分子晶体;了解分子晶体与原子晶体、离子晶体、金属晶体的结构微粒、微粒间作用力的区别;能用晶体的结构微粒和作用力的观点,解释晶体的熔点、沸点、硬度等性质。

7.4　主题 4　研究物质结构的价值

7.4.1 了解人类探究物质结构的价值,认同"物质结构的探究是无止境的"观点,认识在分子等层次研究物质的意义

深广度说明:通过实例体会人类探究物质结构的价值,认同"物质结构的探究是无止境的"观点,认识在原子、分子等层次研究物质的意义。

7.4.2 知道物质是由微粒构成的,了解研究物质结构的基本方法和实验手段

深广度说明:了解不同类型物质的微粒及其构成,了解研究物质结构的基本方法和实验手段。

7.4.3 认识原子结构与元素周期系的关系,了解元素周期系的应用价值

深广度说明:了解能级组的划分与周期划分的关系;了解核外价电子排布与族划分的关系;认识核外电子排布与元素周期表周期、族的划分以及元素的电离能、电负性、化合价的关系;举例说明元素周期表的应用价值。

7.4.4 初步认识物质的结构与性质之间的关系,知道物质结构的研究有助于发现具有预期性质的新物质

深广度说明:认识物质的结构决定性质、性质反映结构的关系,知道物质结构的研究有助于发现具有预期性质的新物质。

专题四　把握高中化学新教材的编写特点

高中化学新教材是 2003 年依据教育部颁布的《普通高中化学课程标准(实验)》编写的普通高中化学课程标准实验教科书,它是《普通高中化学课程标准(实验)》在高中化学新课程改革实践中的具体呈现形式。根据《普通高中化学课程标准(实验)》编写出相应的教材是高中化学课程改革的核心任务。《普通高中化学课程标准(实验)》指出:"高中化学教材的编写要依据基础教育课程改革纲要和高中化学课程标准,着眼于提高全体学生的科学素养和终身学习能力,要帮助学生掌握化学基础知识、基本技能和基本方法,认识科学的本质,理解科学、技术与社会的相互关系,提高综合应用化学知识解决实际问题的能力"。针对高中化学新课程化学教材的编写,《普通高中化学课程标准(实验)》提出了以下建议①:

(1)教科书内容要有鲜明的时代性

教科书内容的时代性应包括两个方面,一是根据未来社会对公民素质的要求,注重学生终身学习能力的培养;二是根据化学科学和社会的发展,不断更新教学内容。

化学教科书应充分体现社会进步和科技发展的趋势。可结合化学学科内容深入浅出地介绍化学科学发展的新成就,激发学生学习化学的兴趣;可通过化学发展史的线索,使学生认识化学概念和化学原理是不断发展和深化的,力求反映最新的化学观念和思想;要结合科学的前沿领域和当代社会的热点问题,有重点、有选择地介绍化学科学的最新进展和亟待解决的重要课题,鼓励学生关注并投身于科学事业。例如,编写"化学反应原理"时,可介绍"燃料电池";编写"有机化学基础"时,可介绍"新型高分子材料"、"人工合成多肽"等,使学生感受到现代化学和科学技术的魅力。

(2)教科书编写要处理好各课程模块之间的关系

高中课程要成为每个学生个性发展和走向自立的平台,要体现基础性、时代性和选择性。虽然每一个化学课程模块的内容线索、侧重面及对学生的学习要求并不相同,但各模块内容之间存在着一定的内在联系。教科书编写应依据课程标准的要求,处理好不同课程模块之间的关系,把化学科学中最重要的基础知识、基本技能、基本观点和方法有机地融合起来。

化学课程体系应适应不同发展需求和不同志趣学生的需要,教科书编写时要充分体

---

① 中华人民共和国教育部. 普通高中化学课程标准[M]. 北京:人民教育出版社,2003:37－40

现这一课程改革的理念。必修课程模块要为全体学生的未来发展和后续化学课程模块的学习提供必要的基础,选修课程模块的编写要从不同的角度组织内容,为不同学生的个性发展提供基础。如"化学与生活"、"化学与技术"等模块要注重化学在生活、工农业生产、高新技术、能源开发、环境保护等方面的应用,提高学生应用化学知识解决生活、生产和技术等方面问题的能力。

（3）教科书内容要反映科学、技术与社会的相互关系

高中化学教科书不仅要提供学生未来发展需要的化学基础知识和基本技能,还应使学生了解化学在科技发展和社会进步中的重要作用,如资源的开发、新材料的合成、新药物的研制等,都要运用化学知识来解决;知道其他相关科学如医学、生命科学、环境科学、材料科学、信息科学等是与化学科学密切相关的。高中化学教科书内容的选择既要反映出化学科学的社会价值、化学科学对现代科学技术发展的贡献,也要适当反映由于人类不恰当地运用科学技术的成果而产生的负面影响,体现社会发展对化学科学提出的新要求,帮助学生理解科学、技术与社会的和谐发展对人类的重要作用。

高中化学教科书的编写应考虑与化学相关职业所需要的基本素养。结合化学知识和技能的学习,帮助学生了解化学科学在各个领域的应用和化学科学的发展前景。通过有关课程模块的学习,培养学生对自然和社会的责任感。

（4）教科书内容的组织要有利于学生科学探究活动的开展

科学探究是一种重要的学习方式,也是高中化学课程的重要内容。编写教科书时,要重视科学探究活动素材的收集和设计,激励学生积极主动地体验科学探究的过程。例如,可选取"区别聚乙烯、聚氯乙烯和聚苯乙烯"的有关素材,引导学生通过实验探究了解三种高聚物的组成差异。

教科书编写要精心创设学生自主活动和积极探究的情境,引导学生积极参与探究过程,获取知识,获得亲身体验,学会合作与分享,提高探究欲望;要通过对科学家探究过程的介绍、探究性实验的设计、运用化学知识解决实际问题的活动等,有计划、有步骤地培养学生的科学探究能力。

实验对于实现高中化学课程目标具有不可替代的作用。学生在设计实验方案、进行实验操作、观察记录现象、进行数据处理、获得实验结论的过程中,不仅能获取知识、技能和方法,提高探究能力,还能形成良好的情感态度和价值观。因此,教科书编写时,应十分重视实验在学习化学中的重要作用,精心设计实验方案,积极开发探究性实验,鼓励学生通过实验学习化学知识与技能,掌握科学研究的方法。

（5）习题类型要多样化,要增加实践题和开放题的比例

不同类型的习题对巩固知识、发展学生的创造力有不同的作用。教科书编写时要注意开发新的题型,增加思考题、讨论题、实践题和开放题的比例;编制的习题应有助于学生发现和提出问题;要鼓励学生深入生活实际,调查、咨询或进行实验,最终解决化学问题;要鼓励学生综合运用已学知识,从不同角度、不同层次进行思考,创造性地解决问题。

（6）教科书编写要有助于发挥化学教师的创造性

教科书是重要的课程资源，是教师进行教学的范例。教科书的编写要充分利用学生已有的知识和经验，引导他们理解和体会知识的产生过程，自主构建知识体系，增强进一步学习化学的兴趣。编写教科书时，要在内容编排体系、呈现方式、学生活动方式设计、考核评价等方面为教师的教学提供示范和启示；同时应留给教师较大的创造空间，使教师在实践中充分发挥教学的主动性和创造性。

根据《普通高中化学课程标准（实验）》的要求和建议，2004年至2007年，我国编写、并经全国中小学教材审定委员会初审通过、出版了三套高中化学教材。它们是：人民教育出版社出版《普通高中化学课程标准实验教科书——化学》（简称人教版高中化学教材）、山东科学技术出版社出版的《普通高中化学课程标准实验教科书——化学》（简称鲁科版高中化学教材）和江苏教育出版社出版的《普通高中化学课程标准实验教科书——化学》（简称苏教版高中化学教材）。这三套教材从不同的角度较为全面地诠释了《普通高中化学课程标准（实验）》的要求，既体现了"一标"的指导，又具有各自的特点。理解、把握这三套教材的编写特点，无疑是实施高中化学新课程教学的基础。

1. 高中三个版本化学教材的整体特点

《普通高中化学课程标准（实验）》是编写高中化学新课程教材的依据，已出版的三套高中化学教材无论是从编写理念、教材主线和结构、内容选择、课程内容的呈现形式、教学栏目设置以及习题的配置等方面都力求体现《普通高中化学课程标准（实验）》的要求。

1.1 以提高学生的科学素养为宗旨，全面体现高中化学新课程的目标

培养学生的科学素养是当代国际科学教育改革与发展的主要趋势。2000年进入新世纪我国进行的基础教育新课程改革中也把培养学生的科学素养作为中小学科学课程改革的方向。所谓科学素养，"尽管不同的组织或个人各自从不同的角度对科学素养的内涵给出了不同的理解方式或内容，但从本质上看，科学素养的内涵所涉及的范围主要包括三个方面的内容：即对科学知识的理解；对科学本质（科学过程和方法）的理解；理解科学技术对社会的影响"[①]。高中化学新课程改革顺应国际科学教育改革的趋势，在课程目标上强调，"在九年义务教育的基础上，以进一步提高学生的科学素养为宗旨"[②]，并把这一宗旨具体落实到"知识与技能"、"过程与方法"和"情感态度与价值观"三维目标上。

从三套教材编写的主旨来看，都强调全套教材体现了高中化学课程改革的宗旨是进一步提高学生的科学素养水平。每个课程模块的教材编写都打破了传统的以学科知识

---

① 刘克文.科学素养：当代科学教育改革的主旋律［J］.教育科学研究,2007,10:16－18
② 中华人民共和国教育部.普通高中化学课程标准［M］.北京:人民教育出版社,2003:1－2

为中心的教材编写模式,全面落实"知识与技能"、"过程与方法"和"情感态度与价值观"三维课程目标。如人教版高中化学教材在其编写理念上就明确指出:以《基础教育课程改革纲要（试行）》为指导,以《普通高中化学课程标准（实验）》为依据,以提高学生科学素养、促进学生全面发展为宗旨,全面体现高中化学的课程目标。鲁科版高中化学教材则强调:高中化学教材以促进学生发展、提高每个学生的科学素养为主旨,将落实知识技能、过程方法、情感态度价值观三个方面的课程目标作为全套教材的共同目标。苏教版化学教材提出:教材的核心内容不仅反映出各模块最基本的知识和技能,同时还十分关注"过程与方法"、"情感态度与价值观"两方面课程目标的落实。全套教材较好地体现了高中化学课程改革的基本理念,着力提升高中学生的科学素养水平。

在具体的模块教材编写处理上,围绕科学素养和三个维度的课程目标,确立了三条基本的编写线索:(1)化学学科的基本知识线索;(2)化学学科研究过程和方法线索;(3)反映化学、技术、社会相互联系,具有 STS 教育价值的内容主题的线索。

根据不同课程模块的功能定位,每个课程模块教材重点体现着不同的课程目标,如必修模块的《化学 1》和《化学 2》教材,在内容编写上是将三条线索并列作为教材的主要组织线索,主要落实培养学生科学素养和"三维"课程目标;《化学与生活》、《化学与技术》模块教材以反映化学、技术、社会相互联系,具有 STS 教育价值的内容主题为线索,强调落实"情感态度与价值观"课程目标;《实验化学》模块教材以化学学科研究过程和方法为编写线索,着重落实"过程与方法"和"化学实验技能"目标;《化学反应原理》、《有机化学基础》、《物质结构与性质》是以化学学科核心知识为编写线索,主要彰显"化学基础知识"的课程目标。

1.2 合理构建教科书的体系结构,体现教材内容的基础性、现代性和选择性

高中化学课程改革最突出的变化就是课程结构的变化。高中化学新课程设置了 8 个课程模块,它们是《必修 1》、《必修 2》两个必修课程模块和六个选修课程模块:化学与生活、化学与技术、化学反应原理、有机化学基础、物质结构与性质和实验化学。两个必修课程模块是所有高中学生都要学习的高中化学基本内容,并且《必修 1》、《必修 2》的课程内容有化学知识上的递进逻辑关系。六个选修课程模块内容,从理论上是并行的,化学知识没有逻辑关系,它们都是在学习完《必修 2》后才开始学习的课程模块。六个选修课程模块有两种价值取向。一是学术性取向,包括化学反应原理、有机化学基础、物质结构与性质这三大化学核心研究领域。二是应用性取向,包括化学与生活、化学与技术、实验化学。每一个课程模块对于学生科学素养的发展都有独特的价值,同时也构成了整个高中化学的课程体系(图 4-1),并体现了高中化学课程的基础性、选择性和现代性的要求。

高中化学课程结构的变化,必然引起高中化学课程内容及组织方式的变化。这种变化最直接的体现是高中化学教材结构和教材内容组织方式的重建。根据课程标准中设置课程模块的现状,在教材结构上,目前出版的高中化学教材,也设计了 8 个课程模块教

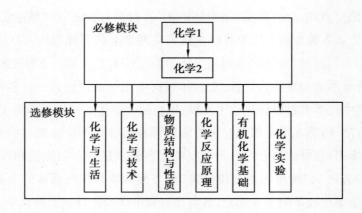

图 4 - 1   高中化学八个课程模块

材,它们是两个必修课程模块教材《化学1》和《化学2》,六个选修课程模块教材《化学与生活》、《化学与技术》、《化学反应原理》、《有机化学基础》、《物质结构与性质》、《实验化学》。

在这八个课程模块教材中,学生学完每个课程模块教材,考试合格即可获得2个学分。在高中阶段修满6个学分,即在学完化学1、化学2之后,再从选修课程教材中选学一个,并获得学分,可达到高中化学课程学习的毕业要求。鼓励学生尤其是对化学感兴趣的学生在修满6个学分后,选学更多的课程模块教材,以拓宽知识面,提高化学素养,并建议有理工农艺类专业发展倾向的学生,可修至8个学分;有志于化学及其相关专业方向发展的学生,可修至12个学分。这些要求和建议都充分体现了目前高中化学教材的选择性。

在教材内容组织方式上,两个具有递进关系必修课程模块教材化学1和化学2打破了传统的以物质结构理论为主线,元素化合物知识穿插编排的组织模式,按照为进一步提高学生科学素养和学习化学及相关专业奠定基础的需要,教材选择了化学实验基础,生活生产中常见的氯、氮、硫、硅、钠、铝、铁、铜8种无机元素及重要化合物,乙醇、乙酸等重要的有机化合物以及原子结构与元素周期律,化学键、化学反应与能量等重要化学基础理论作为教材核心内容。其中必修课程模块教材化学1主要安排化学实验基础、生活生产中常见8种无机元素及重要化合物知识,化学2主要安排原子结构与元素周期律、化学键化学反应与能量等重要化学基础理论知识。

《化学与生活》、《化学与技术》、《实验化学》模块教材不仅在内容选择体现了高度的现代性特征,而且在组织方式上采取了"课题—主题"编写模式,开创了我国中学化学教材内容组织方式变革的先河。《化学与技术》模块教材的编写在世界上也是首创。如,鲁科版《化学与生活》模块教材,有五大主题,18个课题(见图4-2),其内容都是与现代社会生活有关的知识,体现了教材的现代性。人教版《化学与技术》模块教材,有四个单元,11个主题(见图4-3),每个主题的内容都是与现代化学工业生产有关的技术问题,反映了教材的现代性和实用性。

高中化学教师专业能力必修
Gao Zhong Hua Xue Jiao Shi Zhuan Ye Neng Li Bi Xiu

主题1　呵护生存环境
　　课题1　关注空气质量
　　课题2　获取安全的饮用水
　　课题3　垃圾的妥善处理与利用

主题2　摄取益于健康的食物
　　课题1　食物中的营养素
　　课题2　平衡膳食
　　课题3　我们需要食品添加剂吗
　　课题4　正确对待保健食品

主题3　合理利用化学能源
　　课题1　电池探秘
　　课题2　家用燃料的更新
　　课题3　汽车燃料清洁化

主题4　认识生活中的材料
　　课题1　关于衣料的学问
　　课题2　走进宝石世界
　　课题3　如何选择家居装修材料
　　课题4　金属制品的防护
　　课题5　几种高分子材料的应用

主题5　正确使用化学用品
　　课题1　装备一个小药箱
　　课题2　怎样科学使用卫生清洁用品
　　课题3　选用适宜的化妆品

图4-2　鲁科版《化学与生活》模块教材目录

第一单元　走进化学工业
　　课题1　化工生产过程中的基本问题
　　课题2　人工固氮技术——合成氨
　　课题3　纯碱的生产

第二单元　化学与资源开发利用
　　课题1　获取洁净的水
　　课题2　海水的综合利用
　　课题3　石油、煤和天然气的综合利用

第三单元　化学与材料的发展
　　课题1　无机非金属材料
　　课题2　金属材料
　　课题3　高分子化合物与材料

第四单元　化学与技术的发展
　　课题1　化肥和农药
　　课题2　表面活性剂　精细化学品

结束语　迎接化学的黄金时代

图4-3　人教版《化学与技术》模块教材目录

《化学反应原理》、《有机化学基础》、《物质结构与性质》三个模块教材在内容选择和组织方式上则以化学知识为核心,强调化学学科知识的基础性、逻辑性、学术性、现代性,如人教版《化学反应原理》模块教材的主要内容及组织方式(图4-4)、苏教版《有机化学基础》模块教材的内容及组织方式(图4-5),它们反映了这些课程模块的功能和要求,体现了以现代化学学科知识为核心的编写理念,集中反映了教材的基础性和现代性。

第一章　化学反应与能量

第一节　化学反应与能量的变化

第二节　燃烧热　能源

第三节　化学反应热的计算

第二章　化学反应速率和化学平衡

第一节　化学反应速率

第二节　影响化学反应速率的因素

第三节　化学平衡

第四节　化学反应进行的方向

第三章　水溶液中的离子平衡

第一节　弱电解质的电离

第二节　水的电离和溶液的酸碱性

第三节　盐类的水解

第四节　难溶电解质的溶解平衡

第四章　电化学基础

第一节　原电池

第二节　化学电源

第三节　电解池

第四节　金属的电化学腐蚀与防护

图4-4　人教版《化学反应原理》模块教材目录

第一章　认识有机化合物

第一节　有机化学的发展与应用

第二节　有机化合物的结构特点

第三节　有机化合物的分类和命名

第四节　研究有机化合物的一般步骤和方法

第二章　烃和卤代烃

第一节　脂肪烃

第二节　芳香烃

第三节　卤代烃

第三章　烃的含氧衍生物

第一节　醇酚

第二节　醛

图 4 - 5 苏教版的《有机化学基础》模块教材目录

1.3 重视教学情境的创设,强调探究式教学方式

认知心理学研究表明,学习是基于问题的,问题是基于情境的,在相关的情境中生成问题,并通过探究的方式解决问题,有利于学生理解、掌握和应用所学的知识。因此,高中化学新教材在编写中,注重从学生已有的和即将产生的经验出发,创设真实、生动、能引发学生思考和提出问题的情境,使学生能通过对问题的探究活动学会质疑、提出假设、搜集证据、分析论证、解释交流等知识产生与创新的过程。如人教版的《化学1》必修模块教材的第二章化学物质及其变化,第一节物质的分类中关于分散系及其分类,创设了生活中常见的豆浆、树林中的光线、用激光笔照射 $Cu(OH)_2$ 溶液和 $Fe(OH)_3$ 胶体等实验作为探究胶体的教学情境,使学生首先获得关于分散系及分类知识的感性认识,进而进行有关知识的深入学习和探究;在《化学反应原理》模块教材的第二章化学反应速率和化学平衡中,通过学生对已有物质的结晶与溶解平衡经验创设化学平衡知识教学的情境,安排瀑布的图片和散落的火柴创设化学反应进行的方向的教学情境。苏教版《化学2》必修模块教材,专题2化学反应与能量转化,第二单元化学反应中的热量中在"你知道吗"教学栏目中设计了镁条燃烧、原电池放电、石油气燃烧、闪电现象、冶铁过程等有关能量转化的教学情境。在鲁科版《化学与技术》模块教材中更是大量设计了有关化工生产如海水淡化、硫酸生产、石油炼制、豆腐制作、玉米制酒精等生产过程创设技术问题情境,使学生理解技术产生于生产中遇到的问题,问题的解决需要不断的技术创新。

基础教育新课程改革倡导以科学探究为主的教学方式,教学情境的创设为学生进行探究学习提供了有利的条件。在教学过程设计上,三套高中化学教材都把科学探究作为一种重要的教学方式,渗透到教材的编写中。如,人教版高中教材设计了科学探究、实验栏目;鲁科版高中教材设计的教学栏目有交流、研讨,联想、质疑,活动、探究教学栏目;苏教版高中教材设计了交流与讨论,活动与探究栏目。这些探究性教学栏目的设计,不仅引导学生进行探究式学习,而且促使教师转变教学观念,实施科学探究教学,目的是培养学生的实践能力和创新能力。

1.4　重视教学栏目的设计,充分体现教学中师生互动过程

高中化学新教材在教学适切性上与以往高中化学教材相比最明显的特点是设计了大量的教学栏目,彰显了化学教材中在教学实践中的师生互动过程。这样,教材就不像过去那样只是静态知识的集合,而变成了生动活泼、栩栩如生、呼之欲动的教学实际过程。如,人教版高中化学教材在各个模块教材都设计了思考与交流,学与问,科学探究、实验,归纳与整理,科学视野,科学史话等教学栏目;鲁科版高中化学教材各个模块教材设计的教学栏目有交流、研讨,联想、质疑,活动、探究,概括、整合,整理与归纳,化学前沿,历史回眸,知识点击等;苏教版高中化学教材各个模块教材设计的教学栏目有交流与讨论,你知道吗? 活动与探究,回顾与总结,拓展视野,化学史话等,这些教学栏目的设计,引导了学生的思维方向,调动了学生的学习积极性,激发了学生的探究欲望,扩展了学生的视野,训练了学生的归纳总结能力,同时也激活了教师的教学潜力,导引着教学过程不断呈现一次又一次的高潮。

教学过程中的师生互动,是基础教育新课程改革中倡导的另外两大学习方式——合作学习和自主学习在课堂教学中的充分体现。在师生互动中,既体现了学生的自主学习,又彰显了师生之间在知识教学中的合作共建。没有学生的自主学习,也就失去了学生在师生互动中的基础。同样,没有了师生知识共建的教学,课堂教学就会变成教师的一言堂,学生也只能被动地记忆、接受教师讲授的知识。高中化学新教材设计不同活动、不同层次、不同要求的众多教学栏目,从根本上为教学中师生互动奠定了基础,使得高中化学课堂教学更具有生机和活力。

1.5　教材装帧活泼大方,反映化学学科的特点和审美的需求

当三套高中化学新教材呈现在我们面前时,首先映入眼帘的是它们的封面。这些封面设计不仅美观大方而且都具有各自的模块特色,如《有机化学基础》模块教材封面都设计有有机化合物的结构式、《物质结构与性质》模块教材封面都设计有分子的结构示意图。打开教材,从章节彩页的设计,到各种各样的插图,不同文字内容的底色,真是丰富多彩,生动活泼,给人以美的享受。

美是人们获得的对某一事物愉悦情绪的体验,美学和心理学研究认为,在愉快的情绪中,人的智力能得到超水平的发挥,学习成效会得到极大的提高。高中化学新教材,不仅在内容选择和组织方式上与传统的教材相比有创新性的突破,而且在装帧设计上力求反映化学学科的特点和学生的审美需求,从审美的角度关注学生的学习情趣和效率,不能不说这也是高中化学新教材的一大亮点。

2. 人教版高中化学教材的突出特点

2005 年,人民教育出版社的王晶和李文鼎,在《化学教育》杂志增刊 S1 上发表文章《继承·发扬·创新——人教版普通高中新课程标准实验教科书 < 化学 > 编写及试用情况简介》。从这篇文章中,可以看到人教版高中化学教材除了具有三套高中化学教材

的共同特点外,还有以下突出特点①。

2.1 保证基础性,突出时代性,体现选择性

必修模块教科书精选基础知识和基本技能,突出重点,既为全体学生的发展提供必需的化学基础知识和基本技能,又为继续学习选修课程的学生打下必要的基础。同时注意对学生进行过程与方法、情感态度与价值观的教育,以提高全体学生的科学素养。教科书全面落实这些目标,从"知识与技能""过程与方法""情感态度与价值观"相融合的角度出发,构建教科书体系,着眼于提高全体学生的科学素养和终身学习能力的培养。

选修模块的内容以学生个性发展的多样化需求为主,注意到与必修模块的合理衔接。选修模块的内容和必修模块同属于高中化学这门课程,在学科知识与教育理念上保持着内在系统性和水平的一致性,但相互之间又体现出一定的独立性。这种独立性是以学生的不同需求为基础的,也就是说由其选择性的要求所决定的。所以,选修模块的教科书在设计上不同于过去教科书的不同章节,且在重点与陈述方式等方面体现出各自的特点。

各册教科书中除正文外,还编有多种资料供学生阅读或选学,提供打"＊"的习题供学生选做,以适应不同学生的学习需求。例如,新型陶瓷、分子的手性、可降解高分子材料等。

2.2 合理构建教科书的体系结构

教科书注意正确处理社会发展需求,知识的逻辑顺序和高中学生的生理、心理发展顺序以及认知规律的关系,处理好必修课程和选修课程的区别与联系、各模块内容的要求与结构,合理构建教科书的体系结构。

(1)必修《化学 1》和《化学 2》是高中化学的基础,内容比较广泛,但知识都很浅显,更加强调和突出基础性,所以体系的构建从基础出发,突出基础知识的作用。《化学 1》突出化学以实验为基础的特点,重视最基本的化学反应,并通过元素化合物知识的学习体现化学学习的一些主要特点。《化学 2》则是在《化学 1》的基础上突出物质结构和元素周期律的作用,强调化学变化与能量的关系,同时通过有机化合物的知识来进一步认识结构和反应,最终将化学与可持续发展这一大背景相联系,更加显现化学的重要性。

(2)选修模块根据内容的区别,采取不同的安排。如《化学与生活》以介绍化学与营养、健康、材料、环保等方面关系的知识为主,不追求化学理论的系统性与完整性,意在使学生认识化学在实际中的应用。而《物质结构与性质》和《化学反应原理》则是为对化学原理有较高兴趣的学生设计,在陈述方式和内容深度上仍保持高中阶段应有的要求及与基础模块的衔接,但是更注重于学科知识的认知过程和要求,在叙述与推演上更重视

---

① 王晶,李文鼎·继承·发扬·创新——人教版普通高中新课程标准实验教科书《化学》编写及试用情况简介 [J]. 化学教育,2005(增刊 S1):45-47

事物间的科学内涵与发展的逻辑关系。《有机化学基础》则介于以上两类教科书之间，比较系统地介绍有机化学基础知识，将化学理论与元素化合物知识以及化学与生活的密切联系相融合。

2.3　联系生产、生活和社会实际，重视学生已有的生活经验

教科书充分注意与生产、生活和社会实际的联系，适当引入科技新闻、资料、照片等实例。在教科书编写中，尽可能以学生已有的社会生活经验为基础引入，以激发学生的学习兴趣，增强对科学的亲切感并学习实用性知识。例如，介绍海水资源的开发利用、饮用水消毒、维生素与人体健康的关系等。

在内容的选择上，还力求反映现代化学发展的成就，积极关注与化学相关的社会问题，树立可持续发展的观念，体现课程的时代特色。例如，介绍未来金属钛、导电聚合物、环境保护与绿色化学等。

3.　鲁科版高中化学教材的突出特点

鲁科版高中化学教材的主编，北京师范大学的王磊、陈光巨教授，同样在 2005 年化学教育杂志增刊 S1 上撰文"高观点·大视野·多角度——山东科技版普通高中课程标准实验教科书《化学》总体特点介绍"。该文从多方面介绍了鲁科版化学教材的总体特点，其中最为突出的特点如下[①]。

3.1　融合多种课程设计取向、体现多种水平层次，适应不同学生的发展需要

本套高中化学教材充分利用新高中课程方案和高中化学课程结构、课程标准搭建起的课程模块的新框架，采用多种课程设计取向，发挥多种课程设计取向的优势，设置多种水平层次，提供多样选择性，满足不同学生的发展需要，适应不同地区和学校的条件。

例如，对于《必修化学 1、2》，我们采取了学科中心、认知过程中心、社会生活问题中心相融合的多元课程设计取向，这从教材的章节框架中就可看出。目的是为了更好地适应全体高中生科学素养得到全面的提高，体现出是在义务教育化学课程基础之上的高一阶段的化学课程的特点，同时为后续的多样化的高中化学选修课程建立发展"通道"。

《物质结构与性质》、《化学反应原理》和《有机化学基础》三个模块教材，旗帜鲜明地采用以学科中心为主的课程设计取向，它们突出化学学科的核心观念、基本概念、基本原理和基本的思想方法，并以此作为教材体系结构的主要线索，其他课程设计取向作为辅助线索。

《化学与生活》和《化学与技术》两个模块教材，则大胆凸显社会生活问题中心、技术问题中心的课程设计取向，使学生直面个人生活、工农业生产、技术进步和社会发展中的重要问题，学习化学、应用化学。为学生构建起更加灵活、实用的化学科学素养，提高学

---

① 王磊，陈光巨. 高观点·大视野·多角度——山东科技版普通高中课程标准实验教科书《化学》总体特点介绍［J］. 化学教育，2005（增刊 S1）：48 – 52

生分析和解决实际问题的探究能力、培养创新精神和实践能力。

《实验化学》模块教材首次探索性地采用以过程方法中心和实验活动中心为主的课程设计取向，向学生展示化学是一门以实验为基础的科学的丰富内涵和独特魅力，激发学生的学习兴趣、体会实验对于认识和解决问题、进行科学探究和化学研究的重要意义，发展学生的创新精神和实践能力。对于那些对化学特别感兴趣的学生，则有利于提高他们化学实验的综合能力，为他们将来学习化学、从事化学科学事业奠定良好基础。

整套教材的良好适应性还表现在教材设置了多种水平层次，为不同水平和不同需要的学校和学生提供了多样的选择性。首先，从总体上，必修化学与选修化学之间的层次不同；从化学学科知识的学术性水平上，《物质结构与性质》、《化学反应原理》与其他模块教材的层次不同；从同一模块教材的内容来说，正文中内容和活动性栏目的内容是基本要求，其他如"知识点击""追根寻源""拓展视野"等资料性栏目中内容的学习属于提高性要求，而在《化学反应原理》和《物质结构与性质》模块教材中还设置了"学海无涯"栏目，面向对化学特别感兴趣的少数学生，属于扩展性要求等；从学习活动栏目来看，不同栏目的学习内容和学习要求也不相同，比如，"活动探究"、"迁移应用"的要求高于"观察思考"和"交流研讨"等；从化学实验角度讲，第一，教材中"活动探究"中的实验要求就比"观察思考"或"动手空间"中的实验要求高。第二，《实验化学》中每个主题中的综合实验任务的学习水平和要求就高于其他实验任务。《化学与生活》、《化学与技术》和《实验化学》等模块教材，采用主题——课题式的编写体例，更加方便学生根据课标要求、当地和学校的实际条件以及学生的兴趣需要进行自主选择。从某种意义上说，全套教材中的实验都具有选择性和可替代性。教材为了方便学生任意自主地选择学习6个选修模块，特别通过"联想质疑""知识支持"等栏目，加强与必修化学的联系，以及各模块之间的关系、以例在知识系统上的"基础建设"，减少模块选择性学习给学生带来的困难。

3.2 既遵循课程标准的基本要求，又保持教材内容具有合理的张力

高中化学课程标准只是规定了基本的学习内容和基本的学习要求，而且对于课程内容大都实行了弹性处理，往往只规定内容框架，而淡化具体的知识点。这样就给教材自主选择、处理教材内容提供了可能性。本套高中化学教材对于这一问题的处理原则是，基于课程标准、不囿于课程标准，准确把握、科学处理教材内容的深广度。

首先，对于《必修化学1、2》，教材严格控制内容的学习要求，打破元素化合物知识内容的"八股"体系，拓宽视野、突出核心观念、精选活动与探究内容。

《必修化学1、2》中对于元素化合物知识内容，采取分散编排与集中编排相结合的组织方式，例如，第一章"认识化学科学"中介绍"金属元素钠及其化合物"和"非金属元素氯及其化合物"；第二章"元素与物质分类"中首先介绍元素大家族，希望学生建立起物质的元素观、元素的整体观，并在不同的物质分类中介绍重要的氧化剂、还原剂、电解质（其中包括铁的化合物、硫酸、硝酸、高锰酸钾等物质）；第三章和第四章是重点的元素化合物章，其中第三章侧重从元素与自然界的关系，重点介绍碳的多样性、氮的循环、硫的

转化，以及海洋中典型非金属元素和金属元素。第四章侧重从元素与材料的关系，介绍硅及其化合物、金属元素与材料，以及复合材料与其他一些元素化合物。到了《必修化学2》再正式建立对元素周期律的认识，而且教材对于元素周期律的介绍也与现行和传统教材的处理有所不同，不仅从微观本质层面学习，而是充分利用这一学习主题，使学生这样从多角度、多层面地概括整合前面对于元素化合物的认识，形成元素周期性的初步认识，建构起对于元素周期表的理解和认识框架。这一宽一浅，注重的是整体、是联系、是观念；淡化的是细节、是繁杂、是僵化，充分体现了化学学科的视野和元素化学的发展趋势。

对于概念原理性的内容，注重对核心观念和概念原理的认识构建，减少"旁枝细枝"，严格控制深广度。例如，对于元素周期律的认识分成《化学1》中的"元素大家族"到《化学2》中的"元素周期律"两个阶段；对于氧化还原和离子反应的认识，在《化学1》中首次学习，到《化学2》中学完"原子结构"、"元素周期律"、"化学键与化学反应"之后再从"化学反应的主要类型"角度进行概括整合。但是对于氧化还原反应的配平、离子反应方程式的书写、离子化合物、共价化合物、非电解质等内容则采取了淡化处理。

通过重组知识内容、变换讨论的角度、建立有意义联系等方式降低学习的难度，增进学生对概念原理实质性的理解，淡化对概念定义的逻辑辨析要求。例如，对于"化学键"的认识，将化学键与化学反应联系起来，引导学生运用化学键的观点发展对化学反应中物质变化的实质和能量变化的实质的理解和认识，进而建构起化学键与微粒、与物质之间的联系。这样的教材处理，反映了结构化、联系性和有利于知识迁移的科学学习观。

《物质结构与性质》、《化学反应原理》、《有机化学基础》三个模块教材，注重对问题的分析、富于逻辑的推理，介绍知识的来龙去脉、发生发展过程，既关注学生的认识水平，又不一味采取回避实质性问题、只重结论不重过程的传统降低难度的做法，而是采取分层次、多角度的处理方式，将重要的学习内容分出层次，基本要求写在正文中，其他层次和角度的讨论放在各种栏目内。例如，对于"分子间作用力"这一内容，除了正文之外，教材还利用"知识点击"栏目介绍了"范德华力的成因和主要类型"；通过"人物聚焦"栏目的"范德华对于理想气体方程的修正"介绍了范德华力概念的来源，同时也进行了化学思想方法的教育；通过"追根寻源"栏目的"水为什么反常"、"知识点击"栏目的"DNA双螺旋结构中的氢键"向学生示范了如何运用化学知识分析和解决化学问题；而在"概括整合"之后，还通过"人体内的化学"栏目为那些特别感兴趣的学生扩展介绍了关于氢键在人体内的重要作用。

对于《化学与生活》，教材综合考虑各方面的需要，增设了"合理利用化学能源"主题（包括"电池探秘"、"化石燃料的清洁化"、"清洁燃料"、"怎样使太阳能走入家庭"等具体课题）；在"正确使用化学品"主题中增设了"保健品的选择"、"化妆品的功与过"、"安全使用环境卫生用品"等课题，我们认为这些内容对于切实提高普通公民的化学科学素养是十分有意义的，是对课程标准的重要而有意义的补充。

因为化学课程标准中《化学与技术》和《实验化学》两个模块的内容标准实质上是目

标性陈述,而没有具体的学习内容的规定,所以说,《化学与技术》和《实验化学》教材,是将课程标准进行了全面的具体化,可以说是建构了化学与技术以及实验化学的课程内容体系,这是对《化学与技术》和《实验化学》课程内容建设的重要贡献。

3.3 高观点、大视野、多角度地处理教材内容,增进学生对化学科学的真正理解

本套教材的编写者,始终坚定地认为,高中化学新教材应该是"有灵魂和有生命"的,它不应该仅仅是知识内容的堆砌、事实材料的串联。高观点、大视野、多角度地处理知识内容,提高学生对化学科学的真正理解力,可以说是本套教材的重要特点之一。

从各模块教材的一级框架来看,"认识化学科学"、"元素与物质分类"、"原子结构与元素周期律"、"化学键、化学反应与能量"、"官能团与有机反应"、"有机合成"、"微粒间作用力与分子性质"、"物质聚集与物质性质""物质在水溶液中的行为"等化学学科的核心主题,显示出化学科学的高观点、大视野和多角度;像"自然界中的元素"、"元素与材料世界"、"水处理、海水与盐湖资源的综合利用"、"来自矿山的化工制品和材料"这些一级主题反映了化学与社会和技术的相互关系的高观点、大视野和多角度;像"认识化学科学"、"有机化学世界"、"实验化学的昨天、今天和明天"、"物质的分离"、"物质组成的检验"、"物质性质的研究"等教材一级主题则凸显了科学过程与化学方法的高观点、大视野和多角度。

教材对于具体内容的处理也充分体现了高观点、大视野和多角度。例如,《必修化学1》对于"硫及其化合物"知识内容,突出"不同价态的硫元素"及"硫的转化"这种高观点,从硫在自然界中的存在和转化,以及工业生产和环境保护的大视野出发,介绍硫及其化合物的有关知识。从认识硫在自然界中的存在和转化,到在实验室里自己设计实验实现含有不同价态硫元素物质之间的相互转化,再到对硫的转化在工业生产中和环境保护中的体现和运用的认识,这样多角度多层面地介绍,提高学生对化学的真正理解力。

同样地,在《必修化学2》模块教材中,我们将"化学键"、"化学反应"、"能量变化"联系在一起,这本身就体现了高观点和大视野。教材引导学生从熟悉的化学反应事实和现象出发,明确物质是由微粒通过相互作用而构成的,建立化学键的概念,然后通过探讨化学反应中的物质变化的微观实质、化学反应过程能量变化的原因促使学生理解化学键的概念,进而又回到化学键与物质构成的角度,发展学生对于物质的认识。这样的多角度、建构式的知识内容处理,在《物质结构与性质》、《化学反应原理》和《有机化学基础》模块教材中体现得就更加突出了,这对于提高学生对化学的真正理解力无疑是非常有利的。

另外,在《化学与生活》、《化学与技术》和《实验化学》模块教材中,更是展现了学习的宽阔视野,例如,我们重视从技术发展与创新的角度,从技术发展受到当时的科学、生产和社会现实的综合因素影响和制约的高度,介绍具体的化学工业生产知识。关注从人文、经济、历史和现实的背景出发,引出具体的学习任务,例如,《实验化学》模块教材中"从茶叶中提取咖啡因"综合实验任务的教材处理,向学生介绍任务的背景,同时运用"资料在线:植物中有效成分的分离与提取方法"和"化学前言:超临界提取技术"等栏目

进一步扩展学生的视野,不要就实验论实验地做实验,要明确这个具体实验内容、其中的相关实验方法和问题解决策略的代表性。引导学生体会进行这个实验、学习有关实验方法的现实意义和学习价值。

3.4 创造性地运用多种教材编写策略,拓展教材的教育功能

此次高中化学新教材的编写,改革的重点并不是,或远远不止是图文并茂、多联系实际、删减和调整一下知识内容。高中化学新课程提供给教材编写的自由空间是前所未有的,而另一方面,教材编写也遇到了非常多的矛盾和困难。

长期以来,纸质的教材只能比较好地呈现和表征陈述性的知识;义务教育课程标准实验教科书,在教材的表现形式方面做出了积极的改进,开始比较多地使用实景性的图片,采用比较丰富的栏目呈现学习过程和学习活动。但是这些还远远无法满足高中化学新课程的需要。

本套高中化学新教材对于教材要素的选择和使用更加精心,对于学习活动和学习过程的处理更加细腻。教材首先通过设计大量丰富的学生活动,有实验探究、实验设计、交流研讨、调查分析、角色扮演等等,从而增加了教材的过程性。其次,教材对于学生的探究活动能力的培养、过程方法的学习同样负有责任。因此,我们没有像一般的教材那样,对这些活动放任不管、听之任之。我们采用多种策略努力处理好陈述性知识与程序性知识、静态内容与动态过程、外显的学习活动与内隐的学习心理的文字表现和表征,例如,通过"方法导引"对于重点的探究活动给予化学问题解决策略和一般思路的提示,进行科学过程方法的教育;通过"旁白提问框"在学生进行学习活动或探究实验过程中随时插入、及时点拨和引导,全真模拟课堂教学过程中的教师角色。这样一些栏目的运用,就像"问题解决的大声思维"策略一样,有利于呈现教师与学生的心理活动,增强教材实质性的对话功能。教材通过"资料在线"向学生提供必要的问题解决和探究活动所需要的资料和信息,同时培养学生分析和处理信息的能力。值得一提的是本套教材针对高中生的心理特点和能力发展需要,特别设置了"工具栏",通过这一栏目,为学生思考、分析有关问题,进行实验探究活动提供有关的理化数据和常备"工具"等,这样有利于培养学生重视数据、善于利用工具性资料的良好素养。

本套教材充分发挥栏目的功能作用,主张栏目功能分化和个性化,彰显栏目名称的教育功能和引导作用,例如:"联想质疑"、"观察思考"、"活动探究"、"交流研讨"、"迁移应用"等学习活动栏目倡导积极主动的多样化教学方式;"方法导引"、"工具栏"、"资料在线"、"生活指南"等栏目旨在进行过程方法教育;"身边的化学"、"化学与技术"、"人物聚焦"、"历史回顾"、"化学前言"、"身体内的化学"等是 STS 教育功能的体现。

综合来说,本套高中化学教材在教材编写理念方面,明确以提高全体学生的科学素养,同时满足不同学生在化学学习方面富有个性的发展需要为根本宗旨,全面体现现代课程和教育思想;在教材内容的选择和组织方面,综合反映社会发展需要、学科特点和发展需要以及学生发展需要对于高中化学教材的要求,体现基础性、时代性和选择性。全

套教材追求共同理念、遵循共同准则,富于整体联系;每个模块教材具有鲜明风格、独特功能;全新的教材内容体系科学、合理;在教材内容的呈现方式方面,依据科学学习规律和学生心理发展特点,突出结构性、建构性、层次性,运用丰富多样、功能强大的教材栏目体系,倡导积极主动的多样化教学方式,培养学生的科学探究能力、创新精神和实践能力。

4. 苏教版高中化学教材的突出特点

关于苏教版高中化学教材的突出特点,其主编——华东师范大学的王祖浩教授和该套教材的责任编辑——江苏教育出版社丁金芳高级编辑,在《基础教育课程》杂志 2006年第 11 期上共同撰文" 立足发展 求是创新——苏教版高中化学教材的特色简介"。在该文中,可以看到"苏教版"高中化学教材有以下突出特点[①]。

4.1 知识体系清晰,层次结构合理

4.1.1 必修教材突破了以学科知识为中心的结构体系,关注学科线索和社会实际的结合

如《化学 1》从"科学家眼中的物质世界"为题引入核心概念和研究方法,继而通过"从海水中获得的化学物质"、"从矿物到基础材料"、"硫、氮和可持续发展"展开元素化合物知识的学习,从化学与社会的关系出发建立了教材的整体思路,从而逐级引出化学核心知识,既体现了化学学习的价值,同时又很好地处理了知识点多和课时紧的矛盾。

每一单元的知识点相互关联,形成良好的逻辑结构,便于学生理解和记忆。如《化学1》"从海水中获得的化学物质"通过一种物质(氯化钠)和两个电解反应(饱和食盐水电解、熔融氯化钠电解)展开,前者得到氯气,在研究氯气化学性质的基础上,推广到卤族元素性质;后者得到金属钠,进一步研究钠及其化合物性质。

4.1.2 选修教材按内容素材的特点建立不同的知识系统,使教材为学生在知识、能力和态度等方面的学习提供了更好的针对性,也使选修教材的不同功能得到了更好的体现

第一类教材:《化学与生活》、《化学与技术》

《化学与生活》、《化学与技术》教材注意从社会事件为线索引出知识内容,以学生的生活经验和社会需要为基础,融入化学核心知识,力求使课程贴近学生生活实际,紧密结合所讨论的生活和社会问题,帮助学生学习相关的化学知识,知识视野宽阔,科学性强。学生通过学习能更深刻地理解化学的基本观点,扩大、加深对化学基础知识和基本方法的认识和掌握,有利于激发与发展学生学习化学的兴趣。如《化学与生活》围绕"环境"、"健康"、"材料"三大生活热点问题展开内容,融入化学知识并以此解释更多的生活

---

① 王祖浩,丁金芳. 立足发展 求是创新——苏教版高中化学教材的特色简介[J]. 基础教育课程,2006(11):41-43

现象。

上述教材在较宽阔的社会背景下提出与化学有关的生活和技术问题，引发学生讨论、调查、实验，进一步理解化学知识，认识化学科学对社会发展的重要价值，促使学生更深刻地理解科学、技术、社会的关系。这些教材在内容组织上，注意把性质相似的课题组织在同一主题下。在课题中用典型实例展开讨论。把看似零散的学习内容有机地组织起来，形成了比较清晰的教材逻辑结构。

第二类教材：《有机化学基础》、《物质结构与性质》、《化学反应原理》

《有机化学基础》、《物质结构与性质》、《化学反应原理》教材侧重学习物质性质和化学基本原理，在内容的选择和编写上，建立了系统明晰的化学知识体系，学科知识编排深入浅出，逻辑性强。如《化学反应原理》从"能量变化"、"速率与平衡"、"溶液中的离子反应"三方面来解析化学反应的基本规律，层次清晰。

这些教材不仅重视知识的结论，更关注知识形成的过程，有利于帮助学生领悟与把握化学观念和化学方法。例如，上述选修教材突出了"从现象到本质"、"从宏观到微观"、"从定性到定量"、"结构决定性质"的化学思想方法，渗透了"实验是验证与探究的重要手段，是化学研究的基础"、"人类对物质及其变化的认识在不断发展，永无穷尽"等重要观念。

第三类教材：《实验化学》

教材从课题入手，以研究物质的方法为线索建构教材，涉及物质的分离和提纯、物质性质的探究、反应条件的控制、物质的定量研究、物质的制备与合成等内容。每专题介绍相关的化学原理、实验研究方法和现代仪器的特点，循序渐进，在必修内容基础上逐渐提升。既有基础性的研究课题，又有一定开放、探究要求的拓展性课题，在兼顾各类学校实际情况的基础上满足学有余力的学生和实验条件较好的学校进一步发展的需要。

4.2 教材重视通过实验与实践活动，提高学生的探究意识和实践能力

各教材模块都十分重视运用化学实验手段帮助学生理解并接受有关知识和概念，揭示化学反应规律、探究物质的性质与变化。学生可以在有关学习活动中体验、学习运用化学实验手段进行化学探究活动，培养问题意识。教材注意启发学生发现学习和生产生活中有意义的化学问题，设计、评价解决化学问题的实验方案，收集、处理有关实验数据，对实验现象进行分析、归纳，通过推理、判断，对问题做出合理的解释，或者初步揭示化学变化的规律。教材也十分重视通过学习活动提高学生比较、分析和评价的能力。

无论必修还是选修教材，都将化学实验作为学生获取知识、发展能力的重要途径，通过实验帮助学生更好地领悟化学知识，体验科学探究的过程，培养学生在实验情景中运用科学方法解决问题。教材中增设了大量的化学实验，有的以学生的体验为主，有的重在引发学生思考。各册教材内容体系和呈现方式有所差异，但都将"通过实验学化学"作为共同追求的一条线索。

高 中化学教师专业能力必修

Gao Zhong Hua Xue Jiao Shi Zhuan Ye Neng Li Bi Xiu

4.3　遵循学习规律，力求易学好教

教材遵循高中学生的年龄特点和认知发展规律，力求体现初、高中化学教材在目标、内容、方法等方面的合理衔接，处理好两个关系：一是高中化学教材必修1、必修2与初中化学教材之间的关系，如《化学1》中"原子结构模型"是初中化学原子知识的进一步发展，同时又为《化学2》"物质的微观结构"奠定了基础。二是必修教材与选修教材之间的内在联系。

选修教材从不同的侧面组织内容，但以《化学1》、《化学2》的知识为"生长点"。无论必修还是选修教材，均设有"拓展视野"栏目，给不同能力倾向的学生提供较大的选择空间，使他们获取各自发展所需要的知识、技能和能力，培养学生的社会责任感、参与意识和决策能力。

本套教材版面设计注重学生学习心理，版式活泼，直观性强，尽可能通过具有探究价值的课题、生动的文字和图表及功能特定的栏目来吸引学生的注意，激发学生的兴趣。教材采用"平等对话"的方式展开叙述，借助"先行材料"引出内容，如学习前的引导性材料，学习过程中的信息提示，有关生活或学科的背景材料等，体现了教材的趣味性和可读性。

内容素材选取兼顾不同地区的实际，教学要求上通过栏目和问题呈现一定的弹性，便于不同地区、不同学校、不同学生依据当地实际条件进行有效的教学活动。如实验设计简单，现象明显，并设计多种活动为运用当地的生产、生活资源创造了有利的条件，体现了我国广大农村地区经济发展对化学的实际需求，并在实验探究、信息技术应用等方面进行了重点指导，努力使每一位学生在科学素养方面都得到发展和提高。

教材注意控制学习的层次与深广度。根据具体内容的难度和学生的认识水平，在教材中分别采取"深入浅出"、"点到为止"、"造成悬念，引起思考"等内容组织的策略。尤其是必修教材，通过问题的延伸或扩展，为学生设置了多处思维发展的平台。

教材在练习与作业编写中，既注重指导学生把握化学学科最核心的基础知识与基本技能，学会运用规范的化学用语描述与分析化学问题。同时，在基础之上分层次安排习题，注意引导学生把化学原理与解决相关的实际问题联系起来，提高应用和实践能力。

总之，苏教版高中化学教材继承了我国以往化学教材的优势，并以国际视野追求发展，体现了化学的新观念、新思想、新应用。本套教材以培养学生的科学素养为目标，在重视"双基"的基础上，通过多样化的学习活动进一步培养学生的科学探究能力，同时注意引导学生运用化学知识解决生活和社会中的实际问题，以实现学生在知识与技能、过程与方法、情感态度与价值观三方面的全面发展。

在理解、把握三套教材整体特点的基础上，深入考察人教版、鲁科版、苏教版高中化学教材各自的突出特点，对于我们全面地理解、把握高中化学教材的特点，找到高中化学新课程的理念与教材编写的结合点，提高化学教学素养，实施有效教学无疑具有重要的价值。

下 篇

技能修炼

　　除了理解化学课程的本质外,高中化学教师还要强化教学技能,尤其要加强教学设计能力和教学过程把控能力的修炼,才能真正贯彻新课程的核心理念,提高教学效果。此外,开发教学资源、开展教学研究也是化学教师提高专业能力的必经途径。

专题五　高中化学教学设计

　　教学设计是运用现代学习与教学心理学、传播学、教学媒体论、系统方法等相关的理论和技术,来分析研究教学中的问题和需求,确立解决它们的途径和方法,试行解决方法、评价试行结果,并在评价基础上改进设计的一个系统的计划过程。它具有智力性、创造性和可重复性等特点,对教学工作具有明确的指向性和自觉性,从而具有减少盲目、避免失误的作用,其根本目的是为了提高教学的质量和效率。

　　化学教学设计就是化学教师运用教学设计的技术与方法,结合化学学科知识与学科思想,对化学教学内容所进行系统分析并结合学生实际所拟定的旨在促进教学有效性和最优化的方法和技术,是化学教师应具备的基本教学技能。由于教师对教学内容的理解程度以及面对学生情况的不同,化学教学设计具有独特性和针对性。

　　化学教学设计是有层次的,依次为课程教学设计、单元教学设计和课时教学设计。在各层次教学设计中,课时教学设计是大量和经常的一种,其内容比较具体和深入,本专题的化学教学设计主要针对课时教学设计进行分析。

　　教师进行教学设计,本质上就是以学习内容为核心任务,运用问题解决的策略和方法所进行的系统策划,相应内容及解决问题的关系可以用下图表示(图5-1)。

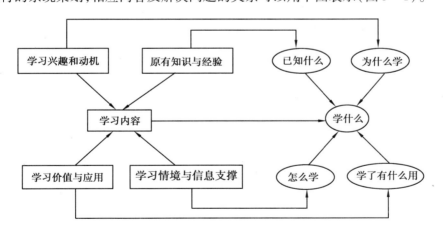

图5-1　化学问题解决与教学设计关系图

　　化学教学过程设计的一般模式(图5-2)。

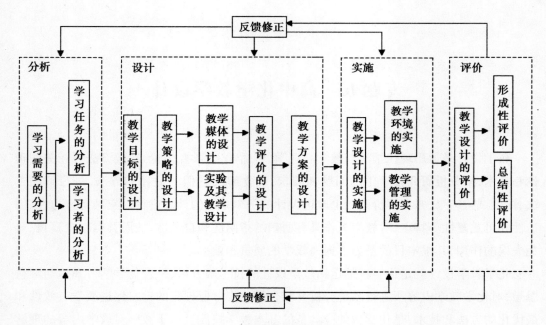

图 5-2 化学教学过程设计模式

通常情况下,化学教学设计的表现形式如下:

课题名称＿＿＿＿＿＿＿＿＿＿＿＿＿＿＿＿＿＿＿＿＿＿＿

姓名＿＿＿＿＿＿＿＿＿＿＿＿　　　单位＿＿＿＿＿＿＿＿＿＿＿＿＿

一、教学背景分析

1. 教材及课标相关内容分析

2. 学生情况分析(包括:学生已有的认知基础,学生学习的困难或可能出现的问题等)

二、教学目标

知识与技能、过程与方法、情感态度与价值观

三、教学重、难点及其突破策略

四、教学设计思路及教学结构图

五、教学过程

教学环节	教师活动	学生活动	设计意图

六、板书设计

七、教学评价与教学反思

八、学案或课堂练习

1. 教学背景分析

1.1 教学内容分析

1.1.1 教学内容分析的要素

（1）课时（单元）教学内容及知识类型分析（分析教学的核心知识；知识所属类型主要指元素化合物知识、化学基本概念和基本原理、化学实验、化学计算等四种类型）。

（2）教学内容相互联系的分析（可以包括本部分知识在教材中的呈现方式；与上位知识、下位知识的关系；知识间的内在逻辑关系；对教材内容的增减及整合处理方法；本部分教学内容在中学化学教学中的地位和作用等）。

（3）课程标准及模块学习要求对本部分教学内容的要求（可以依据学习要求，进行教学内容深广度的分析，明确现阶段教学的任务，使教学的针对性更强，更加符合学生的认知特点）。

（4）教学内容的价值分析（知识价值、认识价值、社会价值等）。

1.1.2 教学内容分析的案例及评析

案例 5－1：人教版 化学1 第二章 化学物质及其变化 第二节 离子反应（单元整体教学）

教学内容分析

1. 单元教学内容及知识类型

（1）核心知识：电解质概念，电离方程式书写；离子反应概念及离子方程式的书写；离子反应发生条件及离子的检验方法。

（2）知识类型：化学基本概念，属于理论性知识。

2. 教学内容间相互联系："离子反应"一节位于"物质的分类"之后，是学生对物质分类和化学反应分类认识的逐步完善，学习本部分内容后，学生能从电离的角度对物质进行分类，能从微观的视角看物质的组成、看物质粒子之间的相互作用力、看粒子之间发生反应的本质。在后续《化学1》第三章和第四章元素化合物知识的学习中，学生进一步认识离子交换型离子反应和氧化还原型离子反应，并能应用离子反应的规律解释物质发生反应的微观实质。为《选修4》化学反应原理电解质溶液知识的学习奠定了分析粒子存在状态和相互间反应的思维基础。本节内容的教学是中学化学知识体系中的重要环节，起着承上启下的作用，并且离子反应方程式的书写和离子检验的方法是中学化学教学要求学生掌握的重要的基本技能，所以本部分内容是中学化学教学的重点之一。

3. 课程标准及模块学习要求对本部分教学内容的要求：新课标要求学生知道酸、碱、盐是电解质，在溶液中能发生电离；能正确书写强酸、强碱和可溶性盐的电离方程式。要能通过实验认识离子反应及其发生的条件，掌握常见离子的检验方法。并且正确而又熟练地书写离子方程式。

4. 教学内容的价值

学科价值：电解质和离子反应是对物质分类和化学反应分类的完善。离子方程式的书写丰富了学生的化学用语系统，提高学生利用化学符号表述化学反应的技能。

认识价值：微粒观初步形成，从微观角度认识物质在水溶液中的存在状态及行为，认识物质在水溶液中的反应，初步形成对宏观现象进行微观分析的习惯和思维方法。

社会价值：污水处理的方法之一就是离子之间发生复分解型的沉淀反应，因此本节课所学内容在工业生产中有实际应用，可以让学生进一步体会化学对社会的贡献。

5. 课时安排：3 课时。第一课时主要帮助学生形成电解质、电离等概念，学会电离方程式的书写。第二课时主要帮助学生理解离子反应及离子反应发生的条件，学会正确书写离子方程式。第三课时主要以工业生产和实验室中的分离提纯等实际问题为情境，帮助学生巩固离子反应方程式的书写，形成分析问题的基本思维模型。

评析：本案例是针对"离子反应"这一教学单元所做的单元整体教学内容分析。教师简明扼要地列举了本单元的教学内容，围绕着微粒观的形成展开分析，重点突出。根据教材的内容与学生认知能力的差异，对教材内容进行了合理的增加。教师从高中化学教材整体和学科知识间的内在联系的高度，分析了本单元教学内容的地位和作用，梳理清楚了本单元的核心知识与基本技能。值得提倡的是，教师的教学内容分析，不仅关注了核心概念的辨析与概念的识记，而且关注了学习概念之后对学生认识发展的作用，关注微粒观建立的价值，并在教学设计中得以具体落实，体现了新课程理念提倡的"从具体知识的教学转化为以观念建构为核心的教学"理念。同时，将化学知识与生产实际相联系，使化学知识的社会价值得以体现。

案例5-2："从海水中提取有用物质"复习课教学设计（课时教学设计）

教学内容分析

该内容主要来自人教版《必修2》第四章"化学与自然资源的开发利用"，属于"化学与可持续发展"主题，该内容的学习有利于学生加深体会化学在综合利用自然资源中的作用，学会辩证地看待人类和自然协调发展中可能遇到的问题，培养学生作出明智决策的意识和能力。在学科认识方面，该内容有助于将前面所学过的知识和原理进行必要的梳理、归纳和拓展，主要包括无机物之间的转化，以及化学原理（离子反应和氧化还原反应）在物质制备中的具体应用。

人教版中与海水有关的知识分散在《必修1》和《必修2》的各章节中，显得比较凌乱，而且有关海水中提取镁的内容，只在习题中简单出现，而鲁科版和苏教版则在必修中有详细讲解。基于此，很有必要在学期末上一节复习拓展课，既强化落实元素化合物的基础知识，又对教材做必要的整合和拓展，使学生能够将所学的课本知识应用于实际的生产生活中。

评析：本案例是复习课的课时教学内容分析。教师通过对人教版《必修1》、《必修

高
中化学教师专业能力必修
Gao Zhong Hua Xue Jiao Shi Zhuan Ye Neng Li Bi Xiu

2》教材与鲁科版和苏教版教材的对比分析、人教版必修教材的整合以及相应的拓展,选定了海水中提取镁的内容作为本节课的研究主线,对无机物之间的转化、化学概念原理的具体应用以及提取过程中用到的混合物分离提纯的实验等进行梳理并提升,形成基于知识整合的学科认识价值。体现了新课程背景下教材作为重要的学习资源,"用教材教,而不是教教材"的教材观。海水中提取镁这一真实的工业生产情境的创设,体现了"从生活走向化学,从化学走向社会"的新课程理念,并实实在在地落实了化学核心知识,使课堂教学的实效性得以保证。

1.1.3 教学内容分析的具体建议

教学内容分析是在教学设计基本思想和学习理论指导下,为进一步制定教学目标而进行的教学设计准备工作。教学内容分析要翔实、准确、全面、深入,并能用简明扼要的语言进行表述。进行教学内容分析的具体建议如下:

(1)研究新课程标准、研究教材。化学课程标准反映了社会对人才培养的要求,是依据化学学科特点、学生的已有经验和认知特点制定的,是编写各版本教材的指导标准,所以进行教学内容分析首先要研究和理解新课程标准的理念和精神。教材是保证化学课程实施的重要前提,研究教材不仅是研究当前教学内容所在的章节内容,而是要将高中化学全部教材进行通读后,理解教材编写的意图、教材内容呈现先后顺序的意图、教材栏目设置的意图,理解本部分教学内容在整体教材设置中所处的地位和作用。研究教材还包括要对现行新课标下的多种版本教材进行对比研究,比较各版本教材内容选取的共同点、差异点,比较内容呈现的不同之处,比较教材编写对学生学习方法带来的不同影响,思考不同版本教材在教学理念、学生能力发展等方面的共同要求。在对教材通读与横向对比之后,再对当前具体教学内容进行分析,才能依据课程标准要求和教材内容对教学资源进行合理整合,确定本单元或本课时教学内容的知识内容、方法内容,明确知识的认识价值。当然,研究教材要特别关注教材衔接中可能的知识漏洞与认识缺陷,如初高中教材教学内容和教学要求不对应的部分、不同模块相同内容在教学中深广度处理等问题。

(2)深刻理解学科本体知识,关注知识的价值。站在对学科本体知识完整、深入认识的高度,俯瞰高中化学知识的教学,才能促进教学设计的最优化。教师要经常重新学习相应教学内容的大学教材及同行对相应内容的最新教学研究成果,使自己对学科本体知识更加深入正确地理解,才能在实际教学中深入浅出地高效解决问题。关注知识的价值,也是教师全面理解教学内容的重要方面。建构主义认为,知识不是独立于认识主体而存在的各种规则、定律和理论的集合,它是人类永无止境的探索和研究过程,其中蕴涵着特定的科学过程和科学精神,也就是说任何的知识都具有多重价值。迁移价值是指先前获得的知识能够促进后续知识的学习,它有助于更好地解决发展过程中遇到的各种问题和困难。认知价值是指获得知识的过程是学生对知识的自主探究过程,这个过程本身能够提高学生学会学习的能力。情意价值是指知识的学习过程会对学生的情感、意志、态度和价值观等的发展产生积极影响。

(3)注意深广度的把握。完整理解新课程模块教学特点,对于知识呈现的阶段性、层次性、螺旋式上升的方式要真正理解,在确定教学内容时才能对教材进行合理的整合,而不是盲目地"深挖洞",造成教学内容与学生接受能力的严重脱节。

1.2 学生情况分析

1.2.1 学生情况分析的基本内容和方法

客观、准确地了解学生的学习基础情况,为教师制定教学目标、组织教材、确定重点和难点、选择教学方式方法、采取有效教学措施提供客观标准和依据。学生情况分析的基本内容一般包括:

(1)学生已有知识、能力的分析:就是分析学生学习新知识必须具备的原有知识、技能准备水平,学生对所学内容具备了什么样的前期知识,前期知识中有哪些认识不全面或概念模糊不清的地方,新旧知识之间的生长点是什么,其他相关学科知识对所学知识的影响等。

(2)学生在接受新教学内容时可能存在的障碍点分析:主要分析学生在学习新知识时可能遇到的困难,包括知识准备和认知困难等方面。

(3)学生认知风格的分析:认知风格是指学生个体偏爱的加工、处理信息的方式,表现在个体对外界信息的感知、注意、思维、记忆和解决问题的方式上。分析学生的认知风格,才能设计出更具针对性和个性化的教学过程和方法,实现教学设计的最优化。

学生情况分析方法包括:教学前的预测、问卷法、访谈法、测验作业总结法、观察法、课堂提问等。

1.2.2 学生情况分析的案例与评析

案例5-3:人教版 化学1 第二章 化学物质及其变化 第二节 离子反应(单元整体教学)
学生情况分析

学生已有知识:学生在初三学习时已经观察过酸、碱、盐在水溶液中导电的实验现象,也学过部分酸、碱、盐在水溶液中的反应,为学习本节内容奠定了较好的知识基础。但是"原子"、"分子"、"离子"等概念对大多数学生来说仅仅是一个名词,学生们还没有意识到从微粒的角度认识物质、认识物质存在的状态、认识物质间的反应;初中新教材不再进行"离子化合物"、"共价化合物"的概念教学,而高中化学键和离子化合物、共价化合物内容在化学2才能学习,因此学生理解电解质的概念、书写电离方程式有一定的困难。这些都给学生初步建立"微粒观"带来困难。由于学生的元素化合物知识还不够丰富,初三化学要求学生记住的沉淀种类极为有限,学生对物质溶解性的知识掌握得不够牢固,即便记住也不能灵活应用,完全没有建立离子反应观,这些对于学生学习离子反应本质、书写离子方程式等是障碍点。因此本节知识对高一学生来说具有一定的难度。

学生具备能力:从能力方面来讲,经过前一阶段的培养,学生已经具备了一定的分析

高中化学教师专业能力必修

Gao Zhong Hua Xue Jiao Shi Zhuan Ye Neng Li Bi Xiu

问题解决问题的能力,也初步养成了探究的习惯,在一定程度上提高了实验操作能力和观察分析实验结果的能力;但他们的抽象思维能力还相对较弱,尤其对于不能直接观察到的溶液中的离子,理解起来尚有难度。

学生的认知特点:本班是重点校平行班学生。学生基础知识较为扎实,班风向上、同学间团结协作的风气较浓厚遇到问题乐于思考讨论,乐于做化学实验、有进行深层次探究的热情。所以教师要抓住学生的好奇心,引导学生透过现象看本质,从宏观现象观察进入微观本质分析。创造机会让学生发挥他们的主动性,使其养成良好的学习习惯,并内化为终生受用的方法。在实验教学过程中,应特别注重发挥教师的"引导"功能。

评析:本案例对学生的已有知识分析得详细、深入,关注了学生知识的薄弱点及学习新知识可能的障碍点。教学设计与传统的备课区别最大的地方之一就是在制定教学目标之前对学生情况进行仔细分析,并以此为依据进行教学过程的设计。学生已有的知识会直接影响到学生对新知识的学习。明确学生的已有知识及知识掌握程度,知识理解错误或偏差点,知识概括化、结构化、程序化程度如何都将影响到学生对新知识的学习。分析学生的已有知识,对确定学生的"最近发展区",确定课堂教学实施中学生知识的生长点和发展点起着重要作用。奥苏伯尔在代表作《教育心理学——认知观点》的扉页上写道:"假如让我把全部教育心理学仅仅归纳为一条原理的话,那么,我将一言以蔽之曰:影响学习的唯一最重要的因素,就是学习者已经知道了什么。要探明这一点,并应据此进行教学。"

教师对学生能力及认知特点都进行了分析,体现了"为学习设计教学"的教学设计的理念。依据学生特点设计教学活动,凸显了教学设计的个性化、针对性强的特点。

案例 5-4:人教版 化学 1 第四章 第四节 硝酸(第一课时)

学生情况分析

学生已有知识、能力:通过初中化学的学习,学生知道硝酸是一种强酸,具有酸的通性,能与碱、碱性氧化物、盐等发生复分解反应,能使指示剂变色,也知道硝酸不能用于实验室制备氢气,但是不明白为什么? 更不能从理论的角度进行分析。学生已经具备了物质分类知识,熟悉每类物质的通性,学习了离子反应、氧化还原反应的概念,通过第三章金属及其化合物及第四章硅、氯、硫单质及其化合物性质的学习以及氨气、氮的氧化物性质的学习,学生知道从物质所属类别的通性、氧化还原反应和物质特性三大角度走进物质,能用已学的基本概念分析、解决问题,已基本具备用实验的方法进行自主、合作、探究学习的能力。

学生可能遇到的困难:在学习过程中,学生可能遇到的问题和困难有:(1)认为活泼金属与硝酸反应,还原产物为氢气;(2)对铜和稀硝酸反应起始时观察到的红棕色气体,误以为还原产物是二氧化氮。所以在教学中一方面对实验进行改进,使学生尽可能观察到无色的一氧化氮气体,另一方面设计相应的问题,引导学生思考原本应该产生无色气体却产生红棕色气体的可能原因,使学生能够学以致用,解决实际问题。(3)对于浓硝酸的氧化性强于稀硝酸但浓硝酸还原产物 NO_2 中 N 的化合价比稀硝酸原产物 NO 中 N 的化合价还高理解起来会有困难。这就要求教师一方面从实验事实进行引导,例如增加浓硝酸能将 NO 氧化为 NO_2 的实验加以证明。另一方面从氧化性强弱比较的微观本质引导学生进行分析。使学生从根本上理解,在理解的基础上记忆和应用。

学生认知特点:学生是重点学校的学生,对化学学习有较浓厚的兴趣,动手能力强,具备一定的理论分析能力,对老师的结论不盲从,往往能提出一些较高水平的问题。但是对化学方程式、物质的物理性质等知识的落实尚有欠缺,对于"化学反应是有条件的"这一化学学科思想理解得不到位。

评析:本案例对学生已有知识和能力认识全面、清晰,对学生的认知特点和认识上的薄弱点心中有数,能看出平时教学中也注意了化学学科思想的渗透。最值得称赞的是,教师根据对学生的了解,对学生学习新知识可能遇到的困难和障碍作了充分的分析和准备。俗话说"预则立",对课堂教学可能遇到的问题做出充分的预测,才可能在教学设计中做相应的预设,才可能在课堂教学实施中抓住稍纵即逝的课堂生成性问题并给出最合理的解决方法。也体现出了教学设计从静态的知识分析向动态的课堂教学过程设计转变的特点。在教学内容分析和学生情况分析的基础上,做出学生可能遇到困难和障碍的分析及解决策略的预设,是我们提倡的教学背景分析的重要方面。

1.2.3 学生情况分析的具体建议

教学本身是围绕学习展开的,教是为学服务的。现代教学设计非常重视对学习者不同特征的分析,并以此作为教学设计的依据。分析学生是为了帮助学生解决学习中的困难,完成教学任务。教学难点是根据教材的特点和学生学习的思维规律和特点决定的,通过从学生实际出发,对学生学习心理、思维障碍的表现与成因的分析,结合学情考虑学生在学习此内容时的心理特征及遇到的困难是什么? 根据学习心理特征考虑是什么原因造成学习困难。学情分析越清晰到位,教学设计的针对性越强。学生情况分析的具体建议如下:

(1)有价值的学情分析源于教师日常教学的积极反思与经验积累。教学过程是一个生动活泼的过程,课堂教学中学生的种种表现,都能折射出学生学习态度、思维习惯、认知倾向、已有知识掌握情况、应用知识解决问题的能力以及学生使用什么样的策略解决问题,而这些往往是我们进行下一次教学设计时学生起点分析的基础。而这些必须经过教师经常积极地进行教学反思才能得到积累。同伴交流也是分享教学经验,得到对学生情况分析共识的好办法。

(2)认真分析学生学习中的疑点、障碍点、理解错误点、记忆模糊点,教学才能有的放矢。教师习惯于对教学重点、难点进行详尽的分析,但是长期的教学实践表明,教师应该关注学生学习过程中存在的疑点、障碍点、理解错误点、记忆模糊点,进行有效的教学预设,教学中加以提示,可以起到事半功倍的作用。也是教师真正关注学生学习过程的具体体现。

（3）加强学生情况分析的科学性与理性。一般来讲,教师对学生情况分析往往是凭借经验定性式的分析,但是,不同学生的实际情况不同,与教师以往的经验可能会存在一定的偏差。所以,学生情况分析应该进一步科学化、定量化、理性化。可以进行有目的、有针对性的课前检测,也可以进行问卷调查,对所得数据进行统计,这样的学情分析更具指导意义。

2. 教学目标设计

教学目标是预期的学生学习结果。教学目标是一定的教学活动结束后期望学生在思想、情感和行为上发生有设计的变化,确定教学目标是教学设计的首要环节,科学而明确的教学目标能减少课堂生成的盲目性、随意性,保障教学目标的有效达成。

2.1 教学目标的分类

2.1.1 教学目标的层次

从教育的不同层面出发,教学目标可以分为多种表达形式。见图5-3。

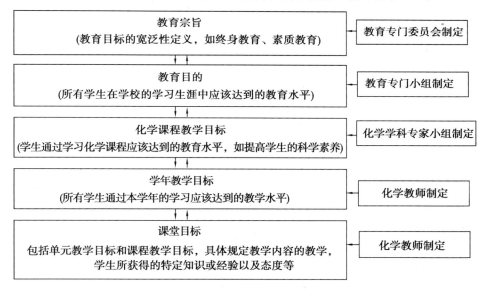

图5-3

2.1.2 高中化学教学目标的分类

《普通高中化学课程标准(实验)》从三个方面对课程目标进行规定,即"知识与技能"、"过程与方法"、"情感态度与价值观"。将高中化学课程目标与当今公认的布鲁姆教育目标分类系统及加涅的学习结果分类系统进行比较,如表5-1。

表 5 - 1　高中化学课程目标与布鲁姆教育目标分类系统及加涅的学习结果分类系统的比较

布鲁姆教育目标分类系统	加涅的学习结果分类	高中化学课程目标（三维目标）
（一）认知	（一）认知	（一）知识与技能
1. 知识	1. 言语信息	1. 了解化学科学发展的主要线索，理解基本的化学概念和原理，认识化学现象的本质，理解化学变化的基本规律，形成有关化学科学的基本观念。
2. 智慧技能	2. 智慧技能	
领会	辨别	
运用	概念	2. 获得有关化学实验的基础知识和基本技能，学习实验研究的方法，能设计并完成一些实验。
分析	规则	
综合	高级规则	
评价	3. 认知策略	3. 重视化学与其他学科之间的联系，能综合运用有关的知识、技能和方法分析和解决一些化学问题。
（二）情感	（二）态度	
（三）心因动作	接受	（二）过程与方法
知觉能力	反应	1. 经历对化学物质及其变化进行探究的过程，进一步理解科学探究的意义，学习科学探究的基本方法，提高科学探究的能力。
心理能力	价值化	
技能动作	组织	
有意活动	价值与价值体系的性格化	2. 具有较强的问题意识，能够发现和提出有探究价值的化学问题，敢于质疑，勤于思考，逐步形成独立思考的能力，善于与人合作，具有团队精神。
	（三）动作技能	
	体操技能	
	绘图技能	3. 在化学学习中，学会运用观察、实验、查阅资料等多种手段获取信息，并运用比较、分类、归纳、概括等方法对信息进行加工。
	操作仪器设备技能	
		4. 能对自己的化学学习过程进行计划、反思、评价和调控，提高自主学习化学的能力。
		（三）情感态度与价值观

　　可以发现，"三维"目标与另外两种教育目标分类系统涉及的领域是相同的，都是从认知领域、情感领域、动作技能领域进行分类，但是"三维"目标的突出特点是将"过程与方法"单独作为课程目标的一个维度，从而体现出新课程化学课程对于"培养符合时代要求的高素质人才"和"激发学生的创新才能，提高学生的实践能力"的教育宗旨的落实。

　　课程目标的下位目标是课堂教学目标，《普通高中化学课程标准（实验）》对课堂目标是通过"认知性学习目标"、"技能性学习目标"和"体验性学习目标"进行规定的。可见，"知识与技能"课程目标是通过具体的"认知性学习目标"和"技能性学习目标"来落

148

实的,"过程与方法"、"情感态度价值观"课程目标是通过"体验性学习目标"落实的。

可见,"认知性学习目标"和"技能性学习目标"在教学评价中更侧重于学习结果,而"体验性学习目标"更侧重于学习过程,在这个意义上,可以把"认知性学习目标"和"技能性学习目标"归为结果性教学目标。

2.2 陈述教学目标的方法

2.2.1 结果性目标的编写

结果性目标可以依据行为目标理论从行为主体、行为内容、行为条件和行为标准等四个方面来陈述。

第一,关注行为主体。行为目标描述的是学生的行为,所以描述学习目标时应指明特定的教学对象——学生,例如"学生能写出实验室制取氧气的三个化学方程式"。当然,若教学对象已经明确时,可以从目标描述中省去这个要素。

第二,关注行为内容。行为内容表明学生经过学习以后能做什么和应该达到的能力水平,这样教师才能从学生的行为变化中了解教学目标是否已经实现。一般来说,可以使用一个动宾结构的短语来描述,其中动词是一个行为动词,尽可能使用可观察、可检测的术语,它表明学习的类型,而宾语则说明具体的学习内容。不同学习领域和不同层次的学习目标,选用的动词也不一样。

认知性学习目标及技能性学习目标常用的行为动词详见《普通高中化学课程标准(实验)》。

编写行为内容的具体方法是:根据学习目标类别,结合具体学习内容,选用合适的行为动词,再把学科内容作为宾语形成一个动宾结构。例如:学习内容是"解释钢铁生锈现象",要求学生能够举出一两个例子,说明人们在生活中怎样预防钢铁生锈现象带来的损害。这是一个认知学习领域的目标,其目标层次是应用,所以可选"应用"一行中相应的动词(如"说明"),这样"行为内容"就可以描述成"列举生活中的一至两个例子,说明人们怎样预防钢铁生锈带来的损害"。

第三,关注行为条件。指影响学生学习结果的特定的限制或范围。条件一般包括环境、设备、时间、信息以及同学或老师等有关人的因素。对条件的表述有 4 种类型:一是允许或不允许使用手册与辅助手段,如"可以(或不可以)使用化学手册";二是提供信息或提示,如"根据元素周期表,说出……";三是时间的限制,如"在 5 分钟内,能做完……";四是完成行为的情景,如"在课堂讨论时,能叙述……要点"。

第四,行为标准。行为标准是行为需要达到的量化指标,也称表现程度。这是对每一个学生的行为质量的最起码的要求,它也从一个侧面反映了教师所要达到的教学效果,如"说出 3 点原电池和电解池的区别"、"95% 以上正确"、"完全无误"等。在编写行为标准时,一定要从学生的行为出发,而不能以教师的教学行为为标准。

这样表述教学目标的基本格式就是:行为主体 + 行为内容 + 行为条件 + 行为标准。例如:"元素周期表一节"其中一项知识与技能目标可以陈述为:学生在学习完元素周期表后,能根据元素在同期表中的位置推测元素的基本性质,正确率达90%以上。

2.2.2 体验性目标的编写

体验性目标可以按照格伦兰的内部过程与外显行为相结合的目标理论来表述。它既反映学生学习的内部心理变化,也反映学习的外显行为变化结果。常用的动词详见《普通高中化学课程标准(实验)》。

利用这种方法,有助于对教学目标做出质的概括和量的规定。质的概括是指运用描述内部心理过程的动词,如"懂得"、"理解"、"掌握"、"领会"等。由于这些动词具有含糊性,学生的内在能力或情感的变化无法被直接观察到,所以要做出量的规定,即在描述了内在能力和倾向的变化之后,再列举若干反映这些内在变化的具体行为样例。这样既可避免严格的行为目标只顾及具体行为变化而忽视内在心理过程变化的缺点,也可克服传统方法表述目标的不确定性。

用这种方法陈述的学习目标由两部分构成:第一部分为一般学习目标,用一个动词描述学生通过教学所产生的内部变化,如记忆、知觉、理解、创造等;第二部分为具体学习目标,列出具体行为样例,即学生通过教学所产生的能反映内在心理变化的外显行为。例如,在"硫的化学性质"一节中,"培养学生的环境意识"这一学习目标本身是无法观察的,但让学生(比如通过撰写小短文或即兴演讲)"谈谈酸雨对环境危害及自己应该怎么做",就可以反映出他们的态度变化,学习结果也就能够观察出来了。

值得注意的是,"过程与方法"目标与"知识与技能"、"情感态度价值观"目标是既相互依存,又各有侧重的。"过程与方法"目标的实现不会脱离知识的学习,更不会凌驾于知识之上,而是在基础知识与基本技能学习的过程中、在科学探究的过程中、在实验过程中、在学生的各种学习经历的过程中去得到落实和体现。新课程标准明确提出"过程与方法"目标,更加强调了学生作为学习主体的自主学习的方式,也同时强调了教师在学习过程中对于方法的教学应该是给予明确指导与外显的,使传统教学中内隐的、只有少数学生通过顿悟才能习得的方法,能在新课程的课堂教学中为更多学生感受和学习,使学生的素养进一步提升。

在"过程与方法"目标落实中,"情感态度与价值观"目标也会得到体现。但是,并不是每一节课每一个维度的目标都必须体现,课程目标是整个高中课程学习结束后学生学习结果的预期。所以,课堂教学目标制定应结合教学内容实际,具体确定需要完成的目标,而不一定面面俱到,但要求课堂教学目标具体、可操作、可测量,真正起到教学目标导教、导学、导测量的功能。

2.2.3 教学目标陈述案例及评析

案例 5-5

知识与技能:使学生了解元素原子核外电子排布,原子半径,主要化合价与元素金属性、非金属性的周期性变化。

过程与方法:通过对实验的研究,培养学生的观察能力、实验能力和创造思维能力。

评析:在案例5-5中存在的主要问题是目标主体错位。"使学生……"、"培养学生……"陈述教学目标的主体是教师,是对教师提出要求,隐含着课堂中关注的是教师的教学活动,而不是学生的学习活动,注重的是"教师应该做什么"而不是"学生能够做什么"。

教学目标主体表述为教师,从另一侧面也反映在教学活动的实施中,教师是否真正意识到教学目标对学生学习活动的引领作用,是否能指导学生利用教学目标来调整自我的学习、自我进行目标达成的评价。

案例 5-6

知识与技能:了解硝酸的物理性质,掌握硝酸的化学性质。

过程与方法:能从微粒间相互作用这一微观本质的角度去理解盐溶液呈现酸碱性这一宏观现象。

评析:在案例5-6中存在的主要问题是目标行为动词选择不当,一是目标动词模糊,"掌握""理解"等词,缺乏质和量的具体规定性,含义不清晰,难以对教学目标是否达成进行评价。在陈述教学目标时要尽量摒弃"理解"、"掌握"等含意模糊、笼统的词语。二是目标动词水平过高,与课程标准中学习水平要求不符。《普通高中化学课程标准》"常见无机物及其应用"主题中关于这一部分的"内容标准"分别是:"了解氯、氮、硫、硅等非金属及其重要化合物的主要性质"和"了解酸碱电离理论",案例中用词显然对学生的学习要求过高。

案例 5-7

情感态度与价值观:

1. 以过氧化氢知识为载体,培养学生关注社会、热爱生命的情感。

2. 通过实验探究、培养学生透过现象看本质的科学探究精神,严谨求实的科学作风,善于合作的团队精神。

评析:在案例5-7中存在的主要问题是目标内容空泛。一方面目标陈述内容过"大",过程与方法、情感态度与价值观等体验性目标的达成,不像知识与技能那样是一种特定的信息或一种非常具体的技能,学生很快就可以习得,而是要经过很长的时间,经历感受、认同、反应等一系列循序渐进的过程,才能逐渐内化。"培养……情感";"养成……态度"等目标,在短短的一节课中根本无法实现。另一方面内容过"空","……精神"、"……情感"内容不具体,很难通过学生的行为外显出来,更无法测量和评价目标的达成度。目标针对性不强、操作性差,用无法体现内容特色的大而空的语句表述,让教学及教学评价无法有效展开。

2.2.4 教学目标确定的原则

（1）科学性原则。科学性原则是指教学目标的设计要注意其实现的可能性。各要点的教学目标不一定都能达到最高层次，通常应该选择位于学生的"最近发展区"内，即能促进学生经过努力能够达到的层次要求。较高层次教学目标可以考虑设计成动态的、相互联系的若干中间目标，使目标具有发展性。

（2）系统性原则。从知识体系的角度来讲，中学各学科仍是一个相对独立的系统。系统性原则要求在制订教学目标时，应从教育的总任务出发，把握它在"课程目标——学期（学年）目标——单元（课题）目标——课时目标"这个逐级体系中的地位和作用，采用任务分析方法，对任务作逐级分解，从而准确地确定具体和细化了的教学目标。再者，根据课程标准的要求，教学目标应从知识与技能、过程与方法、情感态度与价值观三方面进行设计，但各类教学目标之间是相互联系、相互促进和相互制约的。智力因素和非智力因素共同影响着学生的发展。因此，系统性原则还要求必须把它们组织成协调和自然的目标体系。

（3）全面性原则。全面性原则包括三个方面的含义：一是教学目标的制订要面向全体学生，既要制订面向全体学生的基本教学目标，又要针对学有余力的学生提出适当的提高要求，制订出有一定弹性的教学目标体系，使全体学生都能充分地发展。二是教学目标要有利于学生的全面发展，知识、技能、情感、态度及价值观等领域的目标要有机地融合在一起，要体现促进学生全面发展的思想，在学生获得知识和技能的过程中，促进其情感体验，帮助其形成科学的世界观和方法论。三是教学目标要体现开放性与多样性，以便识别和挖掘学生的各种智力潜能，培养其多元的智力结构。

（4）层次性原则。在课堂教学中，每节课可能都包含三个维度的教学目标，但通常情况下由于受知识本身以及学生实际和学习环境所限，一节课要实现所有的目标是不现实的。这就要求我们在制订教学目标时，优先选择既重要又具有关键性、迫切性的目标作为主干，对其他目标做出妥善的调整和安排。从知识的记忆目标到理解与运用目标，再到发展能力、解决实际问题和情感体验目标等，由浅入深，层层递进。特别是对过程与方法、情感态度与价值观这类领域的目标不能急于一时，需要制订一个比较长远的计划逐步完成。

（5）具体性原则。具体性原则是指我们在设计教学目标时，必须明确、具体、有针对性。要依据课程标准的要求，根据教材的内容和学生的认知结构、能力水平、生活阅历、兴趣、习惯等，把教学目标具体化。教学目标是教学评价的依据。一个好的目标体系，实际上已蕴含了学习结果的测量和评价标准。所以在制订教学目标时应该准确地选择和使用相应的行为动词，使其具有可操作性和评价功能。

（6）甄别性原则。传统教育理念往往关注的是学生的智力有多高，而现代教育理念则更关注学生的智力类型。比如有的学生喜欢学习化学理论，有的学生擅长化学实验，而有的学生特别喜欢用学到的化学知识去解决一些生活中的实际问题等等。所以教学目标的确定还应该具有甄别性,通过有限的学校教育,为学生的终身发展找到一条比较适合他的发展方向,其意义将远远超过化学教学本身。

2.2.5 教学目标确定的具体建议

为了切实发挥教学目标对课堂教学的导向、调控作用,对教学效果的测定、评价作用,陈述教学目标时可以采取以下的策略。

(1)明确目标的主体。建构主义学习观认为,学生是知识意义的主动建构者,是学习的主体。教学目标表述注重的应该是"学生能做什么",而不是"教师应该做什么"。即目标的行为主体应该是学生而不是教师(因此有时也把教学目标称为学习目标)。教学目标的行为主体从教师到学生,不仅仅是表述形式的变化,更体现出教学观念的更新、学习方式的转变。因此,具体表述教学目标时,目标主体可以省略,但是不应该错位。

(2)选用恰当的行为动词。目前实施的新课程在关注知识与技能目标的基础上,引入过程与方法目标的同时,丰富、充实了情感、态度与价值观领域目标的内容和内涵,构建了三维融合的目标体系。其中知识与技能能够明确告诉大家学生的学习结果是什么,是结果性目标,可用学习结果来表述,一般要采用"说出"、"举例"、"比较"、"区别"等明确、可测量、可评价的结果性行为动词。而过程与方法、情感态度与价值观等是在知识与技能的学习过程中获得的内心感受和情绪体验,属体验性目标,一般采用"经历"、"感受"、"体会"等体验性的、过程性的动词来表述。

高中化学课程标准在借鉴布鲁姆教学目标分类等理论的基础上,将目标要求分别按认知性、技能性、体验性三个领域从低到高分为不同的水平层次,各水平层次又用清晰明确的动词分别进行说明。如"理解"水平层次的行为动词有"了解、认识、能表示、辨认、区分、比较"等。要使教学目标产生最大的激励效果,就要分析学生的实际情况,选择合适的行为动词。既要使制定出来的目标明确、可操作,又要符合学生的认知水平和能力水平,控制在最近发展区,否则教学目标难以达到或无法评价教学,也不能使学生对后续的学习产生动力。

(3)教学目标的内容具体化。三维目标不是三个相互独立的目标,而是同一个目标的相互融合的三个方面,即三位一体而非三足鼎立。其核心都是学生科学素养的发展,其中知识与技能是教学目标的核心部分,"过程与方法"和"情感态度与价值观"等体验性目标不可能单独操作,必须在知识与技能的教学中和科学探究活动的基础上展开,并从中寻找到相应的生长点。因此,在表述教学目标(尤其是体验性目标)时,应针对具体的教学内容,结合具体的教学活动,对教学行为或者行为条件做进一步的表述,使目标更具针对性、可操作性。

(4)教学目标的行为对象具体化。在教学目标四要素中,教学行为主要说明学习结束后,学生应该能做什么,获得哪些发展,是表述中最基础的部分。描述教学行为的基本方法是使用一个动宾结构的短语,其中动词说明学习后能达到的行为动作,宾语则说明动作的对象。除了注意动词的选用不宜用笼统、模糊的词语外,对于宾语的表述也可以摈弃一些空洞的、无法体现内容特色的词语,结合知识技能的学习,表述为更具体的价值内容。如"通过 SO_2 性质的学习,逐步树立辩证唯物的思想"目标中的"辩证唯物思想"可以结合教学内容予以具体表述,可改为"通过 SO_2 性质的学习,认识到 SO_2 既有污染环境的不利的一面,又有在生产生活中有用的一面,形成一分为二看问题的观点",这样能使教学目标更加可操作、可检测。

(5)教学目标的行为条件情境化。教学行为条件是影响学生产生结果的特定限制或范围。现代认知心理学强调学习的真实性和情境性,认为学生的学习必须是在一定的情境下。在陈述教学目标时,可借助于完成行为所需的实验探究、讨论交流等各种活动方式或将目标行为置于特定的教学情境下来表述。例如常用的"体验科学探究的艰辛和喜悦,培养科学精神"目标,可表述为"通过讨论交流,学生能够积极参与科学探究实验方案的设计;在实验过程中能够认真观察和操作;出现问题时能客观分析、正确处理"这样的设计,其评价的针对性得到加强,更利于实际的操作。

2.2.6 明确可行的教学目标示例

结合具体的教学内容或教学活动,针对学生的实际情况进行分析,把内隐的情感内容与知识技能的形成、方法的掌握等相互联系起来进行表述。例:

知识与技能:(1)能说出 SO_2 的气味、状态、溶解性等物理性质,认识 SO_2 的类别通性、氧化性、还原性和特性等化学性质,并能举例说明其用途;(2)了解二氧化硫对空气的污染,知道硫酸型酸雨的形成原因;(3)初步学会设计实验方案,进一步提高实验观察分析能力。

过程与方法:(1)通过查阅资料,讨论交流,尝试自主学习和交流合作的学习方式;(2)体验实验探究过程,在认真观察实验现象的基础上,学会比较、分析、归纳二氧化硫的性质。(3)从学习二氧化硫的化学性质的过程中,体验研究一种化合物的化学性质的方法。

情感态度与价值观:(1)认识酸雨对环境的危害,增强环保意识;(2)能结合实际,提出几个环保措施。

另外需要注意的是,即使同一知识内容,采用不同的教学方式,学生会获得不同方面的发展,"若通过实验活动来实现,就可以发展学生的观察能力、实验操作技能、实验设计能力等;若通过提供资料的形式来实现,其目标也就变成了发展学生分析资料、整理资料的能力"。可见,每节课的教学目标陈述形式都不是单一的或唯一的,而是丰富的、多元的,最好能根据教学实际进行个性化设计,避免使教学目标流于形式。

2.3 教学目标中的教学重点与难点

2.3.1 教学目标中教学重点的确定

教学重点是指教材中最基本、最重要的知识和技能。教学重点把相关的知识联系起来,在学生知识结构化过程中有重要的意义。精心设计重点内容的教学,能够有效地促进学生智能的发展,形成正确的思想观念和科学的方法。因此,教学重点对实现教学目标往往具有决定性的作用。通常从以下几个方面研究和确定教学重点:首先,根据教材内容的特点和安排,找出重要的内容。可先从课程标准学习入手,课程标准中规定"应用"、"设计"、"评价"、"掌握"、"灵活运用"等,可以作为判断教学内容重要性的依据之一。还可以从教材内容上考虑,如多次以不同形式出现的内容,应作为重点内容对待。此外,各章内容提要提供了本章的主要内容和系统,章节习题中知识和技能练习的次数、难度和综合程度等,在判定教学内容是否重要时,也都有参考价值。然后,通过比较找出重要内容。一般说来,与物质的物理性质相比较,它的化学性质更重要。与描述性知识相比较,反映物质组成、结构的化学基本概念、原理更重要。和一般物质相比较,选定的代表物更重要。最后,深入研究重要内容,确定教学重点。每章、每单元以至每节教材,常包含若干重要的内容。重要的内容不一定都是教学重点,要分析这些重要内容的关系,找出其内在的中心和外围,并在确定重点时有所取舍。

2.3.2 教学目标中教学难点的确定

教学难点是指教材中学生难理解或难掌握的知识、技能。从教材本身分析,难点内容通常包括:

(1)比较抽象的内容。例如,高中物质的量、化学键,初中教材中化合价的实质;

(2)容易混淆的内容。例如,初中教材中结晶水合物与混合物;

(3)综合性强的内容。例如,高中教材中化学平衡的移动;

(4)逻辑推理比较复杂的内容。例如,高中教材中电化腐蚀及其规律。

当然,有些难点兼有上述多种特点。要对所教教材的内容做具体分析,对困难程度进行比较,从中找出教学难点。

有些教材内容,教师认为不难,但学生接受困难较大,这些内容也应该确定为教学难点。应该把教材内容和学生的实际结合起来,认真研究学生有关知识的状况、年龄特征和学习心理,使教学难点规定得更符合实际。

要区别教学重点和难点。有的内容既是教学重点,又是教学难点。但是,重点内容学生接受不一定都困难,非重点内容学生不一定都容易理解,对此要做深入的分析和研究。

2.3.3 形成教学难点的基本原因

(1)相关的准备知识不足。化学本身有着系统的知识体系,教学内容的安排也是一环扣一环的。这就决定了化学教学要有一定的系统性,注意前面学习的化学概念和规律要为后面的学习打基础做准备,后面的学习要充分利用前面的准备知识,这样才能取得良好的教学效果。如果对这一点注意不够,往往就会造成教学上的难点,给学生的学习带来困难。在分析教学难点时,不能只注意产生困难的知识点本身,还要看到准备知识的掌握情况。

(2)思维定势带来的负迁移。迁移原理是教学中的一条重要原理。正向迁移有利于学生在原有知识的基础上掌握新知识,但思维定势引起的负迁移却干扰对化学概念与规律的正确理解和掌握,给化学教学带来困难。

(3)概念相通,方法相似,容易混淆。有一些化学概念,其内涵或外延有某些相近之处,掌握这些概念如果不注意它们之间的区别和联系,常常被表面上某些相似或联系所迷惑,造成理解和应用上的错误,致使学生感到掌握这些概念很困难,甚至有的长期困惑不清,影响到后续课的学习。如同素异形体、同位素、同分异构体等。

(4)思维过程复杂而感性认识欠缺。学生对化学概念的学习往往需要从具体的感性知识入手,但如果学生缺乏感性认识,思维过程再稍微复杂一些,就会造成学习上的困难。

(5)教学要求和教学方法不当。教学难点有的是由于知识内容本身的性质特点造成的,也有的是由于学生的思维和心理障碍造成的,还有的是由于教学要求和教学方法不当而人为造成的,而知识本身学起来本没有什么困难。学生学习化学的思维特点是,习惯于从特殊到一般的归纳推理,即从有代表性的感性事物入手,归纳出它的本质特征和共性,得出概念和规律。化学的绝大部分的概念和规律都是这样得到的。如果不注意这个特点,同样的内容用演绎推理的方法来讲解,学生就会感到不好接受。这显然就是由于教学方法不当而造成了难点。教学要求要符合学生的实际,要求过高,也会增加不必要的难点。

2.3.4 教学目标中教学重点的教学策略

(1)教学过程要以重点知识为中心来展开,要关注重点知识的应用,对于重点内容应该有较高的教学要求。要强调它的应用,并通过运用知识使学生达到牢固掌握、熟练运用的程度。学生只是记住所学的知识,并不等于掌握。必须把概念和规律运用到具体问题上,在解决具体问题的过程中,来加深理解和掌握概念及规律。只有在反复应用过程中,对概念和规律的理解才能具体、丰满起来。这样才能把书本上的知识转化为学生自己的知识。具体问题是多种多样的,运用知识的过程中要学会具体问题具体分析,以便在提高分析问题能力的同时,使所学的知识活化,最终达到熟练运用的程度。所谓应用,不能狭隘地理解为解计算题。解释有关的化学现象,理解化学知识在实际中的应用,解决简单的实际问题,把所学知识与有关知识联系起来以加深理解有关的知识。应用的形式要多样化,单纯地理解为解题,并不能达到掌握知识的目的。

(2)重点内容更应注意教学方法的选择,对重点知识,采用启发式教学尤为重要。在运用启发式教学的过程中,常常要以重点知识作为引起学生思维的引爆点,使学生的积极思维活动以重点的知识为核心或运用这些知识来分析化学现象,解决化学问题。

(3)要处理好重点教材与非重点教材的关系。教材分析要明确教材重点,教学过程要突出教学重点,但这绝不是说课堂教学只能重视重点内容,非重点内容就可有可无了。如果是那样也就看不出重点教材的地位和重要性了。课讲得一大片,胡子眉毛一把抓,听不出哪些是重点内容,当然不好。但如果只讲重点知识,只讲有限的那些概念与规律,看不到重点知识和其他知识间的关系,把化学知识讲得很枯燥,很孤立,学生也绝然不会学好化学。突出重点知识可以带动其他知识,使学生更快更好地掌握全面知识。因此教学中不能平均使用力量,但又不能轻视其他非重点知识。非重点知识也是学生应掌握的基础知识,对重点知识有巩固、扩大、加深的作用。因此处理好重点教材和非重点教材的关系,是教学中的一个重要问题。

2.3.5 教学目标中教学难点的解决策略

教学中的难点是多种多样的。因此,突破教学难点要有针对性,要根据上述形成难点的原因,分别采取不同的途径与方法。

(1)注意分析研究学生学习化学的心理特征和思维规律。教学中的不少难点都带有共性,这说明难点的形成和学生自身的思维习惯、认知特点有密切关系。教师要注意总结学生的认知规律,在教学中做到既适合学生的认识结构,又改造他们不合理的认识结构,以达到克服难点以至从根本上减少难点的目的。这是我们突破难点的一条重要之路。

(2)分散知识难点,分解教学要求。当确定的难点及程度不允许探索发现的实施时,可以考虑恰当的提示,逐步缩小解决难点的范围。教师要注意提示的程序,应该和解决问题的思考程序同步,即先做一般性提示来提醒学生注意运用一般的思考原则和方法,再提示学生应用针对某一类问题的解决方法和策略铺垫,最后再进行具体的提示,提醒学生应用具体的解决方法和步骤,否则就会掩盖思维中的某些环节,违反"过程性原则"。另外,在难点教学中,为了达到化难为易的效果,经常使用超前渗透的措施,引导学生超越知识积累的某些固定程序,探索性地提前学习那些对于自己来说比较困难的知识和思维方法,使之在相互渗透及转化的过程中突破难点、培养能力。

许多教师在教学中都总结出了重点要突出、难点要分散的经验。分散难点确实是解决教学疑难问题的有效途径。要想做到难点分散,就必须分解教学要求。对于某些难点,不能企图一次就达到要求,而要有一个逐步掌握逐步深入的过程,这样会大大减少难点的形成并有利于难点的克服。注意控制综合的时机,分散难点,在教学中十分重要。

(3)加强化学实验。充分发挥表象的作用。不能在头脑中形成化学图像和展现化学过程,常常是学生出现困难的一个重要原因。因此重视化学实验,通过实验展现化学过程,并充分发挥通过实验所形成的表象作用,对于形成概念,认识和理解化学过程有很大的益处,因而也是突破难点的基本方法。

(4)组织迁移、重视铺垫。教材是用来教学的材料,并不是教师在教学中只能够按教材一成不变地教。要想提高知识内容的可接受度,促进学生对教材知识的理解,教师应该对教材进行适当地处理。对此,奥苏伯尔提出的"先行组织者"概念就是一个很好的指导方法。它要先于学习材料出现之前呈现,它在概括水平上要高于即将学习的新材料,以学习者易懂的或已经接受的面貌出现。显然它是新旧知识的桥梁,它帮助学习者用旧知识同化新知识,实现由组织者向新知识的迁移。对教材进行适当地处理,设计先行组织者,促进保持与迁移是对教学难点突破的一种重要方法。例如学生对水解的实质、水解产物的确定、水解后溶液的性质感觉较难理解。如果从碳酸钠显碱性等具体的案例入手,学生理解起来比较容易,但是仍然迁移有困难。如果不以"盐类的水解"为研究对象,而用"分析水的电离平衡"作为一个先行组织者,用勒夏特列原理分析:(1)如何使水的电离平衡向电离的方向(水离解成离子的方向)移动? (2)如果向水中加入一种只能够减少 H^+ 浓度的微粒,平衡将如何移动?溶液性质将如何变化? (3)如果向水中加入一种只能减少 OH^- 浓度的微粒,平衡将如何移动?溶液的性质将如何变化? (4)什么样性质的物质可以结合水中的两种离子? 可以用实验证明吗? 运用先行组织者的方法处理教材,学生对"盐类的水解"可以更好地理解。

3. 教学方法与媒体选择

为了完成特定的教学目标,教师需要针对教学内容、学生情况设计不同的教学过程,通过有效的教学活动来实现。教学方法的设计与媒体选择是否恰到好处,对教学思路的实现、教学目标的达成起着关键的作用。

3.1 教学方法和媒体的分类

3.1.1 常用的化学教学方法及特点

化学教学方法是在化学教学情境中,化学教师和学生为了教和学而进行的以化学科学为内容的教学活动方式。既包括教师的教的方法,也包括学生学的方法,是师生之间相互作用的方式方法。从教学所实现的目标及功能进行分类,常用的化学教学方法有:

(1)以语言传递信息为主的教学方法。指以教师运用口头语言向学生传授知识和技能,学生独立阅读书面语言为主的教学方式,包括讲授(解)法、问题法、读书指导法和讨论法。

(2)以直接感知为主的教学方法。指教师通过对实物、直观教具或实验演示和组织教学性参观等,使学生利用感官直接感知客观事物或现象而获得知识的方法,包括演示法和参观法。

(3)以实际训练为主的教学方法。指通过练习、实验和实习等实践活动,使学生巩固和完善知识和技能的方法,包括练习法、实验法和实习法。

(4)以激发情感为主的教学方法。指教师在教学活动中创设一定的情境,或利用一定的教材内容,使学生通过体验产生兴趣,形成动机和培养正确态度的教学方法,包括情境教学法、联系实际教学法和故事教学法。

(5)以引导探索为主的教学方法。指教师组织和引导学生通过独立探索和研究活动而获得知识的方法,包括实验探究法、问题探究法。

现代化学教学方法的特点是:发展学生智力,培养学生的能力,如实验—探究法;注重学生的主体性,充分体现以学生为中心的教学思想,如谈话—讨论法;注重非智力因素在化学教学中的作用;另外,综合性也是现代化学教学方法的重要特征。

3.1.2 常用的化学教学媒体及其作用

媒体是指信息的载体和传递信息的工具。当媒体直接加入教学活动,在教学过程中传输有关的教学信息时,人们把它们称为教学媒体。教学媒体是教学方法的物质要素。化学教学媒体通常分为传统教学媒体和现代教学媒体两大类,它们各包含多种媒体。

化学教学媒体
- 传统化学教学媒体
  - 教科书及其他教学印刷品
  - 直观教具:实验装置、实物、标本、模型、图片等
- 现代化学教学媒体
  - 视觉媒体:幻灯、投影等
  - 听觉媒体:广播、激光唱盘、录音等
  - 视听媒体:电影、电视、录像、激光视盘
  - 系统媒体:语音教学系统、计算机辅助教学系统等

教学媒体在教学中有着越来越重要的作用。在现代教学中,教学媒体是实现高质量教学(学习)的重要手段,是教学过程中的重要因素之一,并同教师、学生和教学内容有着密切的内在联系。教学媒体是教学信息存储和发布的重要手段、是教和学的有力辅助手段,能吸引学生注意、激发学生的兴趣和动机、提供感性材料、加深感知深度,同时教学媒体可丰富学生的学习方式。

3.2 教学方法和媒体选择依据

设计教学方法和媒体的关键就是选择,选择合适的教学方法和媒体要依据一节课的整体设计思想、教学目标、教材内容的特点、学生的实际情况、教师本身驾驭教学方法和操作教学媒体的技能、教学时间和效率的要求、教学方法的功能、媒体的易获得性等多方面的因素,以求达到多种教学方法选择的最优化和媒体使用的最佳组合状态。

3.3 教学方法和媒体选择的具体建议

3.3.1 教学方法的选择是与教学知识类型、教师自身素质、教学目标和教学策略使用紧密相关的,需要教师依据学习理论、教学理论、学生实际情况反复斟酌

(1)知识类型不同选择的教学方法不同。例如,关于元素化合物知识的教学,如果教学目标主要是学生获得关于物质性质的事实性知识,往往采用实验法、讲授法、指导阅读法。新课程理念要求学生不仅要学习关于元素化合物的具体知识,还要获得学习具体知识的方法以及形成认识物质和物质反应的观念,这就要求在教学中采用观察法、比较法、类比法、假设—验证法、实验探究法等。新课程理念提倡在元素化合物知识学习时,将"裸露的知识包装起来",这就要求教师将具体的化学知识置于生产生活的真实情境中,以达到学生能够应用化学知识解决实际问题的能力,这就要采用情境教学法。再如,关于化学实验基本操作的教学,学生要在教师讲解的基础上通过实验操作获得实验的技能、明确实验的程序,进而能设计实验解决化学问题。所以应该采用演示法、学生实验法、讨论法等教学方法。可见,知识类型不同,教师就应该依据不同的教学目标选取适当的教学方法进行合理的组合。

(2)同一知识的不同学习阶段选择的教学方法不同。同一知识在新授课阶段和在

复习课阶段教学方法不同,同一知识在同一节课的不同环节教学方法也不相同。例如化学基本概念基本理论的新授课教学,以"盐的水解"为例。"盐的水解"概念对学生是一个全新的概念,因此,教学的主要目标就是帮助学生建立盐的水解的概念,提取盐的水解概念的本质特征并在练习中应用概念。在"盐的水解"概念建立的第一阶段就是要为学生提供有关的具体例证,因此老师们都会选择让学生进行测定不同盐溶液 pH 的实验,获得关于盐的溶液会显示不同酸碱性的实验事实,这一阶段采用的教学方法就是实验法。接下来学生必然会对实验现象产生疑问,激发学生探究盐的溶液表现酸碱性的本质原因,这一阶段采用的教学方法往往是问题解决法、分析法、讨论法和讲授法,这一阶段教师的讲授尤为重要,在学生积极思维的基础上,教师用精准、严谨、简洁的语言帮助学生形成对概念的完整准确的认识是至关重要的,所以概念教学中教师讲授法应该起到画龙点睛的作用。在应用概念解决问题的阶段,教师往往采用创设适当的情境,组织学生讨论、交流的方法,这一阶段采用的讨论教学法,就可以达到使正确的观点进一步得到明确,通过练习加深对概念理解的作用。由此可见,教师要根据教学内容选择适当的教学方法,达到既适合学生的认知特点,又能发展学生思维能力的教学效果。

(3)教师自身素质不同选择的教学方法不同。教师对于化学学科知识理解比较精透、教学语言简洁易懂深入浅出、对各种教学策略掌握娴熟、课堂驾驭能力强、熟悉学生情况,这样的教师在选择教学方法时,就可以自如一些,既可以选择教师主导作用突出的讲授法、演示法,也可以选择教师指导下的学生主体作用突出的探究教学法、讨论法,还可选择多种方式的综合法,只要是教学效果最优化的教学方法都可以使用。如果教师对自己的专业知识没有把握得很好或对课堂的把握程度没有自信,可能就会选择"一言堂"的方法,不给学生自由讨论的时间和空间,就会在很大程度上限制学生的思维发展,不利于学生的学习能力的提高。

(4)学生实际情况不同选择的教学方法不同。学生的基础知识、认知水平、学习习惯等在很大程度上影响老师的教学方法选择。对于某些班级采用学生实验的方法可能更有利于培养学生的动手能力、观察能力、记录能力、数据处理能力、透过现象分析本质问题的能力等,可是在另外的班级采用教师演示、引导观察、讲解分析的方法可能更能促进学生对知识的理解与掌握。所以,教学方法的选择应该以学生的实际作为选择的重要标准,一味追求方法的先进性而忽略学生的实际接收程度,也不是新课程理念所提倡的,合适的才是最好的。

3.3.2 处理好板书与多媒体课件;化学实验与实验录像、多媒体模拟实验等现代媒体与传统媒体在选择与使用中的矛盾

(1)处理好板书与多媒体课件的关系。随着电化教学的不断发展,多媒体课件尤其是 PPT 课件在化学课堂教学中成为不可缺少的辅助教学手段,也出现了课堂教学中教师使用 PPT 课件代替板书,整节课下来,黑板空无一字或随意书写只言片语的现象。教学课件在提高课堂效率、微观抽象问题直观化、重现及结构化教学知识等方面起着重要

高

Gao Zhong Hua Xue Jiao Shi Zhuan Ye Neng Li Bi Xiu

中化学教师专业能力必修

作用,但是,PPT 课件代替板书是不可以的。有经验的教师的板书往往是在对教学内容进行精心设计之后,随着课堂进行程度,在黑板上展现出层次分明、脉络清楚、系统性强的板书,将一节课的知识结构、重点内容、解决问题的方法等概括地呈现出来,这一过程是教师教学思维的外显过程,也对学生思维的建立起到示范作用,这样的板书作用,是教学课件无法代替的。如果教师总是用课件代替板书,学生将无法获取知识和思维方法的来龙去脉,其结果就是学生记住了知识,却无法应用知识解决问题。板书是随着课堂进行而书写和演示的,其多样性、灵活性及其与讲授的一致性也是 PPT 课件无法相比的。课堂教学的不可预测性使得许多课堂生成性问题随时出现,教师课上随时在板书中体现新问题的解决方法或随时在黑板上记录学生的问题与想法,这样的教学才是鲜活的、动态生成的课堂,既有利于学生的学,也有利于教师的教,而 PPT 课件的内容往往是事先预设好的,长期使用,学生的思维容易僵化。板书与教师讲授的统一性也决定了板书的教学效果在某些方面是优于 PPT 课件的。例如在离子方程式的书写、化学方程式的配平、电子式的书写、盖斯定律的计算等化学技能性知识的学习过程中,教师边板演边讲解的教学效果往往是最佳的。

(2)处理好化学实验与实验录像、多媒体演示实验的关系。化学是一门以实验为基础的学科,化学实验在化学学习中有着独特的功能。有些教师喜欢用多媒体模拟实验或用实验录像来代替实际的化学实验,可是,多媒体模拟实验或用实验录像提供信息时手段有限,不可避免地要产生信息损失和失真,无法代替实验的教学功能。而且,化学实验也是化学教师的基本功,是教师教学能力的重要标志。所以,除了比较危险、污染比较严重或不适于课堂实验的实验以外,教师应该尽可能开展实验教学,促进学生实践能力和创新能力的发展。

当然,教学方法与媒体选择要遵循学生认知发展规律,是为实现教学效果最优化而选择的,不要过度使用,否则浪费时间且限制学生思维的发展。

4. 教学过程设计

4.1 什么是教学过程设计

所谓教学过程的设计就是用流程图或表格等形式简洁地反映分析和设计阶段的结果,表达教学过程,直观地描述教学过程中教师、学习者、学习内容、教学媒体等基本要素之间的关系,给教师提供一个有重要参考价值的教学设计方案。

4.2 教学过程设计的原则和需要注意的问题

4.2.1 教学过程设计的原则

教学过程设计应遵循以下原则:

(1)依据课程标准、学科特点、学习内容所属教材模块特点进行整体设计;

(2)遵循学生的认知需求和认知特点有层次地进行设计;

(3)发挥教师的主导作用,体现学生的主体地位,体现自主、合作、探究的教学方式;

（4）教学过程设计要体现有效的教学方法、教学策略及认知策略，提升学生的学习能力。

4.2.2 教学过程设计需要注意的问题

教学过程设计包括认知、情感、行为等教学活动的设计以及教学活动情境的设计。教学活动设计是教学设计的核心环节。新课程的教学过程是以问题和任务为驱动，以探究学习、自主学习、合作学习为主要形式的建构过程和学习活动。教师在进行教学活动设计时，需要注意以下几个方面的问题：

（1）给学生创设真实的探究情境，使学生的探究更有价值。新课程目标要培养学生进行科学探究的能力，在课堂教学中要给学生创设真实的探究情境，使学生通过探究获得知识、体验探究的过程、获得探究的方法。

（2）给学生提供有意义的背景素材，引导学生探索对化学科学的积极的、辩证的认识方法。教师在为学生提供背景素材时，应该尽量选择体现化学科学对社会进步作贡献的、启发学生正确理解化学科学价值的、化学知识解决生活和生产中问题的素材，使学生能积极地看待化学，即便是一些负面素材，也应该引导学生辩证认识，最终形成学生对化学的正确认识。

（3）给学生自主学习的时间和空间，给学生交流的机会。教师应该合理分配课堂时间，使学生有充分的时间进行思考、探究、观察、交流、表达、校正、形成较完善认识，在这个过程中，学生加深对知识、技能、方法的理解，学会学习、学会倾听、学会交流、学会合作。

（4）培养学生多角度、多层面地发现和认识问题的能力，为学生提供提升学习能力与思维能力的方向和方法。多角度、多层面地认识同一个问题，可以使学生更加全面深入地理解化学学科本质，使学生思维能力更加全面、更加有逻辑性、更加深入发展，教师的教学过程设计要为学生引导思维提升的方向和方法。

（5）从"知识为本"的教学设计向"观念建构"的教学设计转变，通过化学学习使学生的化学学科思想方法和学科观念得到落实。

（6）培养学生的问题意识，使学生能够发现问题、分析问题、获取信息和证据解决问题，并进行归纳得出相应的规律。

4.3 教学过程设计案例及评析

案例 5－8：人教版 化学 1 第二章　第二节离子反应（第二课时）（北京陈经纶中学董颖）

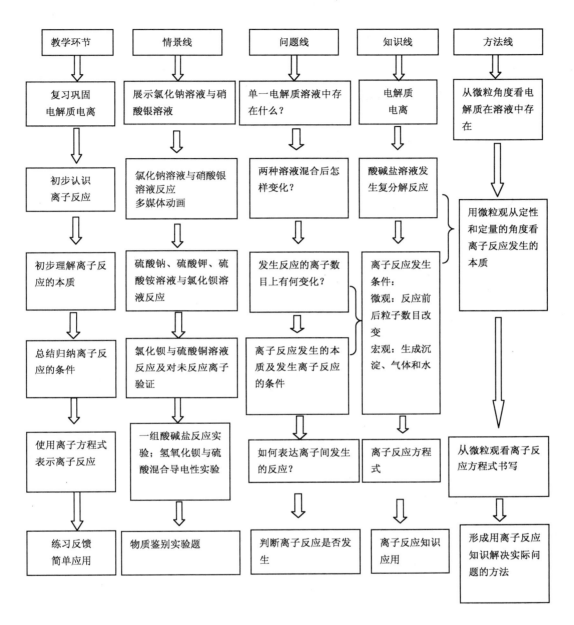

评析:教学过程流程图使教学过程一目了然,有利于教师非常清晰地勾勒出课堂教学的环节及各环节的主要活动。本案例设计以问题解决为驱动,采取问题解决式教学模式。北京师范大学王磊教授在高中化学新课程培训中提倡化学教学方法应"从内容讲解转为以问题解决为驱动"。以问题解决为驱动,追求过程而非只注重结果,可以促使学生在问题解决中成为质疑者、发现者、研究者、探索者等多种角色,在促进学生学科认知发展方面具有过程性的教育价值。本堂课根据学生的认知特点设计了四个任务,任务1:分析溶液中参与反应的离子,进一步认识离子反应的本质;任务2:从量的角度分析反应前后溶液中离子数目的变化,引出离子反应的发生条件;任务3:分析两种溶液混合时能反应的离子,学会书写离子方程式;任务4:明确反应过程中离子间的定量关系。这四个

任务是一种认识性任务,通过创设问题情境,使学生在设问和释问的过程中萌生自主学习的动机和欲望,在对问题的分析和解决的过程中主动学习知识和掌握技能,进而逐渐形成解决问题的能力,掌握解决问题的思路和方法。

教师依据学生对离子反应及本质的认知发展脉络,展开了教学设计,在情景线、问题线、知识线、方法线四个方面分别设计了相应的内容,这些任务环环相连,层层递进,很好地完成了本节课的教学目标。

案例 5-9:人教版 化学 1 多角度认识硫酸亚铁的化学性质(北京市 17 中学　张祺)
"多角度认识硫酸亚铁的化学性质"教学思路设计

教学环节	问题与素材设计	学生认知发展
环节 1 预测性质	问题1:请你预测 $FeSO_4$(硫酸亚铁)可能具有哪些化学性质?说出你进行预测的依据。 引导思考:(1)盐类物质一般可以与哪些物质反应?硫酸亚铁溶液中存在的离子是什么?可能具有什么性质? (2)硫酸亚铁中核心元素化合价如何?可能具有什么性质?	在问题驱动下,引导学生从物质分类、盐溶液中的离子、核心元素的化合价等角度预测物质可能具有的化学性质。
环节 2 实验验证	问题2:通过哪些反应可以证明溶液中存在 Fe^{2+} 和 SO_4^{2-}?可以选择哪些物质作为反应试剂? 问题3:如何证明 $FeSO_4$ 既有氧化性又有还原性? 方法导引:证明具有氧化性需寻找合适的还原剂,反之亦然。 资料支持:给出常见氧化剂和还原剂。 [教师演示实验] 实验1:将打磨后光亮的镁条插入硫酸亚铁溶液中。 实验2:向硫酸亚铁溶液中滴加氯水,再加入 KSCN 溶液。 实验3:向硫酸亚铁溶液中滴加 KSCN 溶液,再加入氯水。 实验4:向硫酸亚铁溶液中,滴加 KSCN 溶液,再加入 H_2O_2 溶液。 [学生实验] 实验1:向硫酸亚铁溶液中,加入 NaOH 溶液。 实验2:向硫酸亚铁溶液中,加入稀硝酸,再加入 $BaCl_2$ 溶液。 [教师演示实验]在试管中加入新制的硫酸亚铁溶液,用长滴管吸取氢氧化钠溶液,插入硫酸亚铁液面下,挤出碱液。学生观察白色沉淀,然后将生成的沉淀倒在滤纸上,观察变化。	发展学生进行实验设计和实施实验的能力,发展学生对概念的理论指导作用的认识。

教学环节	问题与素材设计	学生认知发展
环节3 梳理应用	问题4：试总结硫酸亚铁有哪些性质？你能否总结研究物质性质的一般思路和方法？ 问题5：如何制备硫酸亚铁？写出相应反应的化学方程式。	从具体物质学习上升到一般思路和方法，并应用于物质的转化和制备。
环节4 总结迁移	问题6：请你结合本节课所学方法，预测 SO_2 可能具有哪些化学性质？	应用归纳出研究物质的一般程序和方法对其他物质进行预测。

评析：整个教学过程的设计思路用表格的形式呈现，非常简洁、清晰地勾勒出教学过程最核心的内容。本节课选择硫酸亚铁作为研究的素材，是因为从分类的角度看，硫酸亚铁既属于亚铁盐又属于硫酸盐，当硫酸亚铁溶解在水中时，电离出硫酸根和亚铁离子，亚铁盐的性质通过 Fe^{2+} 体现，SO_4^{2-} 的性质体现了硫酸盐的通性；从元素化合价的角度看，Fe^{2+} 处于铁元素的中间价态，既有氧化性又有还原性，方便学生全面体验通过元素价态预测物质性质的方法，并且由于稀溶液中 SO_4^{2-} 不表现氧化性，因此两种离子之间没有相互反应，各自保持自己的性质，方便学生通过实验验证预测是否正确。因此，从促进学生认识发展的角度看，"多角度认识硫酸亚铁的化学性质"的教学价值主要体现在以下几个方面：第一，发展了学生在宏观层面依据元素组成对物质进行分类的认识，同时通过硫酸亚铁溶解后电离出离子的事实，发展了学生在微观层面上认识可溶的盐类物质在水溶液中的元素存在形态与化学性质之间的关系，打通了从宏观和微观两个层面上通过物质的通性预测物质性质的认识。第二，使学生有意识地关注物质中核心元素的化合价，通过核心元素化合价的可能变化预测物质的氧化性和还原性，发展了学生研究物质和研究物质发生化学反应的新视角。第三，通过化学实验验证物质是否具有某种性质，发展了学生学习化学科学知识过程中的实证意识，使学生体会到化学实验在化学学习中的重要价值。

从设计思路中可以清晰地看出本节课的着力点在于将物质的分类、离子反应和氧化还原反应等概念性知识转化为认识物质化学性质的程序性知识和策略性知识，形成研究物质化学性质的一般思路和方法。

教学设计好比是课堂教学实施的"蓝图"，它直接影响着课堂教学的效果。一个整体优化的教学设计方案是取得最佳教学效果的基本前提和必要保证，用化学新课程理念，精心进行化学教学设计，是化学课程对每一位化学教师的基本要求，也是每一位化学教师必修的基本功。

开展教学设计研究，能够引导教师从以往单一的教案撰写转变为进行有意识的教学设计活动，有效地帮助教师对课堂教学进行研究和反思，既是教师备课这一教学环节走向科学化、规范化的重要基础，使其教学活动取得事半功倍的效果，同时也是教学取得最佳实效、实现教学创新的重要保证。因此,需要引导教师根据新课程的要求以及学生的认知水平和已有经验,对课堂教学中已有的问题和生成的问题进行反思,并在教学背景分析中进行研究,在教学过程中不断调整与完善,以体现出教师对教学的整体研究思路。

教学设计没有一成不变的模式可以套用,也没有一成不变的方法可以照搬。只有不断创新,才能获得生动、有创意的教学设计,才能获得最佳的教学效果,因此,创新是教学设计发展的生长点。

专题六　高中化学教学过程与方法

高中化学教学要体现课程改革的基本理念,立足于学生适应现代生活和未来发展的需要,着眼于提高学生的科学素养,体现"知识与技能"、"过程与方法"、"情感态度与价值观"相融合的三维目标。教学过程要体现时代性、基础性和选择性,兼顾学生志趣、潜能的差异和发展的需要,尊重和满足不同学生的需要,运用多种教学方式和手段,引导学生积极主动地进行学习,掌握最基本的化学知识和技能,了解化学科学研究的过程和方法,形成积极的情感态度和正确的价值观,提高学生的科学素养和人文素养,为学生的终身发展奠定基础。

1. 高中化学教学基本过程

1.1　教学过程

教学过程主要分教师的教和学生的学两部分,而学生的学是在教师的引导下逐步进行的,其实质是在诠释教学中"教师如何教,学生如何学"的问题。教学过程是一种特殊的认识过程,也是一个促进学生身心发展的过程,它具有间接性、引导性和简捷性。教学过程是师生交往、共同发展的互动过程。在教学过程中,教师有目的、有计划地引导学生能动地进行认识活动,自觉地调节志趣和情感,循序渐进地掌握科学文化基础知识和基本技能,以促进智力、体力、品德和审美情趣的发展,并奠定科学世界观的基础。受苏联凯洛夫教育学的影响,我国教师在传统的课堂教学过程中大多形成了五步教学过程的模型,其主要包括:①组织教学;②复习旧知识;③讲授新知识;④巩固新知识;⑤布置作业。这一传统的课堂教学过程结构很好地反映了陈述性知识和学与教的规律,所以在很长一段时间内,成为我国中小学教师进行课堂教学设计的主要依据,但该教学过程对于程序性知识的教学以及知识向技能和认知策略的转化却无法较好地反映。文中将重点介绍高中化学教学中较为常用和实用的教学过程。

1.2　高中化学教学的基本过程

现代教学基本过程不仅包含传统意义上的课堂教学,而且包含与整个教学有关的其他环节。高中化学教学基本过程有以"教"为中心和以"学"为中心进行设计的两大主要类型。在教学过程中,根据学生的学习可将其分为如下阶段:①动机形成,问题生成阶段;②学习新知,问题解决阶段;③应用,练习阶段;④巩固,复习阶段;⑤测试,反馈阶段;⑥再次巩固,应用阶段。根据教师的教学行为通常可将教学的基本过程划分为如下阶段:

1.2.1 化学教学的准备阶段

（1）备课——进行教学设计。精心备课,进行优秀教学设计是优质教学的前提。"不谋全局者,不足谋一域。不知整体教材者,不能教好一节课。"备课的首要任务是整合教材,目前高中化学全国通用的教材有三套:人教版、鲁科版和苏教版,三个版本各有所长,各有各的编排体系。高考的命题依据是课程标准而不是某个版本的教材,教材只是教学的辅助,故教师备课不能"唯教材是本",而应大胆地根据课程标准和实际情况整合教材,优化教学内容,进行教学设计。教学中不是"教教材",而是"用教材教"。教学的质量很大程度上取决于教学设计的优劣,备课进行教学设计的内容通常包括课程标准分析、教材分析、课程内容分析、学情分析、教情分析、教法的选择、教具的选用、教学过程设计、教学实验设计、板书设计等,各个环节直接涉及教学效果,在备课时均必不可少。备课过程中还要充分考虑各个环节要分析什么、如何分析、分析的依据、分析的结果以及在教学设计中如何实施等等。

（2）说课——汇集团体智慧。说课就是教师针对一个具体课题口头表述其教学设想及其理论依据,是说课教师在充分备课的基础上,面对同行或其他教研人员,讲述自己的教学设计,然后由听者评说,达到互相交流,共同提高的一种活动。说课既可以是针对一个具体课题的,也可以是针对一个观点或一个问题的。简单地说,说课就是由说课人针对某一课题在设计层面上说说自己准备如何教和为什么这样教的一种教研活动。

在教学实践中,从说课发生的时间可分为课前说课和课后说课两种;从说课的形式可将其分为集体说课和说课比赛。在高中化学教学过程中,最有实效性,应用最广泛的是课前集体说课。课前集体说课由一个说课主讲人阐述自己对某一教学内容的理解、施教方案的设计以及施教效果的预测与反思等,再由其他人做补充,共同讨论,共同提高的一种教学研究方式。这种教研方式,能有效地促进教师深入钻研课程标准与教材、灵活运用先进的教学理念进行教学设计以及自觉进行教学反思,从而有效促进教师的专业成长。

说课的一些基本要素通常包括:课程标准分析、教学目标分析、教材分析、学情分析、教法、教学流程、教学设计的理念和意图、教学反思等。课前说课通常包括:说课标、说教材、说学情、说教学目标、说教法、说学法、说教学流程等。课后说课除上述内容外,还有教学实施情况、教后反思等环节。说课的主要环节阐述如下:

①说"教材的地位和作用"。应从以下三个方面去把握教材的地位和作用:a. 该内容所处的"地理位置"以及安排意图。这就要求教师不仅要描述该教材安排在哪里,更要分析教材编者是基于怎样的考虑把它安排在这里。b. 该内容的学习,要让学生掌握哪些方面的知识、训练哪些方面的技能或者科学方法、发展他们哪些方面的能力和建立怎样的情感、养成怎样的态度和形成怎样的价值观等。c. 本节内容的学习,对学生的后续学习和终生发展有什么重要的作用。"教材的地位和作用"说得恰当与否,直接反映说课者对教材的理解程度,并影响到教学目标的制订。对教材理解越深刻,说课内容将

越充实、全面。

②说教学目标。教学目标是教学设计的出发点和归宿,它对教学活动具有很好的导向和监控作用。根据课程标准的要求,教学目标应体现"知识与技能"、"过程与方法"、"情感态度和价值观"三维课程目标。三维目标是融为一体,并在同一教学过程中实现的。若将教学目标分解为三个方面加以描述,会不会割裂三维目标之间的内在联系,是否一定要将这三方面分开来写,是教师应继续思索和探讨的问题。

③说教学重、难点。确立教学重、难点是教学设计的一个关键,也是说课活动必须阐述的一个内容。要确定重、难点,就必须搞清什么知识是重点,分析难点是如何形成的以及如何突出重点,突破难点等。

④说学情。学情分析也是说课必须突出的一个方面,应尽可能从学生的"已知"、"未知"、"能知"、"想知"和"怎么知"等五个方面综合分析学生情况,这些方面是教学中因材施教的基础。

⑤说教学流程。教学流程是指教学过程的系统展开,常指按时间顺序将教学活动如何引入、如何展开以及如何结束等等。阐述教学流程是说课的重点,因为教学内容的处理、教学方法的选择、教学目标的达成、教师教育理念等,都是通过这个环节来实现的。阐述教学流程时,应在如何突出重点和突破难点上多下工夫。教学流程阐述的常见思路有两类:一类是根据学习过程的要求来阐述教学流程,主要包括如下内容:a. 教学活动在怎样的情景下开展、怎样体现新课导入和结课呼应;b. 怎样呈现相关材料、怎样指导学生进行信息加工、怎样指导学生开展学习内容的整合、怎样指导学生实现知识迁移并使学习内容进一步整合与内化等;c. 采用怎样的手段来测量或评定学生的学习效果、通过哪些途径收集学生的反馈信息、如何根据学生反馈信息调控学生的学习活动等。另一类是在三维目标的指引下,从教师教和学生学两个方面阐述。在教师活动的设计方面,包括设计怎样的情景导入新课、如何组织和呈现教学内容、设计和指导开展哪些实验活动、选择哪些教学辅助设备、如何进行讲解、设计怎样的问题或练习供学生使用、如何进行归纳小结以及怎样板书等;在学生活动方面,围绕教师引导、指导,开展哪些有效的学习活动(如阅读什么材料、观察什么实验、完成什么练习、如何进行实验、怎样开展讨论、如何进行自我学习反馈、如何实现知识迁移等)。

⑥说教学反思。广义的教学反思指教学设计、教学过程及教学效果等多方面的反思,不仅在设计时进行,而且在实施中和实施后都要反思。狭义的教学反思是指教师在实施教学活动后以研究者的心态或视角,审视自己的教学设计和教学实践。它既包括教师对教学中的缺点和错误进行反省与批判,也包括对教学中的优点和长处给予肯定和坚持。课后说课中的教学反思,即是教师在教后剖析自己在课标分析、学情分析、教学设计等方面存在哪些不足和可取之处,以及教学预设的成功之处和偶发事件等。

说课需注意的问题有:①定位要明确,指明是课前说课还是课后说课。②整体设计要科学,有亮点。③充分体现个性特色。④注重理论的指导作用。⑤课件制作尽可能完美。

案例 6-1:"原电池"的说课

说课定位:本次说课的题目是高中化学选修4 第四章 电化学基础 第一节 原电池 第1课时的课前说课。

一、课程标准和教材分析

《普通高中化学课程标准》对本部分的要求是:体验化学能与电能之间发生转化的过程,了解原电池的工作原理,能正确书写电极反应式和电池反应方程式;通过查阅资料,了解常见的化学电源的种类及工作原理,认识化学能与电能转化的实际意义及重要应用;能解释金属发生电化学腐蚀的原因,认识金属的危害,通过实验,探究防止金属腐蚀的措施。

本节内容是在高中化学必修2 中第二章第二节"化学能与电能"的基础上,加深对原电池形成条件、工作原理的认识,通过对电池效率的探究,从本质上了解原电池的工作原理,是在必修2 基础上的深化。在选修4《化学反应原理》的第四章第一节中重点通过对电池效率的探究,引出半电池、盐桥、内电路、外电路等概念,通过构建双液电池模型,加深对原电池原理和形成条件的认识。本部分既充分体现了物质变化与能量变化的统一,又体现了原理对实际应用的指导价值,同时深化了学生对氧化还原反应的理解和应用。

二、学情分析

在必修2 中,学生对原电池原理有初步认识,如锌铜原电池的工作原理,简单原电池的形成条件,并具有了一定的实验探究能力。但对理解原电池的本质条件(自发进行的氧化还原反应)还有认知局限,认为氧化剂和还原剂只有直接接触才能发生氧化还原反应,同时对锌铜原电池在应用上的不足还认识不够。本节课的重点是通过实验引导学生分析锌铜原电池中产生的现象及原因,体会单液原电池的缺点,并探究设计出较为科学的双液电池,加深对原电池原理和形成条件的进一步理解,形成对原电池的完整认识,为原电池的实用性开发奠定理论基础。

三、教学目标及重、难点

[知识与技能]

1. 深入了解原电池的工作原理,学会书写电极反应式和电池总反应。

2. 能根据反应设计简单的原电池,加深对形成原电池本质条件的认识。

3. 通过实验分析,了解单液原电池中存在的缺点和不足,探索改进方法。

4. 了解双液电池的功能与价值。

[过程与方法]

1. 通过 $Zn-CuSO_4$ 电池的优化设计,感悟科学探究的思路和方法,进一步体会控制变量在科学探究中的应用,体验模型建构的过程。

2. 掌握以问题为中心展开学习的方法,学会运用观察、实验等多种方法获取信息。

[情感态度与价值观]

在学习中体验并享受探究带来的快乐,感受化学世界的奇妙。让学生体会化学源于生活、服务于生活的特色。

[**重点**]加深对原电池工作原理和形成条件的理解。

[**难点**]双液电池的构建；盐桥的作用。

四、教学方法

本节采用实验法、观察法、问题式教学、探究式教学等方法对原电池的工作原理进行探究学习。

五、教学过程设计(略,详见2.2.3高中化学教学过程设计中自上而下的教学过程设计)

（3）学案——引导学生自学。学案是近年来教学中非常盛行的一种有效引导学生自学的教学辅助方式,学案有课前导学式、课堂助学式及课后巩固式。课前和课后的学案用于预习和复习功课用,主要是知识解析型;课堂助学式学案用于支撑化学教学,主要有课堂教学问题、实验设计相关问题等。学案有助于培养学生的自学能力,好的学案可引发学生在原有认知的基础上产生认知冲突,从而引起学生的深层思考,促使学生思维能力的提高。

（4）候课——决定教学实效。在教学过程中,学生是燃料,教师是火种。若使学生激情燃烧,教师必须作蓄势火种。候课不同于备课,它指的是上课前几分钟的准备状态,既包括相关知识的准备,有关实验仪器的检查和实验的演示,上课前将自己的心理和精神状态调到最佳,又包括教师提前到位,组织好学生进入准学习状态。在教学过程中,教师必须以饱满热忱的状态投入教学中,使学生受到感染,情不自禁地进入高涨的学习状态,以达到最佳的学习效果。

1.2.2 化学教学的实施阶段

（1）创设情境,导入课题。新课标要求将去情景的知识情景化,为培养学生情感态度与价值观提供有效途径和生动载体。教学是一种设计,注重课堂的教学设计不是一种简单的设计,它首先是一种教学情境的设计,一种教学氛围的创设,情境创设得恰当可将师生调动到很高涨的情绪和兴奋点上,从而直接影响教学的效果。课题导入的情境创设有:史实导入、故事导入、用途导入、实验导入、诗歌导入、生活常识导入、问题导入等方法。如由雷雨发庄稼的视频导入氨、铵盐;由酒香不怕巷子深和古诗词导入生活中两种常见的有机物——乙醇;由哈佛大学的元素之歌和元素周期律的有关化学史实导入元素周期律;由第一次世界大战首次使用毒气弹的史实导入氯及其化合物等。从生活到化学,从化学到社会,从自然界到实验室,从实验室到实际应用的各种情景,能够开阔学生的视野,增强学生的社会责任感,激发学生强烈的求知欲,发展学生的创新精神和实践能力,同时也能深刻体会到科学的价值、科学发展的局限及STSE与化学的相互关系,从而促进学生分析和解决实际问题的能力发展。

（2）高效课堂,优化教学。化学教学是一种科学,更是一种艺术。教学的主阵地是课堂,课堂要讲究科学的理论支撑和教学的艺术性,面对千差万别的学生和千变万化的教学环境,教学实践中肯定会有不同的变化。因此实施课堂教学要做到以下几点:

①创造性地实施教学设计,讲究教学的创造性和个性。教学设计得好未必实施得好,教学过程中教师应不唯教案是本,不把教学过程实施成一个完全照搬教案或教教材的过程。

②课堂上应达到预设与生成的和谐统一,真正做到"心中有案行无案"。教师上课前要充分备课,写好教案,但教案只是一种预设,实施过程中不可能一成不变,教学突发事件随时都有可能发生,课堂因教师、学生、班级氛围、教学内容、教学方法的不同而不同。课堂上教学预设与生成的和谐统一是高效课堂的必然体现。

③在教学实施阶段应充分发挥教师的主导作用和学生的主体性。课堂上教师是学生学习的组织者、引导者和合作者,激发学生的学习兴趣和创造性,为学生构建学习研究的平台,提供施展才华的机会,让学生真正成为课堂的主人。

④选择以一种教法为主的综合教法,实现教学的最优化。任何一种教法都不是万能教学法,不能在整节课上一法到底,也不会放之四海而皆准。如现在提倡的探究教学,也不是所有的教学内容都适合。

案例 6-2:"硫酸、硝酸"的性质比较

人教版将硫酸和硝酸同时安排在必修 1 第四章第四节,两者均是强酸,均有氧化性,浓溶液又有很多的相似之处,学生经常将两者尤其是反应条件混淆,若将两者运用实验对比法进行教学,然后做出如下板书小结,将使学生印象深刻,有助于学生学习和区分两者的性质。

性　质	硫　酸		硝　酸	
	浓硫酸	稀硫酸	浓硝酸	稀硝酸
物理性质				
酸　性				
在水溶液中的存在形式				
滴在 pH 试纸上				
滴在蓝色石蕊试纸上				
与活泼金属(如 Zn、Fe、Al)的反应				
与不活泼金属(如 Cu)的反应				
与非金属(如 C)的反应				
特性		——	——	——

高

中化学教师专业能力必修

Gao Zhong Hua Xue Jiao Shi Zhuan Ye Neng li Bi Xiu

（3）总结提升，升华知识。采用多种方法归纳小结，提升知识，使知识得以升华，从而提升思维能力。由特殊反应得出一般化学规律，由具体事例总结出常用的化学思维方法，体现化学从特殊→一般→特殊的学科思维。

案例 6-3："Fe^{2+}、Fe^{3+} 的检验方法" 小结

Fe^{2+} 的检验方法：

①观色：浅绿色。

②加入氢氧化钠溶液，生成白色沉淀，白色沉淀迅速变成灰绿色，最终变成红褐色沉淀。

③加入 KSCN 溶液，无明显现象，然后加入新制氯水，溶液呈血红色。（说明 Fe^{2+} 有还原性）

Fe^{3+} 的检验方法：

①观色：棕黄色或黄色。

②加入氢氧化钠溶液，产生红褐色沉淀。

③加入 KSCN 溶液，溶液呈血红色。

利用 Fe^{2+}、Fe^{3+} 的氧化还原性知识，请再设计一些检验方法。

由所学知识可知，Fe^{2+} 中铁元素的化合价可升可降，既有氧化性又有还原性，Fe^{3+} 中铁元素的化合价只能降低，只有氧化性。

利用 Fe^{2+} 的还原性，可加入氧化剂（如 $KMnO_4$ 溶液、H_2O_2 溶液）进行检验。

①加入 $KMnO_4$ 溶液，溶液紫色褪去，再加入 KSCN 溶液，溶液出现血红色。

②加入酸化的 H_2O_2 溶液，然后加入 KSCN 溶液，溶液出现血红色。（此处有一个精彩的课堂生成，细心的同学会发现另一个现象，根据实际情况教师采用随机通达的方法灵活处理）

利用 Fe^{3+} 的氧化性，可加入还原剂（如淀粉 KI 溶液）进行检验。

如加入 KI 溶液，溶液变为浅绿色，再加入淀粉溶液，溶液变为蓝色。

（4）巩固应用。巩固重要的知识点，及时练习，学以致用，提高能力，认真体会从生活走向化学，从化学走向社会的学科思想。每节、每章和每个模块学习后都要及时进行小结，构建网络，巩固所学。

案例 6-4："Fe^{2+}、Fe^{3+} 的检验方法" 应用

现有某铁的氧化物样品，请选用下面所给仪器和试剂，完成对铁元素价态的探究。

提供的实验仪器与试剂有：烧杯、试管、玻璃棒、药匙、滴管、酒精灯、试管夹；$3\ mol \cdot L^{-1}\ H_2SO_4$ 溶液、$3\%\ H_2O_2$ 溶液、$6\ mol \cdot L^{-1}\ HNO_3$ 溶液、$0.01\ mol \cdot L^{-1}\ KMnO_4$ 溶液、NaOH 稀溶液、$0.1\ mol \cdot L^{-1}\ KI$ 溶液、$20\%\ KSCN$ 溶液、饱和氯水、蒸馏水。

①提出合理假设

假设 1：_____；

假设 2：_____；

假设 3：_____。

②设计实验方案证明你的假设

③实验过程

根据②的实验方案，进行实验。请在下表中写出实验操作步骤、预期现象与结论。

实验操作	预期现象与结论
步骤 1：	
步骤 2：	
步骤 3：	
…	

[提出假设]

假设 1：铁元素的价态为 +3 价。

假设 2：铁元素的价态为 +2 价。

假设 3：铁元素的价态既有 +3 价也有 +2 价。

[设计实验]

利用 Fe^{2+}、Fe^{3+} 的检验方法较易将只含有一种价态铁元素的溶液检验出来，如利用 KSCN 溶液检验 Fe^{3+}；利用 KSCN 溶液和氯水来检验 Fe^{2+}。但如果要进行 Fe^{2+} 和 Fe^{3+} 共存的检验，就要注意加入试剂的选择、加入顺序以及排除干扰。如果选择上述两者单一离子的检验方法叠加，即利用 KSCN 溶液和氯水检验 Fe^{2+}，则会因为 Fe^{3+} 干扰而无法检验出 Fe^{2+}。故探究设计如下：先加入 KSCN 溶液看溶液是否变红，确定有无 Fe^{3+}，再根据 Fe^{2+} 的还原性，加入 $KMnO_4$ 溶液，观察 $KMnO_4$ 溶液的紫色是否褪去来确定有无 Fe^{2+}。具体方法如下：

[实验及结论]

实验操作	预期现象与结论
步骤 1：用滴管量取一定量的 3 mol·L^{-1} H_2SO_4 溶液于试管中，加热煮沸数分钟，以除去其中溶解的氧。	
步骤 2：用药匙取少许样品于试管中，用滴管加入步骤 1 中的稀硫酸，并加热，充分反应后得到 A 溶液。	固体溶解，溶液颜色有变化。
步骤 3：取少量步骤 2 中的 A 溶液于试管中，滴加 1~2 滴 KSCN 溶液，振荡。	(1)若溶液不变红色，则假设 2 成立； (2)若溶液变红色，则假设 1 或假设 3 成立。
步骤 4：另取少量步骤 2 中的 A 溶液于试管中，滴加 1~2 滴 0.01 mol·L^{-1} $KMnO_4$ 溶液，振荡试管。	结合步骤 3 中的(2)： (1)溶液呈紫色，则假设 1 成立； (2)若溶液紫色褪去，则假设 3 成立。

（5）检查反馈。课堂教学检查反馈的主要形式是当堂训练，及时反馈，并根据课堂训练反馈情况，及时调整教学，进行二次组织教学、巩固和变式练习等。

1.2.3　化学教学的测评阶段

传统的高中教学测评主要依赖于高考成绩和学期末考试中学生成绩和排名，利用排名区分学生，利用成绩评价师生的教与学。现代高中教学的测量与评价已远不止高考和学业水平测试等，要求系统实施促进学生科学素养发展的多样化、发展性的评价体系。常规化学教学中，常用的评价有：

（1）非书面评价。如口头评价、课堂提问反馈。课堂上对学生活动及时给予评价，引导学生的学习行为，为学生今后的学习和发展指明方向。如对于回答得比较好的这样评价："太好了""你很棒""你的回答很有创意"等；对于回答不够完善的，也要发现其闪光点，可如此评价："你的构思太巧妙了，我们来研究一下这条思路""你的思路很新颖，谁能再完善一下？"对于成绩不突出而特别愿意在课堂上帮助你的学生这样评价："有了你的帮助，我们的实验很成功"。对于回答不出来的而又站着不语者可以用较为委婉地评价："噢，还没想出来，请坐下，继续想"；对于学生张口即来"我不会"者，可以这样说"真实是难能可贵的，让我们继续一起探究"；当课堂偶有突发事件，而学生又大胆地说是他干的时，会引起其他学生的哄堂大笑，此时教师可如此评说"诚实是非常可贵的一种品质，你是我们学习的榜样，但我希望此类诚实不要常有"。这样使表现好的同学受到鼓舞，表现不突出的学生得到激励，表现不够好的自尊心受到保护。

（2）书面评价。如学期末的书面评语，作业或自省篇上的批语，节假日给学生的寄语等即时的书面评价对学生都起到了激励和引导作用。

（3）学业评价。期中考试、期末考试、每学期的学分认定、高考和学业水平测试等成绩均属于对学生的学业评价。当前高中学业评价已不再完全是高考"一考定终身"，学业评价趋向形式多样化、评价自主化，不只注重结果，更注重发展性的过程评价。

1.3　高中化学教学过程的特点和规律

（1）三维并重的教学目标。知识与技能，过程与方法以及情感、态度与价值观三个维度的结合，是学科课程目标的框架，体现了新课程的价值追求。新课程特别强调情感、态度与价值观三个要素，并赋予它新的内涵。情感不仅指学习兴趣、学习热情、学习动机，更是指内心体验和心灵世界的丰富。态度不仅指学习态度与责任，更是指乐观的生活态度、求实的科学态度及宽容的人生态度。价值观指的是个人价值与社会价值、科学价值与人文价值、人类价值与自然价值的统一。在教学过程中必须通过教学设计将情感、态度与价值观渗透到课程内容中，贯穿到整个教学过程，使其成为教学的灵魂。三维并重教学目标的实施使学生在学习知识、技能的过程中确立人与自然和谐相处、可持续发展的理念和正确的人生观。

（2）教师的主导作用和学生的主体地位相结合。教学过程主要包括教师的"教"和学生的"学"两个方面。学生的"学"要靠学生自身积极主动地活动来完成；教师的"教"通过学生自觉主动地学习才能取得成效。新课程要求在教学过程中教师充分发挥主导作用,激发学生的学习兴趣,引导学生主动地进行学习,做学生学习的引导者、组织者和合作者。教学中须在坚持教师的主导作用和学生的主体地位相结合的基础上突显学生的主体性,使学生在教学过程中处于主体地位,做学习活动的真正主人。

(3)直接经验与间接经验相结合。化学是一门以实验为基础的学科,通过实验等直观手段获取的直接经验是学生学习化学的基础。学生通过观察化学变化中的现象或者利用已有的感性认识了解化学的丰富多彩、变化多端和奇妙无比,进而对化学产生更加浓厚的兴趣。直接经验不仅可以作为学习间接经验的基础,还可以降低间接经验的学习难度,增加间接知识的可理解性和可接受性。但直接经验的获得需要一定的学习条件(如做实验、现场观察与调查、参观访问等),受时间和空间的限制,在教学中完全依赖直接经验获取知识不太现实且效率较低。教学中通过学习间接经验认知世界,不受时间和空间的限制,效率高,是人类认识世界的一条捷径,但是缺乏感性认识的间接经验印象不深刻且知识应用起来不是特别得心应手。故在化学教学中应重视直接经验和间接经验的结合,直接经验与间接经验的有机结合是化学教学中非常重要的一条规律。

(4)理论与实际相结合。新课程提倡化学从生活中来,到生活中去。化学课程设计与实施要以理论知识为基础,同时紧密联系生产、生活、科技等,创设情境,学以致用,充分体现化学源于生活,服务于社会的学科特点。

(5)掌握知识与培养能力相结合。化学教学中掌握知识与培养能力是相辅相成的,知识是能力形成的基础,而能力是学生掌握知识的必要和有利条件。学生在掌握知识的过程中能力得到了发展,能力发展的同时又促进知识的学习和掌握。在化学教学过程中教师在各个环节应注意将掌握知识与培养能力相结合。

(6)教学预设与课堂生成相结合。在教学实践中,预计与生成的关系是辩证的对立统一体,课堂教学既需要预设,也需要生成,预设与生成是课堂教学的两翼,缺一不可。预设体现教学的科学性、计划性和封闭性,生成体现教学的艺术性、动态性和开放性,两者具有互补性。预设使我们的课堂教学有章可循,生成使我们的课堂教学精彩纷呈。我们要在继承传统预设课堂的良好基础上,积极引入并探索动态生成的有效方法和途径,做到预设与生成的有机融合,及时反思,扬长避短,使二者相辅相成,相得益彰。

2. 高中化学教学过程设计

关于教学设计,中外许多专家、学者都提出过自己的看法,可谓仁者见仁,智者见智。

加涅 1988 年曾在《教学设计原理》将其界定为:"教学设计是一个系统化规划教学系统的过程。教学系统本身是对资源和程序作出有利于学习的安排。任何组织机构,如果其目的旨在开发人的才能均可以被包括在教学系统中。"

美国学者肯普给教学设计下的定义是:"教学设计是运用系统方法分析研究教学过程中相互联系的各部分的问题和需求。在连续模式中确立解决它们的方法步骤,然后评价教学成果的系统计划过程。"

皮连生曾在 2000 年对教学设计这样定义:"教学设计是运用现代学习与教学心理学、传播学、教学媒体等相关的理论与技术,来分析教学中的问题和需要,设计解决方法、试行解决方法、评价试行结果,并在评价基础上设计一个系统过程。它既有设计的一般性质,又必须遵循教学的基本规律。"

梅里尔等人在发表的《教学设计新宣言》一文中指出:"教学是一门科学,而教学设计是建立在这一科学基础上的技术,因而教学设计也可以被认为是科学型的技术。"

北京师范大学何克抗先生在 2001 年给出的教学设计定义:"教学设计是运用系统方法,将学习理论与教学理论的原理转换成对教学目标(或教学目的)、教学条件、教学方法、教学评价等教学环节进行具体计划的系统化过程。"

我国大多数学者比较认同的定义:"教学设计是以获得最优化的教学效果为目的,以学习理论、教学理论及传播理论为理论基础,运用系统方法分析教学问题、确定教学目标、建立解决问题的策略方案、试行解决方案、评价试行结果和修改方案的过程。"

文中将主要依据我国大多数学者认同的教学设计展开相关的研究。

2.1 教学过程的总体性设计

高中化学教学过程的总体性设计模式有:自上而下的教学过程设计、自下而上的教学过程设计、随机通达教学过程设计等。

(1)自上而下的教学过程设计模式。自上而下的教学过程设计是指教师从已有的知识创设情境,在情境中学生发现与认知冲突的问题,然后围绕问题展开探究,在教师引导下学生自主解决问题,不自觉地学习了未知化学知识的教学设计。自上而下的教学过程设计本质上是一种探究型的教学过程设计。

案例 6-5:"原电池"的教学过程设计

教学环节	教师活动	学生活动	设计意图
展示电池 复习已知	[展示]各种电池 [介绍电池发展史] [复习]铜锌原电池装置中正负极分别发生了什么反应? 电流是如何产生的? 	[回顾复习]必修 2 中化学能转化为电能的装置。 [复习]原电池工作原理: 负极:氧化反应 失电子 正极:还原反应 得电子 外电路:电子从负极流向正极; 内电路:阴离子向负极移动,阳离子向正极移动; 构成闭合回路。	复习已经掌握的原电池原理和形成条件:原电池中必有自发的氧化还原反应。

教学环节	教师活动	学生活动	设计意图
设计原电池	[投影]选择能够设计成原电池的合适的化学反应。 1. HCl + NaOH 2. Zn + Cu^{2+} 3. C + CO$_2$ [交流]交流并设计实验方案。 [实验]给同学们提供以下材料:铜片、锌片和硫酸铜,请你设计原电池,观察实验现象。	选择反应 设计电池 方案交流 预测现象: 1. 锌片溶解; 2. 铜片上有红色物质生成; 3. 电流计指针发生偏转。	通过现象预测,为后面真实的实验现象预设认知冲突。
体验原电池	请同学们根据设计,完成实验探究 问题1:锌片上为什么会产生铜? 问题2:锌片上的铜对电流有影响吗? 问题3:如何改进本装置?	学生实验探究: 发现现象与预测有冲突: 1. 锌片溶解; 2. 锌片、铜片上均有红色物质生成; 3. 电流计指针偏转、不稳定且电流逐渐减小。 学生思考交流:锌片上有铜产生的可能原因: 1. 锌片本身不纯; 2. 锌片与硫酸铜溶液直接接触而发生氧化还原反应,在锌片上析出少量的铜,锌与铜形成了原电池。 该电池的缺点: 电压不稳,工作效率低。 学生讨论:该缺点存在的原因是什么? 如何改进? 	培养学生观察实验、记录实验现象的能力。 真实的实验现象与预测现象产生冲突。 培养学生利用已有知识分析问题、解决问题的能力。

教学环节	教师活动	学生活动	设计意图
探究原电池	问题4. 双液原电池的优点? 问题5. 盐桥的作用? 盐桥的作用: 1. 使双池构成闭合回路; 2. 平衡电荷,传递离子; 3. 电池能量转化率高,电压稳定; 4. 防止电池自放电而内耗。 引导学生书写:电极反应式和电池总反应式。	学生提出对锌铜原电池装置的改进方案。 优点: 1. 锌片上没有明显现象; 2. 电压稳定,工作效率高。 学生书写:电极反应式和电池总反应式。	通过实验活动,感悟科学探究的思路和方法,进一步体会控制变量在科学探究中的应用。 学会书写电极反应式和电池总反应式。
应用原电池	问题6. 原电池中的氧化还原反应,氧化剂和还原剂只有直接接触才会反应吗? [投影]电池在现代生活中的广泛应用。	小结: 氧化剂和还原剂不直接接触,在有盐桥存在的条件下也能发生氧化还原反应,可设计成原电池;双液电池比单液电池电压稳定,工作效率高。	体会盐桥原电池的应用与价值。

（2）自下而上的教学过程设计模式。自下而上的教学过程设计模式即按学生的认知一步步地进行教学,教学设计环环相扣,从已知知识逐渐引出新知识的教学设计。

案例6-6:"氨"的教学过程设计

教学环节	教师活动	学生活动	设计意图
创设情境	[视频]氨的用途	进入情境,激发兴趣。	了解氨的用途,渗透国情教育。
感性认识氨	[展示]一瓶氨气样品 [板书]氨 一、氨的物理性质 [投影]氨的物理性质 边提问边投影	观察,思考,记录。	抽象问题具体化,引导学法,学会有序贮存、提取知识。 渗透物质性质与用途的关系。

教学环节	教师活动	学生活动	设计意图
探究氨的物理性质	[设问] 氨在水中的溶解性如何呢? 请同学们根据台上的仪器自行设计方案来证明你的假说。 [展示]实验方案 1. 喷泉实验; 2. 水槽中倒扣装满氨气的试管; 3. 向装满氨气的塑料瓶中注射水。 [分组实验] [小结] ①NH₃ 极易溶于水; ②酚酞试液变红说明氨溶于水后的溶液呈碱性。	分组讨论。 [设计实验] 展示方案,分组发言。 [探究实验] 1. 喷泉实验; 2. 水槽中倒扣装满氨气的试管; 3. 向装满氨气的塑料瓶中注射水。	创设问题情境,明确探究目标。 培养学生的实验探究能力,体验科学探索的过程,给学生提供施展才华的机会,培养学生的发散思维和创新思维能力。 实验成果展示。
探究氨的化学性质	[质疑]NH₃ 溶于水后使酚酞试液变红的原因何在? [板书]二、氨的化学性质 1. 氨与水的反应 [投影]$NH_3 + H_2O \rightleftharpoons$ $NH_3 \cdot H_2O \rightleftharpoons NH_4^+ + OH^-$ $NH_3 \cdot H_2O \xrightarrow{\triangle} NH_3\uparrow + H_2O$ 比较氨水和液氨 [设问]从上面的学习可以看出 NH₃ 为碱性气体,那么干燥 NH₃ 通常用什么作干燥剂?浓 H_2SO_4 可以吗? [板书]2. 氨与酸的反应 [演示实验]"空瓶生烟" [小结]氨与酸的反应 [过渡]前面研究氨的化学性质,氮元素的化合价(-3 价)有没有变化?那么 -3 价到底能不能变化?升高还是降低?什么情况下会变化? [板书]3. 氨与氧气的反应 [视频]氨的催化氧化 [投影]氨不仅可以被氧气氧化,还可以被其他的氧化剂如 CuO、Cl_2 所氧化。	思考、讨论、交流。 学习氨气与水的反应。 比较氨水和液氨。 [分组实验] 氨与浓盐酸、浓硫酸、浓硝酸的反应。 [交流]实验现象。 观察现象,分析结论。	通过讨论溶液变红这一问题,引出氨与水反应的化学性质。 注意氨水和液氨的区别及应用。 再现性质与用途的关系。 质趣生疑,设计实验,培养学生的实验能力。

教学环节	教师活动	学生活动	设计意图
理性认识氨	[板书]4.氨的用途 [投影]小结:我的收获 [思考] 1.请谈谈检验氨的方法? 2.形成喷泉的方法有哪些?	小结: 思考结构、性质、用途之间的关系。 学以致用。	诱导从性质决定用途入手,体现理论指导实践的认知规律。 突出结构决定性质,性质决定用途的科学思路。提升学生的思维能力。

（3）随机通达的教学过程设计模式（适合于高级学习的教学）。从学生的具体学情出发,随机导入教学,针对学生的实际情况设计教学过程,如高三化学复习到电解质溶液部分,学生最难掌握的已不是盐类水解的原理而是应用,可整理出有关专题,根据学生的具体情况进行教学设计。

案例6-7:"盐类的水解"的教学过程设计

[导入]展示一瓶无色溶液。

[设问]如何用简便的方法检验该溶液的酸碱性?

[生]众说纷纭,方法不一。

[师]提问并简单小结,我们尝试从中找出一种最为简便的方法,用 pH 试纸检验。

[学生活动]一人上台实验,结论:溶液呈碱性。

[师]该碱性溶液一定是碱的溶液吗? 让我们揭开它的神秘面纱,来看看庐山真面目吧!

打开展示:Na_2CO_3 溶液!

[质疑]为什么 Na_2CO_3 不是碱,而溶液却呈碱性呢?

这与 Na_2CO_3 这种盐溶液的水解有着密切的关系。盐类的水解是高中化学重、难点之一,其中不乏高考的热点。那么何种情况下考虑盐类的水解呢? 我们本节课就来探讨这个问题。

[投影]何种情况考虑盐类的水解?

[板书]盐类水解的应用

[投影]讨论:对于 $0.1\ mol \cdot L^{-1}$ 的 Na_2CO_3 溶液

①溶液为什么呈碱性?

②溶液中存在哪些离子? 它们的浓度大小关系如何?

③溶液是否带电? 应如何表示?

④$c(Na^+)=$?   碳原子的存在形式有哪些? 它们和 Na^+ 浓度的关系如何?

⑤此时水电离出的 H^+ 和 OH^- 数目相等吗? 如何表示?

[分组讨论]

[小组汇报]师生互动,共同交流。

在解决如上问题的过程中,盐类水解的相关理论知识(如水解本质、"三守恒一不等式"等)基本复习到位。

[板书]盐类水解的相关理论知识

[投影]盐类水解的实际应用

请说出你所知道的与盐类水解有关的现象或常识。

[学生交流]

通过实际生活、生产中存在的一些现象,尝试运用盐类水解的知识进行解释。

[投影]根据学生的回答,随机地在屏幕上打出具体的应用实例。

采用一问一答的方式进行学习和归纳小结,最终绘出一张有关盐类水解应用的思维导图。

2.2 教学过程的阶段性设计

(1)教学主题线索设计

教学设计中常用的主题线索有五条:情景素材线、知识线、认知发展线、问题线、学生活动线。无论是新授课还是复习课,均可设计出教学主题线索,每节课可根据实际情况设计五条线索或其中的两条或几条,其中问题线索可独成体系。线索可设计成明线、暗线或明暗结合。化学教学设计主题线索应尽量遵循:知识情境化,情境问题化,问题系列化,认知连续化,活动自主化。

案例6-8:"硅及其化合物"的教学设计

环节	情景素材线	问题线	知识线	学生活动线	认知发展线
环节1	太阳能电池板等单晶硅的应用。	太阳能电池板材料的成分是什么?	Si 的性质。	观看,实验:硅与 $NaOH$ 溶液的反应。	感性认识 Si 及其存在,学习 Si 的性质。
环节2	阳光罐的展示,单晶硅的制备工艺。	单质硅如何制备?	Si 的制备。	观察、思考。	学习 Si 的制备。
环节3	SiO_2 制造的产品,如玻璃、硅胶、光纤等。	制造玻璃的原理是什么?	SiO_2 的性质。	思考、学习 SiO_2 的性质。	由 Si 引出 SiO_2 的性质。
环节4	展示,设问:为什么盛有 $NaOH$ 溶液的带玻璃塞的试剂瓶打不开?	用 SiO_2 如何制备硅酸钠?	Na_2SiO_3 的性质。	学生实验:SiO_2 与 $NaOH$ 溶液的反应;实验认识:Na_2SiO_3 的粘胶性、防火性。	反思:盛有 $NaOH$ 溶液的带玻璃塞的试剂瓶打不开的原因。

续表

环节	情景素材线	问题线	知识线	学生活动线	认知发展线
环节 5	演示实验：Na_2SiO_3 与盐酸的反应；硅胶干燥剂。	工业硅胶如何制备？	H_2SiO_3 的性质。	思考、交流。	学以致用。
环节 6	投影：硅及其化合物知识小结及用途。	请绘出硅及其化合物之间的关系图。	硅及其化合物的相互关系。	绘图。	体会：材料—成分—性质—用途的化学思路。

（2）探究性实验设计①

案例 6-9："向 Na_2O_2 和 H_2O 反应后的溶液中滴加酚酞，溶液先变红后褪色"的原因探究

向 Na_2O_2 和 H_2O 反应后的试管中滴加酚酞，振荡。出现现象：溶液先变红，后褪色。学生困惑：溶液变红是因为反应中生成了 NaOH，那为什么会褪色呢？对这个意外的现象，可以鼓励学生从不同的角度思考，查找原因，引导猜测：褪色可能的原因是什么？如进行以下假设：①温度过高；②被反应中生成的氧气氧化；③可能碱液浓度过大；④被反应过程中生成的 H_2O_2 氧化。

如何通过实验来证明你的假设是否成立呢？

设计方案→实验论证→记录现象。

Na_2O_2 和 H_2O 反应后滴加酚酞溶液先变红后褪色的可能原因探究表

可能的原因	实验验证	实验现象	结论
温度过高	取 $0.1\ mol\cdot L^{-1}$ 的 NaOH 溶液，滴加酚酞，加热		
氧气氧化	取 $0.1\ mol\cdot L^{-1}$ 的 NaOH 溶液，滴加酚酞，通入 O_2		
碱液浓度过大	稀释		
被 H_2O_2 氧化	取 $0.1\ mol\cdot L^{-1}$ 的 NaOH 溶液，滴加酚酞，滴加 H_2O_2 溶液		

分析总结：溶液褪色主要是因为反应过程中生成的 H_2O_2 漂白的结果。

（3）小结设计

①归纳总结式。归纳总结式小结是化学教学中最常用的一种小结形式，指在课堂内容学完后对本节所学的重点内容进行简要回顾和总结，起到提炼精华，复习巩固的作用。

---

① 王秀荣．高中化学有效教学的实施障碍与策略研究．河南师范大学．硕士论文,2008

案例6-10:"生活中常见的两种有机物——乙醇"小结

本节课我们学习了乙醇的结构、性质和用途,乙醇分子的官能团是羟基,由羟基决定乙醇的化学性质有:①与活泼金属(如钠)的反应;②乙醇与氢溴酸的反应;③乙醇的氧化反应:a. 乙醇的催化氧化、b. 乙醇的燃烧、c. 乙醇与高锰酸钾溶液的反应;④乙醇的消去反应;⑤乙醇的酯化反应;⑥乙醇的分子间脱水反应。在小结的过程中,采用先书写出乙醇的分子结构,边小结性质边写出反应的断键位置,使学生深刻理解物质结构决定性质,性质决定用途的化学思维和学习模式。

②提升式小结。提升式小结指在小结本节重点内容的同时使本节课的知识经过提炼得到升华,不只是简要概括和总结。

案例6-11:"化学能与电能"小结

本节课我们通过学习知道了由化学能转化成电能的装置是原电池,原电池的构成条件是:二极一液一回路。那么是否所有符合该条件的装置一定能构成原电池?该电池有什么样的优缺点?通过学生口头简要设计与交流,讨论得出原电池中还须有自发进行的氧化还原反应,且普通的实物原电池(如苹果电池、橘子电池等)具有电压不稳、放电时间短、不易携带等缺点,所以科学家利用原电池原理改进生产出很多的新型电池,然后放映现代电池的发展。使本节课在学生学习的高涨情绪中愉快结束。

③伏笔式小结。伏笔式小结又称抛砖引玉式小结,指在课堂教学后在对本节课实施教学小结的同时提出问题,为下节课的学习埋下伏笔。

案例6-12:"氯气"小结

追溯历史,氯气有功有过,它扮演着英雄和魔鬼的双重角色,我们要学会辩证地看待事物,正确地使用化学物质,使其更好地为人类服务。氯气这种毒气究竟能为人类做出哪些贡献?我们下节课再来探讨。如此小结,自然为下节课学习含氯化合物埋下了伏笔。

(4)板书设计

①条理式:是教学中应用率很高的一种板书形式,简单实用,条理清晰。

案例6-13:"氯气"的主板书设计

一、氯气(Cl_2)

1. Cl_2 的结构

2. Cl_2 的物理性质

3. Cl_2 的化学性质

4. Cl_2 的用途

5. Cl_2 的实验室制法

或

Cl_2的结构 → 物理性质
Cl_2的结构 → 化学性质
→ 用途 —→ Cl_2的实验室制法

②思维导图式:思维导图,又叫心智图,是近年非常流行的一种表达发散性思维的有效的图形,是一种革命性的思维工具,简单却又极其有效。思维导图运用图文并重的技巧,把各级主题的关系用相互隶属与相关的层级图表现出来,把主题关键词与图像、颜色等建立记忆链接。

案例 6-14:"物质的分类"板书设计

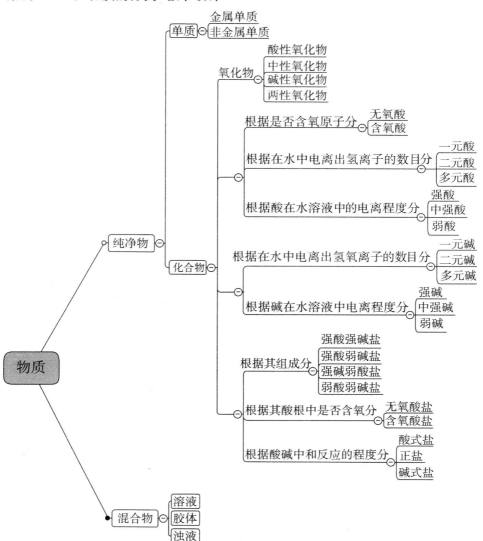

③主题线索式

案例6-15："硅"的板书设计①

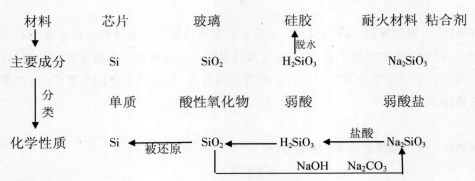

无机非金属材料的主角——硅

材料	芯片	玻璃	硅胶	耐火材料 粘合剂
↓			↑脱水	
主要成分	Si	SiO₂	H₂SiO₃	Na₂SiO₃
↓分类	单质	酸性氧化物	弱酸	弱酸盐
化学性质	Si ← SiO₂ ← H₂SiO₃ ← Na₂SiO₃			

④图表式

案例6-16："氮及其化合物的相互转化"板书设计②

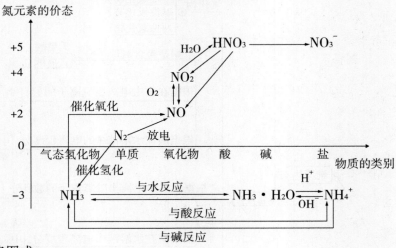

⑤网络图式

案例6-17："铝及其重要化合物"复习课板书设计

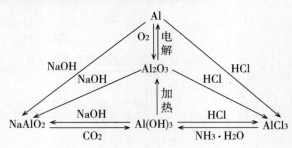

---

① 北京四中．刘银．第二届全国高中化学优质课竞赛．2010
② 北京师范大学化学教育科学研究所．高端备课系列成果．2008

2.3　教学审美化设计

（1）教法灵活美设计。化学教学中以直观形象、生动地获取直接经验为主，教法也更加丰富多彩，在课堂教学中教法不唯一，灵活多变，能更加体现出化学教学愉悦性、和谐性、形象性、感染性、新奇性的特点。

（2）课件多维美设计。多媒体是教学的辅助手段，课件设计中虽不可有太多花哨的装饰，过多分散学生的注意力，造成在教学设计中喧宾夺主，但在课件设计方面也要进行必要的唯美化，使色彩、动画、音频、视频协调一致，以吸引学生的注意力。几近完美化的课件设计，不仅给人以强烈的视觉冲击，印象深刻，容量大，而且在情境创设、烘托气氛方面有着其他方法无法替代的作用。

（3）教学特色美设计。教师在进行教学设计时要充分考虑教学内容及教师的个人特色等因素，进行颇具特色的教学设计，如擅长表达的多用"情景创设"式讲演法等；擅长实验设计的多用实验探究法培养学生的思维能力；擅长组织管理的多用讨论法、指导合作学习法等。不同的教师对相同的教学内容进行的教学设计和采用的教学方法也不尽相同，根据个人风格设计出具有个性特色美的教学设计。

2.4　再教设计

教后反思是教师能力提升、专业发展、成为名师的必经之路。教师在教学设计和实施的过程中由于各方面的因素会导致教学中留有缺憾，故教后写教学反思，记录教学得失，写"再教设计"等，以写促思，以思促教，教学中精益求精，以提高教学的有效性。长期积累，必有"集腋成裘、聚沙成塔"之功效，使自己的教学水平提高到一个新高度。

3.　高中化学教学方法

"教学有法，教无定法"在化学教学中有很多种教学方法，教法应因地制宜，因时制宜，因人而异。在实际教学中，具体的教学方法应综合教学内容、学生情况、学情、教情、教师风格、教学条件等多种因素合理选择。一节课可以一种教学方法为主，也可以多种教学方法结合或交替使用，利用最优化思想灵活选择和运用。教师在教学中要充分发挥自己的创造性，探索适合自己的最佳教学方法。为了研究的方便，我们将目前高中化学教学方法划分为两类，最常用的称作传统化学教学方法，课程标准大力提倡的或目前在实际教学中应用力度还不够的称作现代化学教学方法。

3.1　传统化学教学方法

（1）讲授法。讲授法是教师运用口头语言向学生比较系统地传授知识，发展学生智力的一种基本方法。它能在较短的时间内传授大量的间接知识，可以及时向学生提出问题，指出解决问题的途径，尤其适用于教学中微观的、抽象的需要教师通过讲授启发学生思考和理解的学习内容。同时，化学教学中的其他教法，也须与讲授相结合。因此，讲授法仍然是化学教学中最基本的教学方法之一。

讲授法包括讲述、讲解、讲演 3 种基本方式。讲述法常用于介绍化学史实;学习化学概念和化学理论的内容;陈述物质的组成、结构、性质、用途、制法及其相互联系;描述变化过程、实验现象或其他事实;传递陈述性信息,使学生获得知识,形成概念和表象。讲解法常用于学习化学原理,分析化学事实,帮助学生形成和理解化学概念,解释和论述化学原理,剖析解决问题的途径等比较复杂的教学内容。如在学习化学平衡、电离平解、盐类的水解、电化学等理论性较强的抽象知识时,学生不易理解,通过讲解法层层剖析、推理,再辅以实验、展示等其他直观、形象的教学方法易使学生理解和接受。讲演法常用于较长时间对某个专题进行系统的学习和严密的分析与论证等,它不受常规教学环节的约束,知识跨度大,容量大,综合性强,尤适合于高三年级的综合复习。

讲授法知识容量大,节奏快,教师易于控制所传递的信息,有利于教师发挥主导作用,可以在短时间内向学生传授大量的系统性的知识,经济而系统地传递人类文化知识。该教学法主要适用于大班教学和高年级的教学。讲授法的局限性在于重教轻学,重结果轻过程,过于强调学科知识的结论性和接受性,课堂交流方式单一,气氛沉闷,不易发挥学生的主动性、独立性和创造性。若长期单一使用讲授法,则不利于培养学生的思维能力,易使学生心生惰性,不爱动脑筋,不善于思考,做事消极被动,缺乏主动性、独立性和创新意识。

(2)实验法。化学是一门以实验为基础的自然学科,化学知识的形成和化学学科的发展均依赖于化学实验,学生只有通过自己动手做实验或观看实验才能深刻体会化学知识的形成过程,理解化学知识的本质和内涵。实验法是化学教学中一种最基本的教学方法。通常有教师实验和学生实验两种,教师实验从设计意图本身可分为验证性实验和探究性实验;从实验过程上可分为先实验再理论和先理论再实验;从形式上可分为教师演示和教师指导下的学生上台实验。学生实验可分为课堂内边讲边实验和学生分组实验。课堂内边讲边实验指的是教师在讲课过程中学生做的一些小实验,一般实验时间较短,易于操作,与课堂所学内容有着密切的联系。如在《选修 4》中学习原电池时,为增强教学直观性在课前为学生准备精心设计的水果电池、音乐贺卡、原电池组件等。学生分组实验是指在部分内容学习结束后,针对教学中的重、难点设计一些或从教学中选出一些让学生独立完成的实验。通常用一至二节课,主要是增强学生动手操作等实验能力及有助于加深对所学知识的理解。新课程标准中并没有明确指出哪些是教师演示实验,哪些是学生分组实验,有条件的学校可尽量多开学生实验,以增强学生的实验能力。

实验法形象、直观,能充分调动学生学习的积极性,激起学生强烈的求知欲,但由于实验多在教室内进行,故在实际教学中既要引导学生全面观察实验,注意实验的效果还要充分考虑到实验安全和环保方面的问题。如钠与水的反应要注意所切钠块的大小以及反应所用器皿等;有关 SO_2 的性质实验可以对教材中的实验加以改进与重组等。

(3)演示法。演示法是指在化学教学中教师向学生展示实物、教学挂图、物质结构模型或用多媒体展示一些难以实地观察的内容,从而使学生通过观察获得关于事物的感性认识。演示法是高中化学教学中最常用的一种教学方法。它不仅可以增强教学直观性,增加学生对事物的感性认识,加强学生对所学知识的理解和掌握,而且有利于学生将理论和实际联系起来,建立起正确的化学概念,培养较强的空间想象能力。如在学习《选修3》"物质结构与性质"模块时,演示法是最重要的一种教学方法。通过充分展示结构模型使学生建构物质或微粒的空间结构,为学好结构化学打下基础。又如学习元素化合物知识时,一些物质的工业制备方法及用途无法在课堂上演示,即可通过多媒体展示,学习过程既形象直观又使学生印象深刻。

（4）讨论法。讨论法是指在教师的指导下,由全班或小组成员围绕一个问题相互交流个人看法,互相启发,互相学习,辩明是非,以获得知识和发展的一种教学方法。讨论法常以学生自己的活动为中心,成员之间多方交流信息,可以是几分钟或一节课。常见的形式有:教师指导下的全班讨论、小组讨论、师生对话讨论。

讨论法由全体学生共同参与,能充分调动学生的积极性,充分发挥学生学习的主动性,其学习的主体性也得到了充分的体现。运用讨论法,教师应注意如下几个问题:①讨论的题目和任务要明确化,尽可能提前布置;②提醒同学要在讨论前收集、查阅相关资料并整理;③讨论最好在教师的指导或参与下进行,过程中适时请部分同学作典型发言,其他同学辩论;④讨论过后要有评价和小结,引导学生作进一步的深入思考。讨论法常用于较难的问题解决前、理论性强的知识学习后和大考后的经验总结。如在《必修1》模块中学习物质的量和氧化还原反应时,均可以适时地采用讨论法使学生加深对本部分知识的理解。

（5）启发式教学法。启发式教学法的发展历史非常悠久,是一种古老的教学方法。古希腊哲学家、教育家苏格拉底提出的由讥讽、助产术、归纳和定义等组成的"问答法",我国古代教育家孔子提出的"不愤不启,不悱不发,举一隅,不以三隅反,则不复也。"无一不是在提倡启发式教学法。启发式教学法不主张教师把现成的知识灌输或强加给学生,而是由教师启发诱导通过共同讨论、归纳,自然而然得出结论。在启发式教学中学生是学习的主体,教师是教学过程中的启发者、引导者和促进者。启发式教学法要求教师改变传统的"满堂灌""填鸭式"教学,通过启发诱导发展学生的思维能力。关注人的主体意识、主体精神、主体能动性、主体潜能的充分发展以及它们在教学中的作用,成为现代启发式教学的主要特征。如在《选修4》"化学反应原理"中学习原电池的构成条件时,可以先给出几个装置,让学生利用在《必修2》中所学电化学知识判断这些装置能不能构成原电池,之后做实验逐一验证。学生会发现有的判断正确,有的错误,此时实验事实与学生的认知出现了冲突,然后教师引导质疑、提出问题、启发诱导,由学生经过讨论、设计方案、实验、分析等,自然归纳出原电池的构成条件。

（6）练习法。练习法是指学生根据教师的指导通过课堂和课后作业的形式,巩固知识,形成技能技巧的方法。它是大多数学科普遍运用的一种教学方法。练习法对于巩固知识,引导学生将知识应用于实际,发展学生的能力以及形成学生的道德品质等方面都具有重要的作用。在化学教学中,每节课都有大量的知识信息需要理解和接受,且化学与生活、生产实际联系紧密,故在教学中要有计划地加强练习才能学以致用。运用练习法,一般要求:①明确练习的目的和要求。在练习时,不仅教师要有明确的目的,而且也要使学生了解每次练习的目的和具体要求,并依靠对教材的理解自觉地进行练习。②精选习题。练习题要根据练习目的、学生实际情况和需要加以选择,要难易适度,以加强基本技能、技巧的训练,把典型练习、变式练习和创新练习紧密结合起来,促进学生的正迁移,使学生能举一反三,触类旁通。③正确的练习方法。练习的份量和次数,要根据学科的性质、练习内容和学生的特征来确定,不是越多越好。练习的时间分配,一般地说,适当的分散练习比过度的集中效果更好。另外练习的形式要多样化,以提高学生的练习兴趣和效果。④练习结果及时反馈。学生完成练习后教师要及时反馈练习结果,反馈越快,效果越好。其次教师要对每一次练习认真地进行分析、总结,及时地发现问题并解决问题。⑤适当地进行针对性地指导。练习后教师不仅要针对学生中存在的问题给予普遍性的指导,还要对个别学生进行针对性的个性指导,以求得练习的最佳效果。

(7)观察法。观察法是在自然条件下,有目的、有计划地观察客观对象,收集、分析事物感性资料的一种方法。观察法是化学学习中最基本、最普遍的方法之一,是师生搜集资料、获取知识和信息的基本途径。

常用的化学实验观察法有:①协同观察法。由于化学变化是复杂多样的,观察化学实验时,要用眼看、鼻闻、耳听,甚至手摸(感受热量的变化)。因此从一个化学演示实验开始,要充分利用视觉、听觉、嗅觉和触觉等来直接获取色、态、形、声、温、燃烧、沉淀和气泡等现象及变化,再以科学的思维来探索事物的规律。②顺序观察法。实验前应先观察仪器装置(从左到右,从下到上),再观察化学实验现象以及实验的每一个细节,同时思考实验步骤操作的理论知识以及实验中发生变化的原因。即要详细观察实验的全过程。③比较观察法。用对比的方法观察事物,区别事物的不同点或相似处,从比较中发现事物的特征并归纳出某种规律或原则。如比较金属钠、钾与水反应的现象可以用比较观察法得出两者金属活动性的相对强弱。④特殊观察法。有些化学现象不够明显,或与其他一些现象相似,观察起来比较困难,应该根据情况适当处理后再进行观察。如透过蓝色的钴玻璃观察钾焰色反应的颜色,如体积不具有加合性的微小实验放大化。⑤综合观察法。观察中可采用先局部后整体,或先整体后局部的观察法。观察能力的培养应遵循循序渐进的原则,在初步掌握基本的观察策略和方法后,学会对现象进行全面的观察。

化学观察法真实、形象、生动、直观,可直接获取经验,但有时不科学的观察会歪曲某些实验事实,导致人云亦云的错误结论。所以实验观察要遵循实事求是的科学原则认真细致地观察,不放过化学实验中的每一个细节和现象,不迷信权威,敢于质疑,多进行深入的分析和思考,得出相对严谨科学的结论。

观察法不仅适用于化学实验,也适用于化学理论知识的学习,如观察法配平化学方程式。在教学中,观察法也是教师获取有关学生相关教育信息的主要方法。

案例6-18:"钠的性质"实验观察

1. 取钠,观察钠的状态(固体);钠的保存(煤油中);

2. 切钠,质软(硬度小);色泽(具有银白色的金属光泽),对比切之前的颜色,思考原因。

3. 在蒸发皿中加热钠,燃烧,发出黄色火焰,生成淡黄色固体。

4. 钠投入盛有水(滴有少量酚酞)的小烧杯中,现象:浮、熔、游、响、红,引导学生探究现象出现的原因,深入学习有关知识。

5. 用针刺小孔的铝箔包住钠块投入水中,用排水法收集一小试管产生的气体,靠近酒精灯,检验气体的成分。

6. 钠投入盐酸中,观察现象并和钠与水的反应现象进行对比。

7. 设问:钠如此活泼,能否置换出金属活动性表中位于它之后的金属?如铜。

演示:钠投入硫酸铜溶液中的反应,观察探究。

3.2 现代化学教学方法

现代化学教学方法有很多种,不同的角度可将教学方法分为不同的类型,在高中化学教学中应用最广泛的教学方法是从引导学生学习的方式来划分的,可分为:

3.2.1 基于自主学习指导的教学方法

自主性学习指的是在教学中以学生为主体、教师为主导,使学生由"要我学"转变为"我要学"的一种方式。自主学习指导是教师通过引导、帮助学生,改善学生自主学习动机和策略,使学生达到自主学习、自我管理、自我控制的目标,保证教学顺利进行的教学行为。"授人以鱼,不如授人以渔"。叶圣陶先生认为"教育的最终目的在学生能自学自励,出了学校,担任了工作,一直自学自励,一辈子做主动有为的人。""不教之教"的教学理念也充分说明教学的最终目的是教其自学,培养学生的自主学习意识,最终达到不教的教学境界。在自主性学习中,指导学生树立明确的目标意识,积极主动地安排好自己的学习,根据需要进行分类、总结、整理等,为实现自我发展而积极主动地参与学习,逐渐掌握学习的自主权,充分发挥主观能动性,对所学内容展开独立思考,进行多向思维,创造性地获取新知识。

指导学生自主学习的教学方法适宜于高一高二年级需达到了解层次的内容学习和高三化学知识的综合梳理。自主学习指导的影响因素主要有:教师的角色、学习的内容及合理的组织、学生的自我效能感等。自主学习指导的教学一般可分为如下程序:明确学习目标、激发学习动机、学生自主学习、自主检查、组织讨论、教师重点讲解、练习巩固、课堂小结等。如"先学后教,当堂训练""精讲精练"等都是自主学习指导策略下近年流行的课堂教学模式。

3.2.2 基于合作学习指导的教学方法

合作学习是我国新一轮课程改革所倡导的一种重要学习方式。指导合作学习教学方法是教师精心创设合作情境,促进学生充分参与,使不同程度的学生在合作中取长补短,加深对问题的理解,促进学习质量提高的一种教学方法。基于合作学习的不同的组织形式可分为:小组合作学习法(如化学兴趣小组间的合作学习)、小组成就分配法(如学生分组实验、化学任务合作学习)、小组合作调查法(如开展研究性学习的一些课题调查:空气中 SO_2 含量的检测等)。按合作学习小组成员结构可分为:同质小组和异质小组。

合作学习指导的功能主要有:①对学生学习和发展有明显的促进作用,可提高学生的学习兴趣,充分调动学生学习化学的积极性;②有利于发挥学生的主体作用;③有利于增强学生之间的团队合作精神,增强学生的人际交往能力和社会责任感,使学生学会分享,学会尊重和欣赏别人。④有利于学生在体验过程和方法时培养其科学的情感、态度与价值观。

影响合作学习指导的主要因素有:①小组成员的构成与分工。合作学习的主要形式是小组,如果分组不当,小组成员只是集中无合作或合作不好,就会造成名有实无的虚假合作学习,研究表明,小组规模、成员构成、活动时间、活动内容、任务分配以及激励方案都会影响合作学习效果。通常情况下,异质小组比同质小组更有利于合作,也更有助于提高完成合作任务的效率和效果;②学习目标与内容;③评价、激励措施;④学生有无足够的交流时间和空间等。合作学习教学法的基本程序为:①创设情境,明确学习目标,准备教学材料;②学生自主学习,独立思考。教学实践中,教师应做好有效的组织工作,给学生留出足够的时间和空间独立思考,自主尝试解决问题,真正确立学生的主体地位,突出其个性化学习;③小组研讨、集体交流。教师适时地监督与介入学习过程,帮助和指导学生解决问题;④及时评价与激励学生。增强学生的自我效能感,为学生今后的合作学习指明发展方向。

3.2.3 基于科学探究的教学方法

对于探究教学,清华大学宋心琦教授如是说:"课标里面有一个很革命的提法叫做'探究学习是一个突破口'"。新课程提倡改变原有的灌输式教学,进行探究式教学、研究性学习、合作学习等。这大大提高了学生学习的主动性,在学习知识的同时,学生掌握了过程与方法,情感、态度与价值观也同时得到培养。必修和选修课程模块从不同的层面和视角建构内容体系,有关科学探究能力和情感态度与价值观等方面的目标在各模块中均有所体现,学习运用以实验为基础的实证研究方法,使学生体验科学探究的过程。高中化学教学中的科学探究大部分都是基于实验的研究,实验在化学科学研究和化学学

高中化学教师专业能力必修
Gao Zhong Hua Xue Jiao Shi Zhuan Ye Neng Li Bi Xiu

习中有着非常重要的作用,通过实验探究活动,使学生掌握基本的化学实验技能和方法,进一步体验实验探究的基本过程,提高科学探究能力。

化学科学探究法适用于高一高二年级化学内容的学习,知识内容少而新,学生对所学内容比较陌生,容易形成探究氛围。若是熟知的内容,学生比较容易受定势思维的影响,则探究意义不大,不宜作为探究课题。科学探究也可用于难度较大,需要学生自主探究、自主体验的学习过程或概念建构的探究化教学。

北京师范大学化学教育研究所创设的支持探究过程的"V形启发图"是具有化学特色的科学探究和化学教学的完美结合体。如学习《必修1》模块"铁及其化合物的氧化性和还原性"时,可以用V形启发图式科学探究法指导和设计教学。

案例6-19:"铁及其化合物的氧化性和还原性"的探究过程与方法 ①

一、设计 V 形启发图

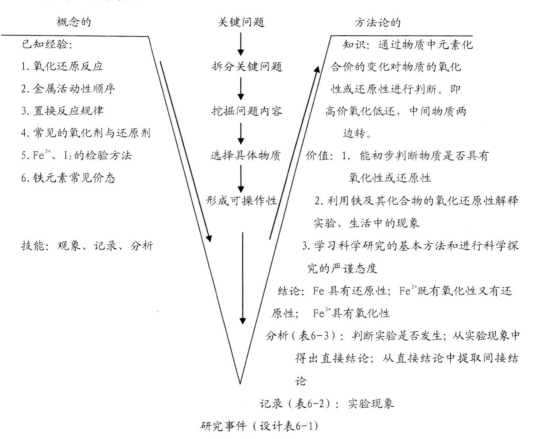

---

① 王磊主编. 中学化学实验及教学研究. 北京:北京师范大学出版. 2009

表6-1　从关键问题到研究事件的过程

关键问题	拆分关键问题	挖掘问题内容			选择物质形成假设
铁及其化合物氧化性、还原性探究	主要研究对象	铁及其化合物	铁及其化合物如何分类进行研究	按照物质的种类进行分类	1. 铁单质 2. 铁的氧化物 3. 碱 4. 盐
				按照化合价进行分类	1. 零价 2. 二价 3. 三价
	研究的主要方法	利用氧化还原反应进行实验研究	进行实验探究的具体操作方法	利用氧化性（或还原性）物质与含铁物质进行反应,检验含铁物质是否具有还原性（或氧化性）	1. 铁粉与三氯化铁溶液的反应 2. 硫酸亚铁溶液与氯水的反应 3. 硫酸亚铁溶液与高锰酸钾溶液的反应 4. 硫酸亚铁溶液与镁条的反应 5. 三氯化铁溶液与碘化钾溶液的反应 6. 三氯化铁溶液与铜丝的反应
	研究的辅助物质	常见的氧化剂、还原剂及检验试剂	常见的氧化剂、还原剂的分类及使用的检验试剂	1. 常见氧化剂 2. 常见还原剂 3. 使用的指示剂	1. 氯水、氧气、硝酸、高锰酸钾 2. 锌、镁、铜、碳、氢气、KI、Na_2S 等 3. KSCN 溶液、淀粉溶液	

表6-2　研究事件与实验记录

研究事件	实验记录
1. 铁粉与三氯化铁溶液的反应	铁粉溶解,溶液的颜色由棕黄色转变为浅绿色,滴加硫氰化钾溶液,溶液不变红。
2. 硫酸亚铁溶液与氯水的反应	硫酸亚铁溶液中滴加硫氰化钾溶液,溶液不变红,滴加氯水之后溶液变为血红色。
3. 硫酸亚铁溶液与高锰酸钾溶液的反应	在硫酸亚铁溶液中滴加高锰酸钾溶液,高锰酸钾溶液的紫色褪去,溶液呈黄色。
4. 硫酸亚铁溶液与镁条的反应	溶液由浅绿色变为无色。

研究事件	实验记录
5. 三氯化铁溶液与碘化钾溶液的反应	三氯化铁溶液呈棕黄色,滴加碘化钾溶液后溶液仍呈棕黄色,在溶液中滴加淀粉溶液,溶液变蓝,在溶液中滴加硫氰化钾溶液,溶液没有变为血红色。
6. 三氯化铁溶液与铜丝的反应	铜丝溶解,溶液颜色由棕黄色转变为蓝绿色,滴加硫氰化钾溶液,溶液不变红。

表6-3 分析实验记录

研究事件		实验记录		
		是否发生反应	从实验现象推导实验产物	铁元素化合价的变化
单质铁的反应	铁粉与三氯化铁溶液的反应	是	铁粉溶解,溶液变为浅绿色,说明铁被氧化成亚铁离子。	Fe元素的化合价:0→+2,说明铁具有还原性。
二价铁离子的反应	硫酸亚铁溶液与氯水的反应	是	溶液变红,说明有三价铁离子生成。	Fe元素的化合价:+2→+3,说明亚铁离子具有还原性。
	硫酸亚铁溶液与高锰酸钾溶液的反应	是	溶液紫色褪去,变为黄色,说明有亚铁离子被氧化成三价铁离子。	Fe元素的化合价:+2→+3,说明亚铁离子具有还原性。
	硫酸亚铁溶液与镁条的反应	是	溶液由浅绿色变为无色,根据金属活动性和置换反应规律,说明亚铁离子转化为铁单质。	Fe元素的化合价:+2→0,说明亚铁离子具有氧化性。
三价铁离子的反应	三氯化铁溶液与碘化钾溶液的反应	是	滴加淀粉后溶液变蓝,说明有碘单质生成,滴加硫氰化钾溶液,溶液不变红,说明无三价铁离子,全部转化为亚铁离子。	Fe元素的化合价:+3→+2,说明铁离子具有氧化性。
	三氯化铁溶液与铜丝的反应	是	铜丝溶解,溶液颜色由棕黄色转变为蓝绿色,滴加硫氰化钾溶液,溶液不变红。说明三价铁离子转化为二价铁离子。	Fe元素的化合价:+3→+2,说明铁离子具有氧化性。

只要运用科学的方法去探究科学的问题,不管结论如何,成就大小,都是在做科学。应该让学生认识到科学不仅仅是化学家、专家才能从事的,人人都可以做,只要掌握科学的方法,拥有科学精神就行。科学精神主要指的是:第一,敢于质疑,具有较强的问题意识,能够发现和提出有探究价值的化学问题;第二,勤于思索,要对疑义进行探讨并验证,从而得出更为科学合理的结论。在探究的过程中使学生逐步养成独立思考的习惯,创新思维和创新能力逐步得到提高。

3.2.4 基于建构主义思想的教学方法

在教学中,你给学生搭建"脚手架"了吗?这个脚手架,从学生已有的经验出发,给他们提供了具有一定认知难度的学习项目,一步一步引导学生,学习新内容,并内化为自己新的经验。脚手架是对建构主义教学的一个很好的比喻。

建构主义教学强调自上而下地进行教学,他们认为,在传统的教学中,学生之所以无法建构知识的根源在于传统教学基本上都是自下而上地展开教学,教学过程中学生离不开教师,若离开教师,学生将不知何去何从,不知道下一步要干什么。在实际教学中,建构主义的教学方法有很多类型,如抛锚式教学法、支架式教学法和随机访问式教学法等。基于高中化学教学实际,这里主要介绍抛锚式与支架式两种教学方法。

(1)抛锚式教学法。[①] 抛锚式教学法要求学生在真实的或类似真实的情境中探究事件、解决问题,并自主地理解事件、建构意义。这些真实事件或问题被称为"锚",一旦锚被确定了,整个教学内容和教学进程也就确定了,故该方法被称作"抛锚式教学"。抛锚式教学中整个教学活动应围绕"锚"(即某个案例或问题情境)来设计,课程设计中应允许学习者对教学内容进行探索。抛锚式教学大致由如下环节构成:①创设情境。科学创设与教学内容有关的有意义的教学情境。②抛锚。从情境中选出与当前学习主题密切相关的真实事件或问题。③自主学习。学生独立解决问题,包括设计多种可能的解决方案、确定完成每项方案所必需的子目标、收集资料、对多种解决方案进行评估等。教师在该环节的主要任务是搭建脚手架,向学生提供解决问题的帮助。④协作学习。在这种情境教学中,解决问题的方案往往有很多种,通过不同观点之间的讨论与交流,协作学习能让学生主动、深入地探索问题的多种可能解答。⑤效果评价。效果评价的关键在于考查学生解决问题的能力,因此教师需要在教学过程中随时记录学生的表现,并引导学生进行自评和互评。

案例 6 - 20:"$Fe(OH)_2$ 制备方法"的实验探究

在高三复习教学中,可利用这一实验,进行多方面知识的综合复习,同时考查学生自发应用知识的能力。

[创设情境]演示:人教版必修 1 中 $Fe(OH)_2$ 的制备,该实验属于一个开放式的反应

---

① 崔允漷主编. 有效教学. 上海:华东师范大学出版. 2009(57)

体系,只能观察到瞬间的 $Fe(OH)_2$ 白色沉淀,白色沉淀迅速变成灰绿色,最后变成红褐色。

[抛锚]"怎样才能较长时间观察到白色沉淀 $Fe(OH)_2$ 呢?"

[自主学习]从反应 $4Fe(OH)_2 + O_2 + 2H_2O = 4Fe(OH)_3$ 中学生可以知道要想较长时间保留 $Fe(OH)_2$ 白色沉淀,关键是怎样降低反应体系中氧气的存在量和操作过程中氧气的引入量。

[协作交流]经过交流讨论,初步制定了以下几种方案①:

[方案1]装置如图 6-1 所示。在试管中加入适量的 5% $FeSO_4$ 溶液,并覆盖一层苯,再用长滴管注入不含 O_2 的 $1\ mol \cdot L^{-1}$ NaOH 溶液。由于苯的液封作用,防止了生成的 $Fe(OH)_2$ 被氧化,因而可较长时间观察到白色的 $Fe(OH)_2$ 沉淀。

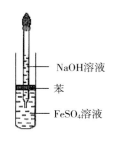

图 6-1

[方案2]装置如图 6-2 所示。用两支洁净的注射器分别吸取 $2\sim3\ mL$ 的 $1\ mol \cdot L^{-1}$ NaOH 溶液和 5% $FeSO_4$ 溶液,用连接管连接两注射器的小孔,将其中一支注射器中的溶液推入另一支注射器中,则可观察到有白色沉淀生成。若拔去连接管,将有白色沉淀的注射器抽入空气,振荡,则可观察到白色沉淀迅速变成灰绿色,最后变成红褐色。

FeSO₄溶液　　　NaOH溶液

图 6-2

[方案3]装置如图 6-3 所示。实验时,先打开活塞 K,使产生的 H_2 排出装置内的空气;然后关闭 K,使生成的 H_2 将烧瓶中的 $FeSO_4$ 溶液压入 NaOH 溶液中,则可观察到白色的 $Fe(OH)_2$ 沉淀生成。若拔去广口瓶上的橡皮塞,则白色沉淀迅速变成灰绿色,最后变成红褐色。

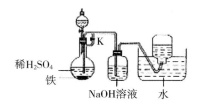

稀H₂SO₄　铁　NaOH溶液　水

图 6-3

也可用图 6-4 所示装置制备,原理和操作同上。

[方案4]实验装置如图 6-5 所示,在电解池中加入经过微热除氧的 Na_2SO_4 溶液,并在溶液上覆盖一层苯,用铁作阳极、石墨作阴极电解。阳极的电极反应式:$Fe - 2e^- = Fe^{2+}$,阴极的电极反应式:$2H^+ + 2e^- =$

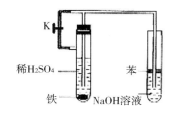

稀H₂SO₄　苯　铁　NaOH溶液

图 6-4

① 王秀荣. 高中化学有效教学的实施障碍与策略研究. 河南师范大学硕士论文. 2008

$H_2\uparrow$，溶液中的反应：$Fe^{2+} + 2OH^- \xrightarrow{\quad} Fe(OH)_2\downarrow$，由于苯的液封作用,故可观察到白色的 $Fe(OH)_2$ 沉淀生成。若再反接电源,继续电解,则阳极的石墨电极反应变为：$4OH^- - 4e^- \xrightarrow{\quad} 2H_2O + O_2\uparrow$，从而导致白色沉淀迅速被氧化成红褐色。

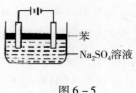

图 6-5

（2）支架式教学法。支架式教学法的最直接的理论基础源于前苏联著名心理学家维果斯基的"最近发展区"理论。最近发展区是指儿童独立解决问题时的实际发展水平和教师指导下解决问题时的潜在发展水平之间的距离。实际发展水平是不需要任何帮助学生就可以独立完成的已有的知识水平；潜在发展水平是学生自己不能独立完成,但在教师或他人提供合理的帮助下可以达到的发展水平,合理的帮助就是指教学中在最近发展区搭建恰当的支架。

支架式教学是以维果斯基的"辅助学习"为基础自上而下地展开教学过程,所呈现的问题具有复杂性,远远超出了学生原有的认知水平。学生原有的建构难以解决该问题,此时需要教师及时提供支架,对学生解决问题和建构活动起辅助作用。在课程开始阶段,教师所给学生的支架应是一个完整的概念体系,起点概念略高于学生的认知水平,教师要给学生更多的结构框架,然后将责任逐渐转移给学生,让学生自己进行活动从而解决问题。常见的学习支架可以分为范例、问题、建议、工具、图表等。支架式教学由以下几个环节组成：①搭建支架。围绕当前学习主题,根据最近发展区建立概念框架。②创设情境。为学生创设一种问题情境。③独立探索。让学生独立探索与给定概念有关的内容,探索刚开始可以由教师引导,然后让学生独立去分析,探索过程中教师要适时点拨,帮助学生慢慢攀升。随着探索引导和帮助逐渐减少,最终做到无需引导和帮助,学生自己独立探索,解决问题。④协作学习。小组间协商、讨论,共享集体思维成果,在此基础上达到对当前所学概念比较全面、正确的理解,最终完成对所学知识的意义建构。⑤效果评价。评价内容包括：学生的自主学习能力；对小组协作学习所做出的贡献；是否完成所学知识的意义建构。评价形式主要有学生个人的自我评价和学习小组对个人的学习评价。

案例 6-21："原电池构成条件"探究

1. 以实物和 $Cu-Zn-CuSO_4$ 为例探讨原电池的构成条件；学生设计实验,分组合作,记录实验现象,探究。

①将用导线连接的铜、锌电极同时插入一个橘子瓣中,观察电流计。

②将铜电极插入一个橘子瓣中,观察；再将锌电极插入另一个橘子瓣中,观察；将两个电极用导线连接,观察。

③将锌电极插入 $CuSO_4$ 溶液中,观察。

④用导线连接的铜、锌电极同时插入 $CuSO_4$ 溶液中,观察并记录。并将③④两装置中的反应现象及反应速率进行对比,学生分工合作,实验并记录。

⑤分池,将锌电极插入 $ZnSO_4$ 溶液中,将铜电极插入 $CuSO_4$ 溶液中,观察。

⑥用盐桥连接两池,观察。

2. 提出问题:探究原电池的构成条件是什么?双液电池与单液电池相比,有哪些优点?请你说出原电池在生活、生产中的应用。

3. 个人思考、探究;小组内合作、讨论、探讨,组内达成一致意见;教师适时点拨。

4. 教师引导,组间交流探究成果。

5. 师生共同小结、评价。

3.2.5 情景教学法

情景教学法是指在教学过程中教师运用各种手段和方法创设适合学生学习的情境,使学生完全融入教学情境之中,激趣生疑,不断地进行有效学习。

化学教学是一门精彩纷呈、变幻莫测的艺术。创设情境、精彩导入,化学知识情境化,成为了提高化学课堂教学有效性的重要环节。在令人好奇、疑问不断的环境中,学生易产生强烈的学习需要,情不自禁地投入学习过程中。在教学过程中教师要注意挖掘和利用生产、生活中的化学素材,创设内容真实、形式新颖、感染力强的教学情境,激起学生强烈的探索欲望,使学生感受到化学的神奇力量,或设计能引起学生认知上很大冲突的教学情境,使其境中生疑,以疑促思,以思培智。情景教学法要求教师在创设情境时要做到如下几点:①精心创设情境,创设方法要有创造性;②创设过程中要有激情,以情激情;③创设中精心点拨,适时插语;④精彩小结,提升转化。成功的情境创设对学生的思想能起到一定的启迪作用。创设教学情境,可从以下几个方面展开:①利用实验创设情境;②利用科技史设置故事情境;③联系生产、生活实际触发情境;④利用最新科技发展拓展情境;⑤巧用导入设置情境;⑥跟踪新闻热点渲染情境等等。

案例 6 – 22:"钠的重要化合物"学习情境创设

请大家欣赏魔术:在两个石棉网上分别放一团棉花,请一位同学上来配合,分别向两团棉花上滴水和吹气。学生做的过程中棉花突然着火,下面的学生一片惊呼。在惊异中学生产生了强烈的好奇心和探究欲望,纷纷猜测棉花中有玄机,在学生的强烈的探密欲望下,教师自然地导入新课,伴随学习慢慢揭开"滴水着火"、"吹气生火"的奥秘。

案例 6 – 23:必修 1"氯气"的导入情境创设

放映影片:第一次世界大战中氯气最早在伊普雷战役中被用作化学武器,由德军向英法联军首次使用。1915 年 4 月 22 日黎明时分,突然一股股浓浓的黄绿色气体飘向英军阵地,很快数百名英军战士中毒死亡,数千名士兵双目失明,一些士兵爬到树上才幸免于难,还有一些士兵用水或尿打湿衣物或毛巾自救才侥幸活了下来。在痛斥德军不人道拉开了世界使用化学毒气弹历史的同时提出问题:氯气到底有哪些性质?如果你不幸碰到了此景,如何避免或尽量少受伤害?

3.3 化学教学方法选择的依据

一般地，化学教学方法的选择，要依据如下几个方面进行：

（1）根据教学规律和教学原则选择

（2）根据化学教学目标和教学任务选择

（3）根据课程内容的特点和性质选择

（4）根据学生的特征进行选择

（5）根据教师自身的特点和教学风格进行选择

（6）根据具体的教学条件选择

教学活动中不可能找到一种"万能"或"最佳"的教学方法，也不可能确定出一个选择教学方法的唯一程序。故在化学教学实施过程中要重视教学方法的优化组合与综合运用。采用灵活多变的教学方法，激发学生的学习兴趣，将枯燥而难以理解的教学内容讲述得情趣盎然、浅显易懂，从而达到最佳的教学效果。

4. 高中化学教学评价

《普通高中化学课程标准（实验稿）》指出："积极倡导学生自我评价、活动表现评价等多种评价方式，关心学生个性的发展，激励每一个学生走向成功。"实行教学改革，积极倡导多元化评价形式，促进学生的发展是基础教育改革关于评价的新理念。

教学评价是教学活动的重要环节，课程系统的重要组成部分。① 它是以教学目标为依据，运用可操作的手段，通过系统地收集有关教学信息，对教学活动的过程和结果作出价值上的判断，并为被评价者的自我完善和有关部门的科学决策提供依据的过程。好的教学评价可以帮助学生增强信心，使学生获得更好的发展。高中化学教学评价从化学教学的角度对学生、教师等教学因素进行测量并对所测得的量化指标给予解释和价值判断。

4.1 教学评价的功能与原则

4.1.1 教学评价的功能

教学评价从不同的角度，有不同的表述。不同的评价目标有不同的教学评价功能。从评价对教学的影响来看，其功能有：

（1）促进学生学习，促使学生发展的功能。通过教学评价可以不断激励学生，激发学生的学习动机，促使学生学习，最终实现学生发展的目标。

（2）改进教师教学，提高教师专业水平的功能。教师通过教学评价可以了解学生的学情，根据实际情况对教学进行调整和改进教学，从而弥补教学实施过程留下的缺憾，通过不断的评价、分析达到改进教师教学，发展教师专业能力，提高教师教学专业水平的功能。

---

① 崔允漷主编. 有效教学. 上海：华东师范大学. 2009

（3）实现教学判断的功能。教学评价可以对教学进行测量评定,价值判断,问题诊断,区分选拔。通过评价可以区分合格与不合格,先进与后进,从而鼓励先进,鞭策后进,也可通过评价对好的教学方法和成果,进行验收、发展和推广。

（4）行使教学管理的功能。在教学中对教师是否实现课程标准进行评价,不只关注教学结果,更关注教学目标,关注教学过程,通过教学评价实现对教师和学生的管理。

4.1.2 教学评价的原则

（1）客观性原则。客观性原则指在进行教育评价时,要客观公正,科学合理,不能主观臆断,掺杂个人情感。

（2）一致性原则。一致性原则指进行教育评价时,在相同的条件下必须采用一致的标准,无论对集体还是对个人,不能对不同的对象采用不同的标准。

（3）全面性原则。全面性原则指评价要着眼于成果、过程、背景、条件等多方面因素,评价标准不宜过分突出某一方面而忽视其他方面。

（4）指导性原则。指导性原则是指评价要提出建设性意见,使被评价者能够发现不足,发扬优点,从而不断获得进步。

（5）计划性原则。计划性原则指教育评价必须紧密配合教育教学工作有计划地进行,为教师和学生及时提供反馈信息,以有效地调节和改进教学活动,提高教学质量。

4.2 高中化学教学常用的评价方法

在高中化学教学中,评价对教学起着非常重要的导向作用,只有掌握了一定的评价标准和方法,对化学教学进行非常可靠的测量才能对教学进行科学的、正确的评价,从化学教学测量与评价中获得有用的信息,从而更好地促进学生有效学习和全面发展。

（1）按教学过程中的主体分类

①对学生的评价。对学生进行评价会通过影响学生的信心、兴趣和动机等情绪动力因素而影响学生的学习。评价会导致学生的学习动机加强或削弱,它常常取决于学生在评价中的经历。如果学生经常在评价中有良好的表现得到肯定和强化,那么他们的学习动机和兴趣会得到提高,信心也会大增;如果经常在评价中经历失败,他们的学习兴趣、动机和自信心就会受到压制和打击而最终对学习产生厌倦甚至放弃。

在教学过程中,要对学生在学习过程中的每一环节的表现及阶段性学习效果进行评价,评价不仅包括知识能力方面的,还包括对学习过程方法以及情感、态度、价值观等多方面的评价。对学生的评价要采用绝对评价与相对评价相结合,过程评价与结果评价相结合,成绩评价与表现评价相结合,知识评价与实验能力评价相结合等。评价既要使其看到自己在群体中的位置,找到差距,又要学生自己与自己比,看到自己的进步,防止学生在与他人比较的过程中产生不良情绪而阻碍学生的发展。

②对教学的评价。对教学的评价包括对"教师的教"和"学生的学"两部分评价。如对课堂教学的评价,既要有教学目标、教学环节、教学设计的评价,还要有教学效果的评价。教学中教师的教是为了更好地促进学生的学,所以教学评价的重点在于教师如何促

进和引导学生更好地学习。对教学的评价是目前教学中最难评价的部分,不同的地区,不同学校,不同的教学评价者各有不同的评价方法。用一种或几种评价方法很难对教学进行全方位的客观评价。目前大多对教学的评价是对教与学的结果评价,而且重点放在通过对学生学习结果的评价来达到对教师和学校的评价,且主要采用比较易于操作和量化的结果评价、定量评价和总结性评价。如利用统考成绩、高考成绩、量化考核表等进行教学评价。

③对教师的评价。对教师的评价是教学主体评价的中心,也是迄今教学评价体系中发展较为完善的一种。对教师的评价主要看教师教什么?如何教?如何促进学生的学?教与学的效果如何?评价形式很多,如教师观摩课、示范课与优质课的评选;教师常规教学的量化考核;教研成果;教学基本功或教学技能大赛;学生评教;家长会家长评级;学校评议;教师所教班级学生的成绩考核等等。尽管在实施过程中还有着偏颇,但与其他的评价相比,发展还是较为完善的。在一定程度上,对教师的评价体系反映了当前的教学评价者对教学评价的重心依然在教师的教而非学生的学。

(2)按评价的标准分类

①相对性评价。在被评价对象完全独立的情况下,确定一个客观标准,把每一个被评价的对象与这个客观标准进行比较、评价。如考试后的标准分和学生排名均是典型的相对性评价。相对性评价可以使学生获知在整体中的位置,但易使学生的自尊心受到伤害,不利于培养学生的自信心和促进学生的后期发展。

②绝对性评价。在被评价对象中,选择一个或若干个对象作为评价标准,把每一个被评价对象与这个标准进行比较,并对被评价对象作出评价。绝对性评价只考虑被评价对象与评价标准之间的关系,而不考虑被评价对象在整个评价主体中的位置。如果绝对性评价标准选择合适,对绝大多数学生都能起到激励和促进作用。如近几年提倡的考试后只公布个人成绩不公开排名即是绝对性评价的很好例证。

③个体差异性评价。把每一个被评价对象的过去和现在的水平进行比较、评价,或者把每一个被评价对象的若干个不同的方面进行比较、评价。个体差异性评价能使学生看到自己的进步和不足,从而对以后的学习和发展做出更好地定位。

(3)按评价的性质分类

①质性评价。根据评价者的认识和经验对被评价对象的成就或特征作出分析和评定的定性评估。如等级法、评语法、分析法等。

②量化评价。评价者把评价目标分解成能体现目标实现的重要因素,再把这些重要因素逐一转化成评价指标,并构成指标体系,根据指标和指标体系对被评价对象进行统计分析评价。常用的有相关分析法、回归分析法、多元分析法、综合评判法等,如对教师教学成绩的量化和对学生的成绩进行各种相关分析就是典型的量化评价。

(4)按评价的作用分类

①诊断性评价。对教学过程的每一个环节或者每一个方面所达到的实际水平作出

评价,一般侧重于绝对性标准评价法,其评价重点在于实际水平。

②形成性评价。在教学过程中,对教学过程是否达到了局部的教学目标作出的评价,以便作出及时的教学调整,其评价重点在于反馈、调节和改进。

③总结性评价。在教学过程终了后,对教学过程作出的评价,其主要作用是对教学效果总结性的评价,其评价重点在于教学效果。

(5)按评价的方式分类

①纸笔测验、表现性评价、学习档案袋评价相结合。以书面作答方式进行的纸笔测试重点放在评价学生化学基本知识和基本技能掌握情况、获取信息的能力、分析和解决化学问题的能力上。纸笔测试评价倡导以真实情景为前提,增强实践性和开放性,能较好地反映出学生在知识技能与过程方法等多方面的发展状况。

学习档案袋评价是指以文件的形式呈现学生在学习、思想、成长等各个方面的状况,并以档案袋的形式保存记录。学习档案袋可以收集学生的活动记录、化学课堂表现、化学实验设计方案、学习成绩等方面自我或他人评价。教师和学生可以从多方面收集档案的内容,通过材料的展示、比较、整理达到评价的目的。其优势在于可以记录学生一个连续的评定过程,明显地显示学生在某一时刻内的发展变化,全面地反映学生各个方面的进步,便于教师、学生、家长之间的相互交流,给学生一个客观的评价,并激励学生成为反思型的学习者。

活动表现评价是在学生完成一系列任务(如实验、调查、设计等)的过程中进行的,它通过观察、记录来分析学生在各项学习活动中的表现。高中化学新课程实施过程中尤其要大力提倡学习档案评价和活动表现评价。

②自评与他评相结合。传统教学评价的主体是教师,被评价的对象是学生,教师处于绝对权威的地位,对学生的评价主要来源于教师,面对众多的学生教师不可能完全了解学生的一切,受到师生交往的限制,教师往往不能全方位地、客观地评价每一位学生,这使得评价有失偏颇。如果采用学生自评、学生互评、教师评价、家长评价相结合的形式,使得评价主体多元化,那么评价会更加客观、真实和有效。

③学生学业成就评价与高考评价相结合。学生学业成就评价是针对关于学生学业成就的情况或信息所做出的评价。它主要是一种标准参照考试,其功能不仅在于检验学生对于课程标准的达成情况,更为后续的教学、学习、评价与管理提供决策或改进依据。如日常学习过程检查、单元测试、学期和学年末的考试、学业水平测试等。对学生学业成就评价的结果处理方式主要有评分制和评语制。现阶段高考对于高中生是最为认同的一种相对公平的评价方式,尽管主要是纸笔测试,有其弊端,但高考对高中教学的影响和导向作用不置可否,近几年出现的自主招生和特长生招生也是对当前高考评价体制的一种完善。学生学业成就评价与高考评价相结合可以使得对学生的评价相对全面和客观。

4.3 现行教学评价中尚存在的一些弊端

现行教学评价体系中,评价的主体是教师,评价内容主要是学生的学习成果,评价的性质主要是终结性的,评价的意义、功能是对学生学习的成果进行价值判断,评价主要被视为排列名次,成为甄别、鉴定和选拔的工具。实践表明,传统的课程评价过于功利主义,很容易导致教育走向应试,不利于促进学生健康地发展和全面提高学生的科学素养。现行教学评价中尚存在一些值得商榷的问题。

(1)评价过分强调甄别和选拔的功能。现行评价过分强调甄别和选拔的功能,忽视改进、激励、发展的功能。如目前学生升学依旧只拿成绩说话,高中生进入高校学习的路径基本只能靠高考。

(2)评价过多关注活动结果。目前的高中评价过多地关注学生学业成绩、教师工作业绩、学校升学率等。忽视学生在活动的各个时期的进步状况和努力程度,忽视对日常教育教学活动的评价,忽视对教育活动的发展、变化过程的动态评价。

(3)评价主体和标准有点单一。现行评价绝大多数依旧忽视了评价主体多元、多向的价值,忽视自我评价,忽略了学生、教师、学校的个性发展和个体间的差异性,缺乏形成学生、教师、管理者、家长等多主体共同积极参与、交互作用的评价模式。

(4)评价内容不太全面。评价内容比较片面,过于注重学业成绩,对教师和学生在教育活动中体现和培养的创新精神、实验能力、心理素质、行为习惯等综合素质的评价相对忽视或缺乏有效的评价工具和方法。

(5)评价方法比较单一。评价过于单一,注重量化评价和传统的纸笔测验,对体现新的评价理念的新质性评价方法(如成长记录袋评价法、表现性评价法)不够重视。

(6)评价对象一般处于被动的评价地位。评价对象处于被动地位,易使被评价者自尊心受到伤害,自信心受到打击,对评价持一种冷漠、应付、对立、拒斥或者害怕、恐惧、逃避的态度,甚至为了评价出现欺骗、弄虚作假的行为。

4.4 灵活地实施高中化学教学评价

4.4.1 教学评价的基本理念

新课程实施以来,伴随世界各国课程评价改革的发展,我国教学评价理念也在悄然发生着转变,其转变主要表现在如下几个方面:

(1)在评价功能上,由侧重甄别和选拔转向侧重发展。

(2)从评价对象上,从过分关注结果评价转向关注过程评价。

(3)在评价主体上,强调评价主体多元化和评价信息的多源化,重视自评、互评的作用。

(4)在评价结果上,不只是关注评价结果的准确、公正,而是更强调评价结果的反馈以及被评价者对评价结果的认同和对评价的改进。

(5)在评价内容上,强调对评价对象的各方面情况进行全面综合评价。

(6)在评价方法上,强调评价方式的多样化,尤其注重把质性评价和量化评价结合起来,以质性评价统领量化评价。

(7)在评价者与评价对象的关系上,强调平等、理解、互动,体现以人为本的主体性评价的价值取向。

4.4.2 灵活地实施高中化学教学评价①

高中化学课程评价既要促进全体高中学生在科学素养各个方面的共同发展,又要有利于高中学生的个性发展。积极倡导评价目标多元化和评价方式的多样化,坚持终结性评价与过程性评价相结合、定性评价与定量评价相结合、学生自评互评与他人评价相结合,努力将评价贯穿于化学学习的全过程。

(1)实施多样化评价,促进学生全面发展。高中化学课程倡导评价方式的多样化,以促进学生在知识与技能、过程与方法、情感态度与价值观等方面都得到发展。这些评价方式主要包括纸笔测验、学习档案评价和活动表现评价等。

纸笔测验是一种重要而有效的评价方式。在高中教学中运用纸笔测验,重点应放在考查学生对化学基本概念、基本原理以及化学、技术与社会的相互关系的认识和理解上,而不宜放在对知识的记忆和重现上;应重视考查学生综合运用所学知识、技能和方法分析和解决问题的能力,而不单是强化解答习题的技能;应注意选择具有真实情景的综合性、开放性的问题,而不宜孤立地对基础知识和基本技能进行测试。

学习档案评价是促进学生发展的一种有效评价方式。应培养学生自主选择和收集学习档案内容的习惯,给他们表现自己学习进步的机会。学生在学习档案中可收录自己参加学习活动的重要资料,如实验设计方案、探究活动的过程记录、单元知识总结、疑难问题及其解答、有关的学习信息和资料、学习方法和策略的总结、自我评价和他人评价的结果等。教师应鼓励学生根据学习档案进行反省和自我评价,将学习档案评价与教学活动整合起来。

活动表现评价是一种值得倡导的评价方式。这种评价是在学生完成一系列任务(如实验、辩论、调查、设计等)的过程中进行的。它通过观察、记录和分析学生在各项学习活动中的表现,对学生的参与意识、合作精神、实验操作技能、探究能力、分析问题的思路、知识的理解和应用水平以及表达交流技能等进行评价。活动表现评价的对象可以是个人或团体,评价的内容既包括学生的活动过程又包括学生的活动结果。活动表现评价要有明确的评价目标,应体现综合性、实践性和开放性,力求在真实的活动情景和过程中对学生在知识与技能、过程与方法、情感态度与价值观等方面的进步与发展进行全面评价。

(2)根据课程模块的特点选择有效的评价策略。高中化学课程需要多种评价方式和策略的相互配合,应充分考虑不同课程模块的具体特点,有针对性地选择合理有效的评价方式和评价策略。例如,对于必修课程模块,应综合使用纸笔测验、学习档案和活动表现等方式对学生进行评价。《化学与生活》课程模块的纸笔测验试题应提倡开放性、应用性,密切结合生活实际,考查学生对身边化学现象和生活中化学问题的分析能力。同时,提倡通过开展辩论、角色扮演、小型调查等活动对学生进行表现性评价。《实验化

---

① 普通高中化学课程标准(实验稿).北京:人民教育出版社.2003

学》课程模块的学习评价应在实验过程中进行,从实验设计、实验过程、实验操作、实验报告、交流讨论、合作意识以及实验态度等方面予以考察。

(3)实施学分管理,进行综合评定。高中化学课程设有 8 个课程模块,每个课程模块 2 学分。高中化学课程实行学分管理,学生要达到高中化学课程学习的毕业要求,必须完成必修课程模块《化学 1》、《化学 2》和一个选修课程模块,即至少要修满 6 学分的化学课程。对化学有兴趣的学生,可以再选学若干个化学选修课程模块。

应根据学生在相应课程模块学习中的纸笔测验、学习档案记录和活动表现进行综合评定,以此决定学生是否获得相应课程模块的学分。

高中化学教学评价要建立目标多元、方式多样、注重过程的评价机制,全面反映学生的选课情况和学业发展过程。

专题七　高中化学教学资源的开发

人类生产、生活的各个方面,社会发展的各种需求都与化学密切相关联。新课程化学教学的理念是强调化学与生产、生活实际相联系,培养学生的创新意识和实践能力的培养目标,要求学生必须充分认识化学在生产生活中的作用。这就给教师提出了新的要求,我们必须充分开发各种教学资源,包括公众媒体中的教学资源,社区、日常生活中的教学资源和工业生产中的教学资源等,丰富教学资源素材,才能促进课堂教学的优化,完成促进学生全面素质提高的培养任务。

1. 公众媒体中教学资源的开发

现代社会离不开网络,网络中可供利用的教学资源还是很多的,但我们必须将网络资源与我们的教学实际相结合,进行资源整合,才能最大限度地发挥网络资源的优势。

1.1　利用网络资源开展课堂研究性学习活动

我们的教学的主阵地是课堂,课堂的主体是学生,充分发挥学生的主体性作用,是优质课堂的基础。教师的任务是创设教学环境,引导学生进入教学情境,激发学生的求知欲和好奇心,使学生在情境中发现和探究,从而获得学科素养的提高。

案例 7－1:"元素的发现及元素周期表的形成"

[教材出处]人教版高中化学必修 2·第一章物质结构、元素周期律·第一节元素周期表

[教学方式]学生小组合作查找资料、教师引导课堂讨论交流学习

[教学流程]

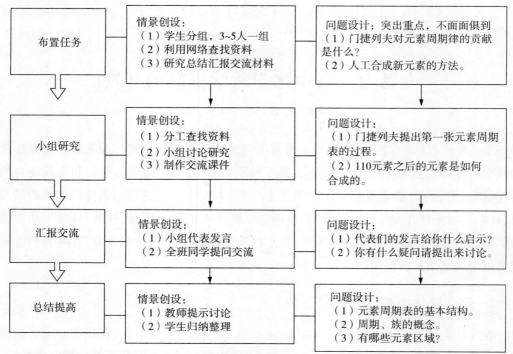

[学生作品1]门捷列夫与元素周期律的发现

第一部分,门捷列夫的生平简介,认识科学家的成长历程。

第二部分,门捷列夫发现元素周期表的过程,认识科学发现的历程。

第三部分,门捷列夫发现元素周期律后的应用,实践是检验真理的唯一标准。

第四部分,为什么说门捷列夫论文中的论点是有错误的,但却是被誉为"化学史上划时代的文献"?

点评:从网络中查找资料进行学习,让学生体会科学研究的一般方法和过程。学生们了解了科学家的生平和事迹,可以学习科学家的品质和素养,有助于培养他们的科学精神。同时,科学研究的过程中的问题能使学生们认识到科学研究不是一帆风顺的,实验中失败是不可避免的,这有助于帮助他们学会面对学习和工作中出现的挫折。

[学生作品2]人类合成新元素的方法简介

第一部分,110号元素的合成:$^{208}_{82}Pb + ^{62}_{28}Ni \rightarrow ^{269}_{110}X + ^{1}_{0}n$

第一部分,111号元素的合成:$^{209}_{83}Bi + ^{64}_{28}Ni \rightarrow ^{272}_{111}X + ^{1}_{0}n$

第三部分,112号、114号、116号、118号元素的合成。

点评:人类合成新元素,不仅仅是为了将元素周期表填满,而是体现了意识对物质的反作用的哲学思想,可以让学生在学习元素周期表的过程中体会"科学技术是第一生产力"这一思想,通过网络查找与教学相关的科技前沿信息,是现代教学的重要特点之一,也使得我们的教学不仅仅局限于教材本身,要让学生学会网络时代开放的学习方法。

学生通过对元素知识的探索,他们对于元素周期表有了更为深刻的认识,也使得他们的目光不仅仅局限于少数几种常见元素上,有助于帮助学生开阔视野,培养他们的创新精神。因此在教学中我们要让学生了解更多教材以外的元素的知识,网络给我们提供了这一便利的条件。

案例7-2:"常见元素的性质及其在生活中的应用"

[教材]人教版高中化学必修2·第一章物质结构、元素周期律·第一节元素周期表

[设计意图]让学生初步认识元素及其应用,深化对元素周期表的认识,培养学生的"科学、技术与社会"的意识。

[学生作品1]铯 Cs(片段)

1860年德国化学家本生·基尔霍夫发现铯,铯位于元素周期表的第六周期第ⅠA族,原子序数为55,原子量是132.9054,属于碱金属。

……

铯的主要用途有:制造光电管;^{137}Cs可用于放化治疗;铯原子钟十亿年的误差不超过一秒。

……

[学生作品2]铟 In(片段)

1863年德国人赖赫、李希特发现了铟。铟的原子序数为49,电子层数为5,最外层电子数为3,最高正化合价为+5,外围电子排布式为$5s^25p^1$,相对原子质量为114.8。

……

铟可用于制低熔合金、轴承合金、半导体、电光元,在原子能工业中用以测定或吸收中子。放射性核素$_{133}$In是重要的医用放射性元素,使用于肝、脾、肺、肾等器官的扫描。

……

[学生作品3]锗 Ge(片段)

锗于1886年由德国的文克勒发现。锗的原子序数为32,位于元素周期表中第四周期、第ⅣA族,外围电子排布式为$4s^24p^2$,相对原子质量为72.64。

……

高纯度的锗是半导体材料,可用于制作各种晶体管、整流器及其他器件。锗的化合物用于制造荧光板及各种高折光率的玻璃。锗是人体内的重要微量元素,具有抗癌、抗衰老等生理作用。

……

[学生作品4]磷 P(片段)

磷位于元素周期表的第三周期第ⅤA族,原子序数15,外围电子层排布为$3s^23p^3$,相对原子质量为30.97。磷的同素异形体主要有三种:白磷、红磷、黑磷。

……

白磷可用于制取高纯度的磷酸,红磷可用于制火柴盒外皮。动物的骨骼、牙齿、脑髓和神经组织里都含有磷。植物的果实和幼芽里也含有磷,磷对于维持生物体正常的生理机能有重要的作用,因此可溶性 $Ca(H_2PO_4)_2$ 是常用的磷肥。含磷的化合物还可用于制农药。

......

点评:这部分元素知识的学习,一般的流程是:教师布置任务、分组→学生小组通过网络查找资料→整理资料→制作海报和课件→宣讲成果→其他同学提问质疑→交流讨论→教师点评。有几个设计意图是非常明显的:一是合作学习,学习小组可以发挥不同学生的作用;二是自主学习,教师只定题目,找什么资料、从哪里入手、以什么形式展示,全部由学生自己决定;三是网络学习,网络资源信息太丰富了,让学生学会利用网络学习;四是思辨学习,成果展示和学生质疑提问,可以培养学生的问题意识和创新精神。

1.2 利用网络资源开展课外研究性学习活动

课外研究性学习是部分有志于化学研究领域的优秀学生更大地提高他们的学科素养的有效途径。此时,网络资源能够更大地发挥其优势。

案例 7 - 3:"如何有效除去海鲜中的甲醛"

[学生对象]高一学生研究小组

[研究过程]

首先,提出问题:从网络报道知,有些不法商贩用国家明令禁止使用的甲醛给海鲜保鲜。我们身边市场的海鲜有没有这个问题,初步调查研究表明是有。

其次,确定选题:小组同学和教师讨论确定研究性学习选题为"如何有效除去海鲜中的甲醛"。

第三,方案制定:小组同学和教师讨论确定研究方案。主要内容是:查找资料、设计实验、实验研究、采集数据、数据处理、完成研究报告。

第四,查找资料,利用网络查找有关资料,包括水发海鲜的制作及保鲜方法、甲醛含量对人体的危害程度、甲醛检测的方法等,在诸多的检测方案中,经与教师共同讨论确定了在本校实验室中可行的检测方案。

第五,实验研究:购买海鲜,探究去除其中甲醛的实验方法,并检测甲醛含量,得到一系列实验数据。

第六,建模处理:利用 TI 图形计算器建立数学模型,并通过分析函数图像,来讨论如何有效地除去海鲜中的甲醛。

第七,完成实验报告和答辩。

[学生作品](部分)

问题的提出:海鲜具有丰富的营养,早已成为寻常百姓的桌上餐。但是,有一个问题在威胁着人们,就是国家有明文规定,甲醛是明令禁止添加到食品中的非食品添加剂。因为甲醛能够破坏水发货的组织,可使水发货更多地吸收水分,从而增加分量;其次,当出现腐烂,感官不好的海鲜,掺入甲醛后会变得晶莹剔透,又白又嫩,不法商贩掺甲醛也是为了以次充好。但是甲醛的毒性是很大的,人食用含有甲醛的食品后会导致肺水肿,肝肾充血及血管周围水肿;食用含有甲醛的食品还会损伤人的肝肾功能,可能导致肾衰竭;食入含有甲醛的食品会直接产生中毒反应,轻者头晕,咳嗽,呕吐,上腹疼痛,重者出现昏迷,休克;吸入甲醛气体会损伤人的口腔、咽、食道、胃的黏膜等,严重的还会导致癌变。在我校附近的水发海鲜市场上,有不法的商贩使用甲醛,经我们多次检验发现其中确实含有。如果我们买回来水发的海鲜,并不知道其中是否含有甲醛,又不可能每次都用实验检验。所以如何有效地除去甲醛就成为很有价值的问题。对于这个问题,我们做了几组化学实验,利用 TI 图形计算器建立数学模型,并通过分析函数图像,来讨论如何有效地除去海鲜中的甲醛。

基于普通家庭的条件,除去甲醛的简单方法是用水浸泡法。但这里边有一些问题:

有效除去甲醛 $\begin{cases} 浸泡海鲜的次数是多少? \\ 每次所用的水量是多少? \\ 每次所浸泡的时间是多少? \end{cases}$

为了解决这些问题我们在化学实验室做了实验。结果经 TI 图形计算器建立数学模型处理,结果如图 7-1、图 7-2、图 7-3 所示。结果表明浸泡次数、用水量和浸泡时间对甲醛的消除都有一定的影响,可为我们日常生活中的处理措施提供一定的参考。

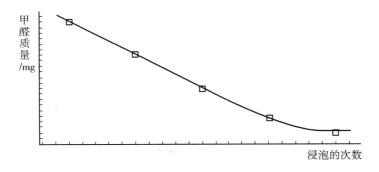

图 7-1　甲醛残余量与浸泡次数的关系

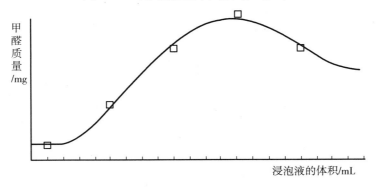

图 7-2　甲醛溶出量与浸泡液体积的关系

……

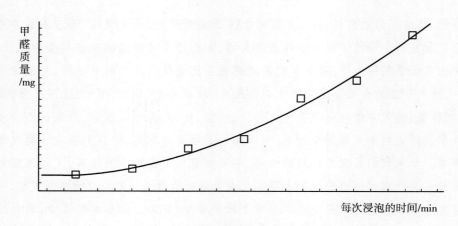

图7-3 甲醛溶出量与浸泡时间的关系

点评:网络在此次研究性学习中的作用。首先,选题的确定来源于网络信息。学生通过网络信息得知确有一些不法商贩用甲醛处理水发海鲜,然后从身边的市场进行调查研究,从定性到定量,提出了一些有效的处理方法。其次,方法的确定来源于网络的指导。通过网络查找资料,帮助学生认识到了甲醛的危害和检测方法,并应用于研究实践,取得了一定的成果。

1.3 利用网络资源帮助学生和老师答疑解惑

我们在教学中经常会遇到一些不熟悉的物质,学生也会问我们一些教材中没有出现过的物质。怎么办?网络为我们提供了很好的资源库,"百度"一下,很多问题就可以得到解决。所以网络的作用之一是答疑解惑。

案例7-4:"磷腈化合物的有关问题"

[问题来源]2010年上海高考31(4)题,"磷腈化合物含有3种元素,且分子中原子总数小于20。0.10 mol PCl_5 和 0.10 mol NH_4Cl 恰好完全反应,生成氯化氢和0.030 mol 磷腈化合物。推算磷腈化合物的相对分子质量"。

[问题解疑]磷腈是什么?是教师和学生普遍的疑问。此时,网络是我们最好的老师。经过"百度",我们得到以下信息:磷腈聚合物是以 P、N 原子交替排列作为主链结构的一类无机—有机高聚物。具有耐水、耐油、耐高温、耐低温、不可燃等优良性能而具有广泛的实际应用,可以制成特征橡胶、低温弹性体、阻燃电子材料、生物医学材料等。例如,聚氯化磷腈的合成反应如图7-4所示。

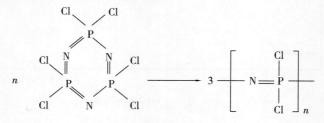

图7-4 聚氯化磷腈的合成

资料来源:http://wenku.baidu.com/view/5e568f335a8102d276a22f35.html

问题解决了,学习的目的不仅是为了解题,应用基本原理和方法解决实际生活中的问题,让学生了解科技的最新成就,是培养学生综合素质的有效途径。

1.4 利用网络信息让我们关注社会热点中的化学问题

我们要关注媒体报道中一些热点问题与化学的联系,充分利用这些素材和资源,使我们的课堂焕发活力。

案例7-5:"氯气的化学性质"

[教材出处]人教版高中化学必修1·第四章第二节富集在海水中的元素——氯

[设计意图]以氯气泄露的社会热点事件作为课堂的引入,展示新闻背景资料,引导学生思考实际的处理措施是根据氯气的哪些性质,提高学生的危机处理意识和处理能力。

[教学流程]

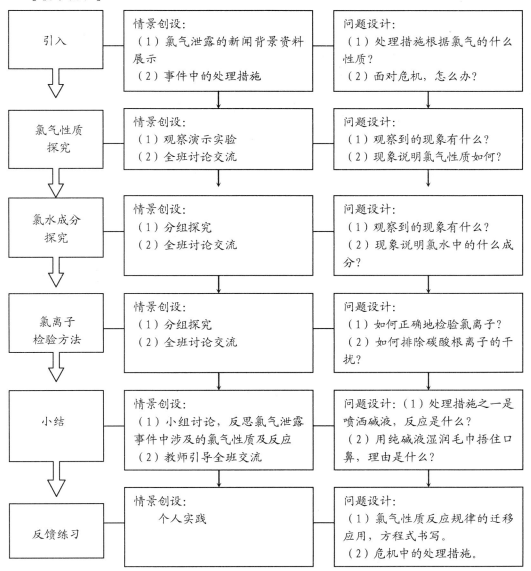

2010 年 7 月 26 日,位于四川省成都市广元市区栖凤路的一游泳池一个重达 250 公斤的氯气罐发生严重泄漏,有毒气体四处飘散,导致多人不同程度中毒,泄露的氯气严重威胁附近居民的人身安全,上千人紧急疏散。消防人员紧急调集 500 多公斤烧碱液,消防官兵身着防护服轮番深入泄漏区进行喷洒处理(如图 7 – 5 所示)。经过消防官兵 7 个多小时的连夜鏖战,险情于 27 日凌晨被成功排除。资料来源:http://cd.qq.com/a/20100727/001820.htm。

图 7 – 5   消防官兵紧急喷洒碱液消除氯气污染

2. 社区、日常生活中教学资源的开发

人类的衣、食、住、行等各种活动都离不开化学,生活中处处有化学。将生活中的化学问题引入课堂,使之成为教学资源,无疑对提高学生学习化学的热情是很有帮助的。

以人教版高中化学《必修 1》和《必修 2》为例,可以引入生活中实例的地方有很多,充分利用这些教学资源,将使我们的课堂焕发出活力。

2.1   日常生活中的离子反应

离子反应既是教学重点,又是教学难点,主要原因是学生觉得离子反应太微观、太抽象,距离他们的生活感知较远,如果我们能够在教学中引入日常生活中的离子反应实例,无疑将能够拉近学生和离子反应的距离,使他们能够很快地理解离子反应的基本特点和规律。

案例 7 – 6:"粗盐提纯后的离子检验"

[教材出处]人教版高中化学必修 1·第一章从实验学化学·第一节化学实验基本方法·粗盐提纯后的离子检验

[设计意图]粗盐提纯后,检验其中的氯离子是一个简单的试管实验,如果仅仅让学生就做一下向氯化钠溶液中加入硝酸银溶液,观察现象,学生不会有太深刻的印象,对该反应有什么应用也不会有所认识。因此,在教学中引入联系生活实际的案例,无疑可激

发学生的学习兴趣,有助于帮助学生理解离子反应的特点和规律。

[生活素材1]2008年7月23日,宁夏石嘴山市卫生监督所执法人员在隆湖扶贫经济开发区一家企业例行卫生监督时发现,工人们所喝的"清清源饮用纯净水"感官异常,其商标防伪数码、字体大小、颜色等与大武口区清清源纯净水厂的商标不一致。经查,假冒纯净水系用自来水假冒纯净水进行灌装。

资料来源:http://www.nxnews.net/3171/2008-8-19/29@321679.htm

[问题探究]生活中不法商贩用自来水冒充纯净水销售,牟取暴利,工商执法人员如何快速检验假冒纯净水?

答案:用硝酸银检验假冒纯净水中的氯离子。取适量纯净水样品加入试管中,加入硝酸银溶液,若有浑浊,说明是自来水冒充的纯净水。反应的离子方程式为:

$$Ag^+ + Cl^- === AgCl\downarrow$$

[生活素材1]2010年6月24日,吉林省延边市汪清县工商执法人员在一家货物配送中心检查时,发现在托运的货物中,有40箱总计600公斤的"红梅"牌味精进出货渠道不明,且外包装比较粗糙,不似真品。执法人员当即对这些味精予以先行扣押,并与"红梅"味精生产厂家取得联系,希望能够派人到汪清辨别真伪。经过鉴定,确认这批"红梅"味精全部为假冒产品,其主要成分为化工原料硫酸镁。

资料来源:http://ybrbszb.chinajilin.com.cn/html/2010-07/09/content_2156791.htm

[问题探究]味精的成分是谷氨酸一钠盐,假冒味精的成分是硫酸镁,如何利用生活中的物质检验假冒味精?

答案:用碳酸钠溶液检验假冒味精中的镁离子。取少量味精样品加入试管中,加入适量蒸馏水溶解,再加入碳酸钠溶液,若有浑浊,说明是硫酸镁假冒的味精。反应的离子方程式为:

$$Mg^{2+} + CO_3^{2-} === MgCO_3\downarrow$$

很简单的两个实验,解决了生活中的两个实际问题,让学生认识到离子反应其实离他们的生活很近,消除了离子反应的神秘感,有助于学生理解离子反应的特点和规律。

2.2 日常生活中的氧化还原反应

生活中的氧化还原反应的实例很多,要选择一些既贴近学生的生活实际、又能够极大地激发学生的学习兴趣的实例,才能最大程度地调动学生的学习积极性,从而帮助学生迅速理解氧化还原反应的基本规律。

案例7-7:"黑火药为什么会爆炸?"

[教材出处]人教版高中化学必修1·第二章化学物质及其变化·第三节氧化还原反应

[设计意图]过年时燃放烟花爆竹是大多数孩子们喜欢的活动。因此,如果我们能够在课堂上打开一个爆竹,让黑火药呈现在学生面前,并且点燃黑火药,并告诉他们这就

是氧化还原反应,无疑将引起学生对氧化还原反应的极大探究欲望。通过分析黑火药发生爆炸的反应原理,将有助于帮助学生理解氧化还原反应的基本规律。同时,由于黑火药是中国古代四大发明之一,这还是进行爱国主义教育的很好题材。

[生活素材]黑火药是我国古代的四大发明之一,距今已有1000多年的历史。在军事上主要用作枪弹、炮弹的发射药和火箭的推进剂及其他驱动装置的能源,是弹药的重要组成部分。黑火药着火时,发生如下化学反应:

$$2KNO_3 + S + 3C \stackrel{\text{——}}{=} K_2S + N_2\uparrow + 3CO_2\uparrow$$

由于反应中气体体积急剧膨胀,压力猛烈增大,于是可发生爆炸。据测,大约每4克黑火药着火燃烧时,可以产生280L气体,体积可膨胀近万倍。在爆炸时,固体生成物的微粒分散在气体里,所以产生大量的烟。由于爆炸时有K_2S固体产生,往往有很多浓烟冒出,因此得名黑火药。

资料来源:http://baike.baidu.com/view/2460.htm

[问题探究]通过阅读生活素材资料,你能回答火药爆炸的原理吗?黑火药爆炸的反应中元素的化合价是如何变化的?什么元素被氧化?什么元素被还原?氧化剂、还原剂分别是哪个物质?电子得失的情况是什么?

答案:黑火药的成分都是固体,发生反应后生成了气体,反应非常剧烈,使得气体的体积迅速膨胀导致爆炸。反应中碳元素的化合价由0价升到+4价,硫元素的化合价由0价降到-2价,氮元素的化合价由+5价降到0价。元素化合价升高是被氧化,因此碳元素被氧化;元素化合价降低是被还原,因此硫、氮元素被还原。有元素化合价升高的物质是还原剂,因此碳是还原剂;有元素化合价降低的物质是氧化剂,因此硫、硝酸钾是氧化剂。氧化剂得电子,还原剂失电子,因此电子由碳转移至硫和硝酸钾中的氮元素上;化合价变化的总数就是电子转移的总数,因此该反应中电子转移总数是12。

2.3 厨房中的化学反应

家庭厨房中有些常见的化学物质之间的反应是可以让学生把化学实验带入家庭的,家庭化学实验可以帮助学生更多地接触化学反应,从而奠定更好地学习化学的基础。

案例7-8:"发面粉与白醋会发生什么反应?"

[教材出处]人教版高中化学必修1·第三章金属及其化合物·第二节几种重要的金属化合物·碳酸钠和碳酸氢钠

[设计意图]教材中有这样一句话"碳酸钠俗名纯碱,也叫苏打,碳酸氢钠俗名小苏打。在厨房里你常常能找到这两种物质"。现在的学生很少进厨房了,现代的厨房也很难找到碳酸钠和小苏打了,怎么办?教师可以去超市买一包发面粉(其中含有碳酸氢钠)和白醋,并在课堂上演示用生活中的这两种物质之间的反应实验,告诉学生这个实验很简单,回家就可以做,希望他们回家去做,并且看能不能找到纯碱并与之对比。教学实践表明,会有相当一部分学生真的回家去做,学生利用生活中的常见物质自己亲自动手

实验,有助于他们深入认识到化学与生活的密切联系,提高学习化学的兴趣。

[问题探究]请同学们回家后在厨房中找到发面粉和白醋,并通过包装上的说明书了解这两种物质的成分,然后设计实验探究它们之间的反应。

答案:取适量发面粉放入一个无色玻璃杯中,倒入一定量的白醋,可观察到有气体放出。反应的化学方程式为:

$$NaHCO_3 + CH_3COOH = CH_3COONa + H_2O + CO_2\uparrow$$

2.4 建筑材料中的化学物质

日常生活中,学生们会接触到一些建筑材料,这些物质的成分探究实验,也是化学与生活相联系的常用素材。

案例 7-9:"红砖为什么是红色的,青砖为什么是青灰色的?"

[教材出处]人教版高中化学必修 1·第三章金属及其化合物·第二节几种重要的金属化合物·铁离子检验

[设计意图]红砖、青砖是日常生活中常见的建筑材料,红砖为什么是红色的,青砖为什么是青灰色的,其成分是什么? 红砖、青砖成分的探究,无疑是铁的氧化物、铁离子检验、亚铁离子检验的教学中可以借用的生活中的教学资源。

[背景材料1]青砖是黏土烧制的,黏土是某些铝硅酸矿物长时间风化的产物,具有极强的黏性而得名。将黏土用水调和后制成砖坯,放在砖窑中煅烧(约 1000 ℃)便制成砖。黏土中含有铁的化合物,烧制过程中完全转化成三氧化二铁呈红色,即最常用的红砖;而如果在烧制过程中加水冷却,使黏土中的铁不完全氧化而生成低价铁(FeO)则呈青色,即青砖。

资料来源:http://baike. baidu. com/view/994951. htm

[背景材料2]铁离子与 KSCN 溶液反应显红色,可用于铁离子检验。反应的离子方程式可表示为 $Fe^{3+} + 3SCN^- = Fe(SCN)_3$

[背景材料3]亚铁离子与 $K_3[Fe(CN)_6]$ 溶液(赤血盐)反应生成蓝色沉淀,可用于亚铁离子检验。反应的离子方程式可表示为 $3Fe^{2+} + 2Fe(CN)_6^{3-} = Fe_3[Fe(CN)_6]_2\downarrow$

[问题探究]设计实验,检验红砖中的铁离子和青砖中的亚铁离子。

答案:取少量红砖块,在研钵中研磨至粉末,将红砖粉末用盐酸溶解后过滤,向滤液中加入 KSCN 溶液,溶液显红色,说明其中含有铁离子。反应的离子方程式为:

$$Fe_2O_3 + 6H^+ = 2Fe^{3+} + 3H_2O$$

取少量青砖块,在研钵中研磨至粉末,将青砖粉末用盐酸溶解后过滤,向滤液中加入 $K_3[Fe(CN)_6]$ 溶液,有蓝色沉淀生成,说明其中含有亚铁离子。反应的离子方程式为:

$$FeO + 2H^+ = Fe^{2+} + H_2O$$

还可以进一步探究红砖中有没有亚铁离子、青砖中有没有铁离子。

2.5 家居用品中的化学反应

除了厨房中的一些物质之间的反应可以作为学生家庭实验的素材,家居用品中的一些用品中的反应也可以成为重要的实验素材,不过有些实验是有一定危险性的,要给予学生正确的指导。

案例 7-10:"84 消毒液和洁厕灵为什么不能混用?"

[教材出处]人教版高中化学必修 1·第四章非金属及其化合物·第二节富集在海水中的元素——氯

[设计意图]氯及其化合物在日常生活中的应用很广,家庭中"洁厕灵"的有效成分是盐酸、"84"消毒液的有效成分是次氯酸钠,二者不能混合使用,关于这方面的报道很多。这是一个联系生活实际的很好的素材资源,在教学中我们可以利用这一资源开展探究教学,让学生了解一些生活常识中的化学反应原理,激发学生的学习兴趣,同时也有助于让学生在日常生活中树立安全的意识。

[问题探究]"84 消毒液"和"洁厕灵"混合后会发生什么反应?

答案:取 1mL "84 消毒液"原液加入试管中,加入适量"洁厕灵",将湿润的碘化钾淀粉试纸放在试管口,可观察到试管内有黄绿色气体生成,湿润的碘化钾淀粉试纸变蓝,说明反应生成了氯气。反应的离子方程式为:

$$Cl^- + ClO^- + 2H^+ == Cl_2\uparrow + H_2O$$

因为反应产生的氯气有毒,该实验以教师演示为宜,不提倡让学生自己做。

2.6 环境问题中的化学物质

培养学生的环保意识,树立可持续发展的思想,是化学教学的一个重要任务,因此我们要充分利用教材中与环境有关的化学物质进行环保教育。例如:我们可以利用二氧化硫的性质教学,介绍有关酸雨的成因及危害;利用一氧化氮、二氧化氮的性质教学,介绍汽车尾气引起的光化学烟雾事件;可以利用二氧化碳的性质教学,介绍有关温室效应带来的环境问题;可以利用氟氯烃的性质教学,介绍有关臭氧空洞的环境问题;等等。

案例 7-11:"酸雨的成因是什么?"

[教材出处]人教版高中化学必修 1·第四章非金属及其化合物·第三节硫和氮的氧化物·二氧化硫的性质

[设计意图]二氧化硫是环境的热点物质之一,原因在于它是导致酸雨的主要物质,特别是冬季取暖季节,烧煤的地区更是酸雨频发。关于酸雨的成因过程及其危害,可作为探究活动的教学资源,培养学生的环保意识,树立可持续发展的理念。

[问题探究]烧煤引起的酸雨是如何形成的?

答案:一般说来,酸雨的形成有两条路径。第一条路径:空气中的二氧化硫在飘尘的催化作用下被氧气氧化生成三氧化硫,三氧化硫溶于水形成硫酸。反应的化学方程

高

中化学教师专业能力必修

Gao Zhong Hua Xue Jiao Shi Zhuan Ye Neng Li Bi Xiu

式为:

$$2SO_2 + O_2 \xrightarrow[\triangle]{\text{催化剂}} 2SO_3 \qquad SO_3 + H_2O \Longrightarrow H_2SO_4$$

第二条路径:空气中的二氧化硫溶于雨水生成亚硫酸,亚硫酸被氧气氧化生成硫酸。反应的化学方程式为:

$$SO_2 + H_2O \Longrightarrow H_2SO_3 \qquad 2H_2SO_3 + O_2 \Longrightarrow 2H_2SO_4$$

2.7 食品中的化学添加剂

频繁发生有关食品安全问题的重大事件,使得人们越来越重视食品中化学添加剂的有关问题,结合化学课堂教学探究一些有关食品添加剂的原理的问题,可以使学生充分认识到化学带给人们生活的方便与问题。

案例 7 - 12:"二氧化硫漂白的原理是什么?"

[教材出处]人教版高中化学必修 1 · 第四章非金属及其化合物 · 第三节硫和氮的氧化物 · 二氧化硫的性质

[设计意图]教材中有"工业上常用二氧化硫来漂白纸浆、毛、丝、草帽辫等"的叙述,但这些物质离学生的生活实际较远,学生对二氧化硫的漂白性理解不深刻。我们可以利用生活中离学生更近的一些资源来帮助学生理解二氧化硫的漂白性。例如,银耳、粉丝、花瓣等。并且在课堂教学中探究或演示这一实验过程,这样就比二氧化硫仅仅漂白品红溶液,让学生的认识理解更为深刻。

[背景资料]二氧化硫的漂白原理是二氧化硫溶于水生成的亚硫酸与有色物质中的双键共轭体系发生加成反应,破坏共轭体系,使之不再显色。例如,二氧化硫使品红褪色,反应的化学方程式为:

品红(红色)　　　　　　　　　　　　　　　(无色)

[问题探究]二氧化硫如何漂白银耳、鲜花?

答案 1:取一个大烧杯,用适量水溶解一定亚硫酸钠溶液,加入适量稀硫酸使之生成亚硫酸,加入颜色发黄的银耳,加热一段时间后取出与没用亚硫酸漂白的银耳对比其颜色。实验中,可观察到经二氧化硫漂白的银耳颜色明显变白。

答案 2:将一些红色鲜花瓣,放入试管中,用该试管收集一试管二氧化硫气体,用橡胶塞密封管口，一段时间后观察鲜花的颜色。可观察到鲜花的颜色明显变浅。

生活中还有很多化学应用的实例，只要我们用心去开发这些教学资源，就能使我们的课堂更具生命力。

3. 工业生产中教学资源开发

工业生产中会涉及许多基本的化学反应，这些教学资源的开发利用，无疑将使学生认识到化学科学技术带给人类生产的巨大的生产力，体会到"科学技术是第一生产力"的深刻含义。中学化学常见的化工生产主要涉及三酸（盐酸、硫酸、硝酸）、两碱（烧碱、氨）、三盐（食盐、纯碱、小苏打）等，其中海水晒盐在九年制义务教育初三化学教材中介绍，硫酸工业、合成氨工业和小苏打、纯碱的生产在选修 2·化学与技术中有详细的讲解，工业制烧碱（氯碱工业）在选修 4·化学反应原理中进行了介绍。另外，金属的工业冶炼、电化学相关工业等也是教材中的以工业生产为背景的重要内容。

3.1 工业制盐酸

人教版高中化学必修 1 教材第四章第三节中有这样的叙述"H_2 与 Cl_2 化合的产物 HCl 气体溶于水，就成为我们常用的盐酸"。讲到这里，学生自然就会有疑问，工业制盐酸是否也如教材中所示（图 7-6），将氢气通入氯气的大罐中燃烧呢？

为了解决学生的疑惑，我们需要将工业制取盐酸的过程简介如下：如图 7-7 所示，合成塔中，一般先通入氢气，再通入氯气，点燃，将反应生成的氯化氢气体溶于水制成工业盐酸。

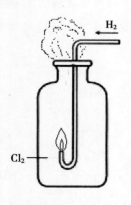

图 7-6 实验室氢气在氯气中的燃烧

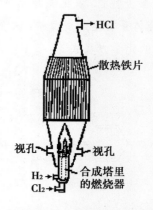

图 7-7 工业氯气在氢气中燃烧的示意图

反应的化学方程式为 $H_2 + Cl_2 \xrightarrow{点燃} 2HCl$。与实验室演示实验不同的是，工业上是让氯气在氢气中燃烧，这样的好处是可以使氯气完全燃烧，避免因氯气没反应完导致生成的盐酸中含有较多的氧化性杂质。但由于使用钢铁合成塔，所以不可避免地使工业盐酸中含有铁离子，因此，工业盐酸通常为黄色。

3.2 工业制硝酸

人教版高中化学必修 1 教材第四章第四节中有这样的叙述"氨经一系列反应可得到

硝酸"。工业制硝酸的过程如图7-8所示。

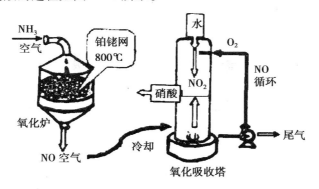

图7-8 氨氧化法制硝酸工业流程示意图

其中涉及的化学反应主要有三个,它们是:

$$4NH_3 + 5O_2 \xrightleftharpoons[\triangle]{催化剂} 4NO + 6H_2O$$

$$2NO + O_2 === 2NO_2$$

$$3NO_2 + H_2O === 2HNO_3 + NO$$

工业生产得到的稀硝酸,用蒸馏法可得到硝酸的质量分数为65%左右的浓硝酸,再用硝酸镁吸水后蒸馏,可进一步制得质量分数为98%的浓硝酸(发烟硝酸)。

硝酸工业的尾气中含有大气污染物氮氧化物,必须经过处理。一般有催化还原法和碱液吸收法两种。催化还原法的还原剂主要有NH_3、H_2和CH_4,以NH_3为例,主要反应为:

$$4NH_3 + 6NO \xrightleftharpoons[\triangle]{催化剂} 5N_2 + 6H_2O$$

$$8NH_3 + 6NO_2 \xrightleftharpoons[\triangle]{催化剂} 7N_2 + 12H_2O$$

碱液吸收法主要以纯碱溶液或烧碱溶液为吸收剂,纯碱吸收的主要反应为:

$$NO + NO_2 + Na_2CO_3 === 2NaNO_2 + CO_2\uparrow$$

$$2NO_2 + Na_2CO_3 === NaNO_2 + NaNO_3 + CO_2\uparrow$$

3.3 工业冶炼铝

人教版高中化学必修2教材第四章第一节中有这样的叙述"对一些非常活泼的金属,采用一般的还原剂很难将它们还原出来,工业上常用电解法冶炼"。其中电解熔融氯化钠制金属钠的内容在选修4·化学反应原理中有介绍。现将工业冶炼铝的方法介绍如下,工业冶炼铝的流程如图7-9所示。

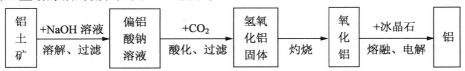

图7-9 工业冶炼铝流程示意图

在地壳中,铝元素主要以铝土矿的形式存在,主要成分是 Al_2O_3,还含有 Fe_2O_3 和 SiO_2 等杂质。冶炼铝所需的氧化铝是从铝土矿中提取净化得到的。其过程是将铝土矿中的氧化铝用烧碱溶液溶解,反应的化学方程式为:

$$Al_2O_3 + 2NaOH = 2NaAlO_2 + H_2O$$

过滤去不溶性杂质,滤液中通入二氧化碳酸化,得到氢氧化铝沉淀,反应的化学方程式为:

$$NaAlO_2 + CO_2 + 2H_2O = NaHCO_3 + Al(OH)_3 \downarrow$$

将沉淀过滤、洗涤、灼烧后得到纯净的氧化铝,反应的化学方程式为:

$$2Al(OH)_3 \xrightarrow{\triangle} Al_2O_3 + 3H_2O$$

电解铝的装置如图 7-10 所示,其中要加入冰晶石(Na_3AlF_6)作为助熔剂降低反应温度。反应的方程式为:

阳极:$6O^{2-} - 12e^- = O_2 \uparrow$

阴极:$4Al^{3+} + 12e^- = 4Al$

总反应:$2Al_2O_3(熔融) \xrightarrow[冰晶石]{电解} 4Al + 3O_2 \uparrow$

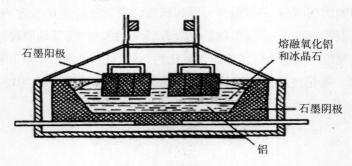

石墨阳极   熔融氧化铝和冰晶石

石墨阴极

铝

图 7-10 电解熔融氧化铝电解槽示意图

反应中,由于高温及阳极产生大量氧气,阳极材料消耗较大,并有一定量的 CO 有毒气体产生。

3.4 考题资源的开发和利用

以工业生产的基本工艺流程为背景的问题情境,设计有关问题考查与中学化学的教学实际密切联系的化学知识和基本能力,是新课程实施以来的新的发展趋势,值得我们关注。同时也为我们的教学实际提供了新的教学资源。

案例 7-13:"工业生产硫酸锌的方法"

[背景资料]2010 年福建高考理综试卷(有修改)

硫酸锌可作为食品锌强化剂的原料。工业上常用菱锌矿生产硫酸锌,菱锌矿的主要成分是 $ZnCO_3$,并含少量的 Fe_2O_3、$FeCO_3$、MgO、CaO 等,生产工艺流程如图 7-11 所示。

回答下列问题:

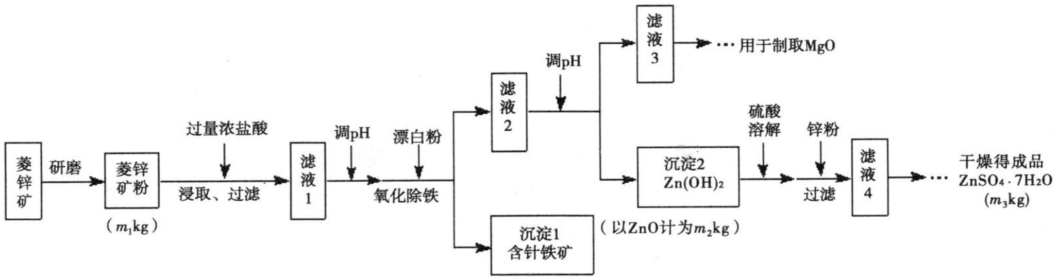

图 7 - 11　硫酸锌晶体工业生产流程示意图

(1)将菱锌矿研磨成粉的目的是_____。

(2)完成"氧化除铁"步骤中反应的离子方程式：

$$\underline{\quad}Fe(OH)_2 + \underline{\quad\quad} + \underline{\quad\quad} =\!=\!= \underline{\quad}Fe(OH)_3 + \underline{\quad}Cl^-$$

(3)针铁矿(Goethite)是以德国诗人歌德(Goethe)名字命名的,组成元素是 Fe、O 和 H,化学式量为 89,化学式是_____。

(4)已知 $Ksp[Mg(OH)_2] = 2 \times 10^{-11}$,"滤液 2"的 pH 调节在 8 时,$Zn(OH)_2$ 可完全沉淀,此时是否生成 $Mg(OH)_2$ 沉淀[设滤液 2 中 $c(Mg^{2+}) = 0.1\ mol \cdot L^{-1}$]? _____。

若溶液的 pH 为 12,则 $c(Mg^{2+}) =$ _____。

(5)工业上从"滤液 3"制取 MgO 过程中,合适的反应物是_____(选填序号)。

　　a. 大理石粉　　　　b. 石灰乳　　　　c. 纯碱溶液　　　　d. 烧碱溶液

(6)"滤液 4"之后的操作依次为_____、_____、过滤、洗涤、干燥。

(7)分析图中数据,菱锌矿粉中 $ZnCO_3$ 的质量分数不低于_____。

答案:(1)增大反应物接触面积或增大反应速率或使反应更充分

(2)$2Fe(OH)_2 + ClO^- + H_2O =\!=\!= 2Fe(OH)_3 + Cl^-$

(3)$FeO(OH)$　(4)否;$2 \times 10^{-7}\ mol \cdot L^{-1}$　(5)b、d　(6)蒸发浓缩、冷却结晶

(7)$\dfrac{125m_2}{81m_1} \times 100\%$

[设计意图]在实际教学中,我们不能满足于让学生会做此题,而是要让学生通过讨论硫酸锌的生产流程中涉及的化学反应、化学概念原理和化学基本操作,让他们体会到化学与生产实际的密切联系,体会到如何学以致用。例如:第(1)问是化学反应速率的实际应用,第(2)问是实际生产中的氧化还原反应,第(4)问是沉淀溶解平衡的原理的实际应用,第(6)问是化学基本操作的应用,第(3)(7)问是化学基本计算的应用等。

　　总之,工业生产中有很多资源是可以为我们提供教学素材的,我们若充分利用好这些资源,就能最大限度地提高学生的学科素养,培养学生的创新精神和实践能力。

专题八　高中化学教学研究

中学教师做教学研究的目的有二：其一是通过研究不断提升个人的业务水平；其二是通过研究发表自己的教学经验，供同行学习与借鉴。提升业务水平、改进教学工作是研究永恒的目的指向，发表只是研究的一个副产品。

1. 日常教学研究

教育教学工作与一般的机械劳动不同，它是具有创造性的工作。"在工作过程中研究，在研究的状态下工作"应该成为中学化学教师的工作常态。

要想在教学研究方面取得一定的成绩，就必须打好日常研究的基础，工作过程中养成问题意识和研究问题的习惯。

依据笔者几十年教学和研究的经验，日常教学研究主要包括：听课和评课为基础的课堂教学研究、学情研究、学科问题研究、学生问题研究、习题及习题教学研究、教学反思等。

1.1　课堂教学研究

对于年轻教师来说，听课是效率最高的学习方式；而对于具有研究能力的教师来说，听课既是最基本的教学研究途径，也是专题研究的最佳选题时机，因为有很多想法往往都是在一定的情景中形成的。

通过听课，可以进行的教学研究有（举例）：

1.1.1　课堂引入方法的研究

一般地，课堂引入的目的在于迅速抓住学生的注意力，使学生尽快进入学习状态。但不同的内容往往有不同的引入方法，有时即使同一内容，也可根据教师掌握的资料不同采用不同的引入方法，比较这些引入方法，在理解其共同特征的基础上，挖掘其在教学方面的价值，就是很好的研究课题。

如氯气一节的引入，常见的有如下几种不同方案：

方案1：社会生活实际引入——教师先组织学生观看一段"氯气泄漏及消防处理"的视频资料（5 min左右）。提出一系列关于氯气物理性质、化学性质、用途诸方面的问题，让学生带着问题读书、实验、讨论，从而展开学习。

方案2：通过资料展示科学家舍勒发现氯气、研究氯气的历史过程，介绍舍勒"发现氯气，却由于受燃素说影响而误把氯气当做'氧化盐酸'，不认识氯气"的遗憾，引入正题。

方案3：通过展示自来水厂职工向水中注入液氯、造纸厂用氯气漂白、洪灾过后人们用漂白粉溶液消毒的场面，说明这些生活事实均与氯气有关，引入话题。

方案4：直截了当说明"今天我们学习有关氯气的知识"，甚至"今天我们来学习第几章第几节"。

对于高中生的课堂来说，我们很难简单判断上述引入方法哪个好哪个不好。必须看教师是怎样的教师，学生是怎样的学生。但这些课堂引入方案必须具备的共同特点是，它们都应该是根据教学任务、学生和教师的实际（结合学生已有的经验和教师的教学风格）所做的具体选择。

方案1的优点是多种刺激，能迅速吸引学生的眼球。而缺点也很明显，其一，让学生对氯气产生不好的印象："氯气这种化学品十分危险"，就培养学生对化学的热爱来说，无疑可能发生负面作用；其二，没有明确交代学习任务的情况下，学生看视频不知从何处加以注意，过后总结氯气的有关性质往往不全面。

方案2从历史的角度引入，既有认识论方面的教育价值，也给出了氯气实验制法的基本原理。但往往会使学生感到距离现代生活久远，难以产生兴趣。

方案3是最贴近现实生活的，所选素材都属于能引起学生积极情感的材料。但是所涉及氯气的性质属于比较复杂的（歧化反应），很难使学生一下子接受和消化。

方案4看上去太过于简捷，毫无情趣可言。但对于高中生，尤其是对于资质优秀的高中生，这样的引入实际上可以提高教学效率。也许是最高效的课堂引入方法。

另外，有些课题的引入还可以从学生当前所用、所玩的物品入手选择和组织材料；也可从学生过去的学习经验出发，提出并组织学生思考讨论。总之，课堂引入实际上就是营造一种与教学内容有关的情景，引导学生迅速集中注意力，进入学习状态的教学行为。

1.1.2 课堂提问有效性的研究

提问是课堂教学的基本技术之一，有督促学生认真听讲、积极阅读和思考、了解学习状态、检查学生的课堂学习效率等多方面的功能。

若干年来，关于课堂提问的议论很多，如批判"满堂灌变满堂问"的，批判"是不是"、"对不对"等简单提问方式的等等。但是，到底课堂提问应该如何去做？问题如何设计？提问的对象应该如何确定？提问过程、学生回答过程、对学生回答的评价怎样处理等，做具体研究的并不是很多。

作为高中化学教学，完全可以就某些具体的教学内容做具体研究。

如，元素化合物教学主要就什么样的问题设计提问内容？怎样通过提问督促学生记忆物质的物理性质？怎样通过提问帮助学生理解物质的化学性质？如何通过提问引导学生理解物质的结构、性质、用途、制法间的关系？如何通过提问快速获得关于学生对知识掌握的情况？

再如，化学原理教学中，如何通过设计问题制造认知冲突？如何引导学生调动已有的化学知识理解新的原理知识？

所有这些研究无疑都是有价值的,至少可以帮助教师不断提升教学业务水平。

1.1.3 课堂上学生学习效率的研究

学习的本质是学习者积极的心理与行为活动的总和。动作行为(包括语言行为)是外显的,易被观察的;而心理活动是内隐的,往往不易被察觉。故学生学习效率的高低从外表观察往往很难判断。有的学生课堂上看似非常活跃,发言积极,但只是在不断重复别人的思想,或者顺着教师的话语向前延续一段,他的学习效率并不见得高;而有的学生看似一言不发,甚至有时走神分心,其实他可能在深入思考学习内容的某一部分到了痴迷的程度。

所以,课堂上学生学习效率的研究是一个很难做的课题。正是由于其难,所以才有研究的价值。

首先,要设定评价的指标、预设量化的标准。评价指标是根据一个学生的发展状况制定还是根据全班所有的学生发展情况制定? 是从教师希望达成的教学目标出发设定指标还是从学生实际发展的情况认定指标?

其次,要确认评价的手段和方法。是根据笼统的观察确认指标达成度,还是使用问卷、测试、访谈的手段?

另外,是就一节课自始至终的全部内容做评价还是主要评价某一段内容的教学情况? 或者分别就男生、女生的学习效率做一些研究? 就高中化学学科而言,元素化学教学、化学原理教学、实验课教学分别从哪些角度设置标准进行评价,也是很大的课题。

总之,就学生学习效率而言,值得研究的方向很多。作为教师,课堂上学生的学习效率问题应该是永恒的研究项目。

1.1.4 教学难点突破策略的研究

中学化学教学的难点大多是教师根据教学经验统计的结果。其中有些知识的确是客观难度较大(学生已有的知识准备不够),而有的"难点"则是由于教者本人对知识理解与分析得不够,以至于选择了不合适的教学方法与策略。

对教学难点开展研究的目的无非就是:一,分清楚到底属于上述哪一类,以便于做出正确的处理。若属于第一种情况,则需要先花一些时间做知识教学方面的铺垫;若属于第二种情况,则应该先行从知识类型、学生基础等方面做出分析,再确定教学的策略。二,找到突破难点的方法。布鲁纳认为"任何学科的任何知识,都可以以恰当的方式教给任何年龄段的儿童",并非毫无道理。

比如,上世纪六七十年代,在用"摩尔"替代"克分子、克原子"的最初一段时间里,很多中学教师认为"摩尔"是高中化学的难点,而目前则很少有人这样认为了。这是为什么呢? 一个可能的原因是,当时刚刚进行这样的转换,是教师自己的认知一时转不过来,教师教的过程中自己觉得别扭,而非学生的学习发生困难;另一个原因是最初"摩尔"这部分内容被当做知识来教,而非当做学习化学、认识微观世界的工具去使用,导致学生由于缺少应用一时不熟练。

再如,很多高中生到高三阶段还认为化学方程式、离子方程式是学习难点,"背不住",从这句话里,就能看出是他们学习化学的策略出了问题。第一,中学所学的绝大多数化学反应,都是一些化学原理的具体体现,是可以理解与推测的;第二,化学方程式从知识分类的角度看,是具有动作技能型知识特征的,不能只是看、背,而要动手书写,根据记忆与遗忘的规律,一个方程式若合理安排 3 ~ 5 次的书写练习,是可以达到牢固记忆程度的。

当然,不同的知识难点,其突破策略是不同的。有的需要教师熟练地把握和精辟地比喻,帮助学生理解;有的需要教师指导学生按科学合理的策略去思考、讨论、悟;而有的需要教师在课堂时间内科学合理地安排时间引导学生及时加以巩固。

1.1.5 课堂小结方法与效果的研究

对于一节课这样一个学习单位来说,有一个好的课堂小结对于学生迅速回顾课堂学习要领、及时巩固有关学习结果(知识、技能、方法策略),防止倒摄抑制(下一堂课对本节课的干扰)都具有重要的意义。

显然,不同的教学内容,其小结方法肯定是不同的。比如,化学概念课如何小结才能有利于学生对概念的深刻把握? 是教师复述一遍有关概念? 或者让学生复述? 还是带领学生做一些预先准备好的关于概念的判断题? 或者让学生做一些应用概念解决的较复杂的实际问题? 再如,元素化合物知识课如何用好课尾的时间,使学生对所学元素化合物基本知识掌握得更加准确、熟练? 这些课题,对于不同教龄的老师、不同水平的学生可能都会有所不同,但其中肯定有共同的规律值得遵循。需要加以研究。

1.2 对学生化学学习状况的研究

对学生的知识基础、心理及发展状况的研究,是实施教育和教学的基础。这里主要论述针对学生化学学习状况的研究。

1.2.1 学生认知基础研究

学生的认知基础,既可能对后续的学习有铺垫作用,也可能成为后续学习的羁绊。

例如,学生都知道金属能够导电,且金属导电是自由电子定向运动的结果,而初中化学中又学习了物质是由原子构成的,这样,学生在"中性的金属原子"与"自由电子"这两个概念间,就产生了认知冲突(有些不善于思考的学生并未意识到这一冲突)。而金属键理论的教学正是建立在这种冲突之上的。

通过学习金属键理论,学生把对金属微观结构的认识提升到了一个新的水平,也就顺便解决了"金属是由原子构成的"与"金属中有自由电子"这一冲突。这就是认识的螺旋式上升。

事实上,化学老师经常碰到由于前科学概念的影响,导致教学困难的现象。这时最关键的一点是,要深入学生,了解他们发生认知困难的根本原因。这正应了奥苏贝尔那句名言:"教学的关键是,先要弄清楚学生已知道了些什么,并据此组织教学"。

1.2.2 对学生学习策略与方法（元认知基础）的研究

这在高一入学之初特别重要。目前由于初、高中的分离与高中入学考试的存在，把化学基础教育硬生生地分成了初中、高中两个阶段，其实在一定程度上导致了初高中化学教育教学的脱节。

这其中，知识方面的脱节还好处理，最难以解决的是学生学习策略上的脱节。因学生在初中阶段只有一年的化学学习时间，而由于中考复习（考试能力训练——对于实质性的化学教育教学来讲是一个完全无效的环节）的要求，学生真正用于学化学的时间只有半年多。而初中属于化学学科的启蒙教育阶段，学科最基本的概念、原理、符号、实验技能要求非常多，必然要求学生记忆的多，理解的少。这很容易导致学生对化学学习形成"不求甚解"的定势思维。"化学学习很简单，就是死记硬背"（高一新生语）；有的初中学校甚至把一节早读时间分给化学学科"背化学方程式"。

化学属于理科，亦即"讲道理的学科"。任何化学知识都有其发生、发展的过程，青少年学生感兴趣的往往也正是这些"知识背后的知识"。通过研究学生初中化学学习中形成的思维方式，我们就可以在教学中通过设计一些具体环节，逐步引导他们把死记硬背改变为理解为主。

另外，结合平日学生的提问、作业及单元检测，也能看到一些学生思维方式中的问题。如："MnO_2跟浓盐酸反应为什么会产生氯气？金属氧化物与酸反应不都生成盐和水吗？"（新学的氧化还原原理尚未深入理解，"思想守旧"）"钠与盐酸反应是直接与酸反应还是先与水反应、产生的 $NaOH$ 再与酸反应？SiO_2 能跟烧碱反应，也能跟 HF 反应，为什么不说它是两性氧化物？"（没有掌握酸的本质，以偏概全）。

所以，教学的关键是，不仅要像奥苏贝尔指出的"了解学生已经知道了什么"，还应该增加一点，那就是"了解学生是如何知道这些的"。

1.3 对学科问题的研究

"学无止境"，"教，然后知不足"这些古语告诉我们，作为教师要不断学习。大学所学专业知识只提供了我们从事高中教学的基础。作为科学知识的传播者，要想使自己成为学生心目中的"化学权威"，使自己的课受到欢迎，还必须在化学专业知识与学生已有经验、学生正在参与和未来即将参与的社会生活之间加强联系。

比如，日常生活中学生常常接触到的一些化学用品，如月饼包装里放的"脱氧剂"、饼干包装里放的"干燥剂"、暖手用的"热宝"、夏天坐的"凉垫"，我们能不能讲出其作用原理？社会热点涉及的化学物质，如不法分子往奶粉里掺加的"三聚氰胺"、酸奶里加的"增稠剂"、焚烧垃圾产生的"二噁英"等，当学生关心、询问与之相关的知识时，作为化学教师的我们就不好总是说"这事与高考无关"、"你自己感兴趣自己去查吧"这样的话。

化学专业知识的积累，主要通过集体业务进修、听专家报告及阅读专业书刊实现。如《化学教育》、《化学教学》、《中学化学教学参考》等主要面向中学教师的杂志一般都有"知识介绍"栏目；再如《大学化学》、《化学通报》、《化学世界》等化学专业杂志里也常常刊登一些与高中化学密切相关的内容。教师通过阅读不但可以提升自己的专业水平,还可把一些文章推荐给学生阅读学习。

1.4　对学生问题的研究

教学相长。正如医生的医术是通过诊治疑难杂症提高的一样,教师对所教内容的理解水平往往也是通过不断思考、研究学生提出的问题而提升的。

如下几个问题,都是来自学生的:

①硫酸根离子和氯离子均无色,为什么硫酸铜溶液呈蓝色而氯化铜溶液却呈绿色?

②盐酸电离出的 Cl^- 并没有什么氧化性,那么为什么盐酸掺入硝酸中能形成氧化性极强的王水呢?

③钠与硫酸铜溶液反应,明明是铜离子的氧化性比氢离子强,且溶液中铜离子的浓度也比氢离子大,为什么还是氢离子先得电子?

④锡和铅为同一主族元素,根据元素周期律,铅在锡的下方,应该是铅的金属性比锡强,可初中所学金属活动顺序表中却是锡排在铅之前,铅和锡的金属性到底哪一个强?

⑤教材上讲,"同一周期元素,从左到右,金属性逐渐减弱,非金属性逐渐增强"。这一条,对于副族元素是不是不适用呢? 比如,同在第四周期的锌元素和铜元素,锌在铜的右边,其金属活动性却比铜强。

⑥ CO、H_2 等均为还原性气体,而浓硫酸具有强的氧化性,为什么 CO、H_2 均可用浓硫酸干燥?

⑦从碳酸与甲酸的分子结构比较来看,碳酸中多的一个羟基对羧基的诱导效应应该使其酸性增强,可是为什么所有羧酸的酸性都比碳酸强呢?

显然,这些问题并不都是我们大学化学里能直接学到的,需要教师在教学过程中不断地思考、求教于专家和同行、与学生一起讨论解决。即使有些问题一时不能得到准确的结论也没有关系,学生需要的是教师能给出一个合理的解释(比如,这个问题我是这么考虑的……),其实教师的看法未必一定是正确的,但对于学生来讲,却得到了思维方法方面的启发,作为高中教师的我们,也就已经发挥出了自己应有的作用。

1.5　习题及习题教学研究

教科书里设置"习题"栏目的本意在于引导学习者通过思考解答习题,回味、巩固知识,加强知识点间的联系,形成运用知识解决实际问题的初步能力。我们理解了习题设计的这些初衷,就明确了习题选择与使用的原则与方法。

一般的,布置给学生的题目来源有二:一类是教师根据学生学习的实际情况,为巩固基础知识自行编写的基本题;二是为提升学生思维能力、知识应用能力选用的现成题目,这一部分多来自历年高考、竞赛题、会考题等。这里讲的习题研究,主要是指后者。

1.5.1　研究专家命题,理解教学要求

高考、竞赛题大都是由大学教授组成的命题组命制的,其中体现了大学化学教学对中学的期望,可以在一定程度上帮助中学教师理解教学的要求。

如：2011 年全国新课标卷第 26 题

0.80 g $CuSO_4 \cdot 5H_2O$ 样品受热脱水过程的热重曲线（样品质量随温度变化的曲线）如下图所示。

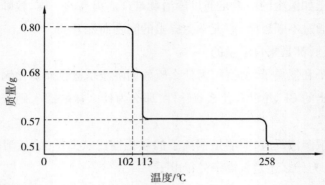

请回答下列问题：

(1) 试确定 200 ℃时固体物质的化学式＿＿＿＿＿＿＿＿＿＿（要求写出推断过程）；

(2) 取 270 ℃所得样品，于 570 ℃灼烧得到的主要产物是黑色粉末和一种氧化性气体，该反应的化学方程式为＿＿＿＿＿＿＿＿＿＿。把该黑色粉末溶解于稀硫酸中，经浓缩、冷却，有晶体析出，该晶体的化学式为＿＿＿＿＿＿＿＿＿＿，其存在的最高温度是＿＿＿＿＿＿＿＿＿＿；

(3) 上述氧化性气体与水反应生成一种化合物，该化合物的浓溶液与 Cu 在加热时发生反应的化学方程式为＿＿＿＿＿＿＿＿＿＿；

(4) 在 $0.10 \ mol \cdot L^{-1}$ 硫酸铜溶液中加入氢氧化钠稀溶液充分搅拌，有浅蓝色氢氧化铜沉淀生成，当溶液的 pH = 8 时，$c(Cu^{2+}) = $＿＿＿＿＿＿＿＿ $mol \cdot L^{-1}$（$K_{ap}[Cu(OH)_2] = 2.2 \times 10^{-20}$）。若在 $0.1 \ mol \cdot L^{-1}$ 硫酸铜溶液中通入过量 H_2S 气体，使 Cu^{2+} 完全沉淀为 CuS，此时溶液中的 H^+ 浓度是＿＿＿＿＿＿＿＿ $mol \cdot L^{-1}$。

此题以中学化学教科书里从未出现过，但化学分析中常用的"热重分析法"为载体，至少应该给我们如下启发：

第一，教学过程中，不宜教给学生过于僵化的知识。$CuSO_4 \cdot 5H_2O$ 的热分解产物不一定是 $CuSO_4$ 和 H_2O，还可以得到 $CuSO_4 \cdot H_2O$、$CuSO_4 \cdot 3H_2O$、CuO、SO_3、H_2O 等，这跟反应的温度有关。

第二，教学结论应该具有可迁移性。既然硫元素呈 +6 价的浓硫酸具有强氧化性，那么硫元素同样呈 +6 价的 SO_3 也应该具有强氧化性。（当然，稀硫酸中的 SO_4^{2-} 是由于其正四面体稳定结构及水合效应，致使性质稳定，很难显示氧化性。）

再如：2011 年北京卷第 25 题

在温度 t_1 和 t_2 下，$X_2(g)$ 和 H_2 反应生成 HX 的平衡常数如下表：

化学方程式	$K(t_1)$	$K(t_2)$
$F_2 + H_2 \rightleftharpoons 2HF$	1.8×10^{36}	1.9×10^{32}
$Cl_2 + H_2 \rightleftharpoons 2HCl$	9.7×10^{12}	4.2×10^{11}
$Br_2 + H_2 \rightleftharpoons 2HBr$	5.6×10^7	9.3×10^6
$I_2 + H_2 \rightleftharpoons 2HI$	43	34

（1）已知 $t_2 > t_1$，HX 的生成反应是_____反应（填"吸热"或"放热"）。

（2）HX 的电子式是_____。

（3）共价键的极性随共用电子对偏移程度的增大而增强，HX 共价键的极性由强到弱的顺序是_____。

（4）X_2 都能与 H_2 反应生成 HX，用原子结构解释原因：_____

_____。

（5）K 的变化体现出 X_2 化学性质的递变性，用原子结构解释原因：_____，原子半径逐渐增大，得电子能力逐渐减弱。

（6）仅依据 K 的变化，可以推断出：随着卤素原子核电荷数的增加，_____（选填字母）。

a. 在相同条件下，平衡时 X_2 的转化率逐渐降低

b. X_2 与 H_2 反应的剧烈程度逐渐减弱

c. HX 的还原性逐渐减弱

d. HX 的稳定性逐渐减弱

此题前面几问都很平常，所考查知识和能力属于传统教学可以把握的。第（6）问却给了我们很好的警示！该小题答案中没有 b —— 化学热力学与动力学不是一回事。即反应进行的倾向性强弱跟反应速率大小之间并无必然联系。这在过去的教学中往往是被中学教师忽视的地方。

恢复高考以来，已有 30 多年了，从过去的每年全国一套题，到现在的每年几套题，化学学科累计有数十套、上千道题了，如果高中化学老师把这些题目的立意都逐一搞清楚，我想对教学大纲、课程标准的理解也就十分透彻了。

1.5.2 习题分类研究

化学作为理科的一门，习题教学是其重要的一项内容。但目前的情况是，由于一年年高考与竞赛的积累，"好题"越来越多，使得一些老师这个也不舍得丢，那个也不舍得去掉，总想让学生去做一做、练一练，结果是卷子满天飞，学生苦不堪言。

这时，作为教师的责任首先就是，要对题目进行分类、合并、取舍。通过这样的研究，既可大大减轻学生的习题量，也使我们的教学有了更加明确的抓手。

例如，关于离子方程式正误判断的题目，近些年来的高考出题已有数十道，但归纳起来，所涉及的离子反应不过三类（氧化还原类、离子结合类、水解类）、二十几个，所涉

的所谓解题技巧不过是判断"反应实际上能发生吗？是这样发生的反应吗？该写成离子的物质写成离子了吗？方程式原子数、电荷数配平了吗？某物质过量时还是这样的产物吗？酸性条件下能生成碱吗？"等。教学中只要学生理解了这些，记住了基本的反应，绝对不需要左一遍、右一遍地去练"判断离子方程式正误"的原题。

笔者曾与王清安老师合作在《化学教育》撰文"小专题复习法初探"[①]，介绍习题分类研究与使用方面的心得，读者可以参考。

1.6　写教学反思

近年来，教学反思在教师教学研究中所起的作用，已被普遍认同。有人称，反思的过程实际上就是就是向自己学习的过程。的确如此。课后反思的目的一是在于日后改进教学，另一个则是对教学设计思路的整理，是理性化看待教学的重要过程，对于教师形成个人的教学思想很有意义。

下面提供两段教学反思，供大家参考：

《胶体》教学反思

总体上看，按照预设的方案课进行得较顺利。这既是设计充分的体现，也是多次试讲修改的结果。从这个意义上说，有准备的课与无准备的课是不同的，准备充分与准备不充分也是不同的。

根据专家的课后指导，我发现了自己的一些不足之处。

1. 没有抓住课堂生成性的问题。如，有一个组的同学在实验时没有严格按照操作规范进行，结果制得的硅酸胶体不是液溶胶，而是得到了固溶胶。教师只是简单地在该组内作了解释，没有把问题提到课堂上组织学生讨论。

2. 课堂语言不够简练，随意性大。据进修学校的魏老师提示，这种情况在正式的课堂教学比赛中是要被扣分的。

3. 板书有小的缺漏，如 $FeCl_3$ 水解得胶体的方程式，忘记了写加热符号，而这是不正确的。而多少年来，板书的随意性似乎已成为我的"教学个性"，还往往为此辩护，觉得是个人风格。当出现科学性错误时，绝对不能再简单地认为是"风格"问题了，今后必须引起高度的重视。

当然，本节课从设计到课堂实施，还是有一些得意之处的。

1. 教学设计上，注重贯彻以学生的发展为本的新教育理念。既然学生已进行了自学自研，就没有照教材的次序按部就班地一一讲解。而是根据学生自学中提出的问题，按照建构主义的指导思想进行了精心设计：先设置2个与胶体有关的话题情景，让学生讨论——运用从书本上学来的胶体理论知识加以解释，让学生体验知识应用带来的成功感；再通过亲手实验，利用丁达尔效应鉴别溶液和胶体——感受溶液与胶体的异、同；然

---

① 　王清安等．小专题复习法初探[J]．化学教育，1994(4)：20－21

后是理论与实践相结合的学习——先从理论上讨论胶体制备的途径,再通过亲手实验制备并检验胶体,边实验,边思考讨论,从不同的角度加深对胶体的认识。并在知识学习的过程中,提高思维能力、增强想象力,培养对化学知识的情感。

2. 教学实施中,注意贯彻以学生为本的理念。传统教学中,丁达尔效应实验一般是由教师演示的,但以往教学中发现,课后总有学生反映看不清楚。故本次改为学生4人一组的随堂实验,保证了每一位学生观察清楚。

另外,课堂上最后的5分钟,教师没有用来继续进行已准备的"机动内容",而是改由学生提问。结果金銮提出了一个关于丁达尔现象的问题,引起了全班同学的积极思考,最后由任哲同学给出了一个较为圆满的解答。这一问一答之中,揭示出了学生课堂上积极思考的状态,也体现了教学的民主性。

3. 定性的"课型"不是最重要的,重要的是学生能不能获得学习结果。本节课是在理科实验班进行的一节"展示课",开始设计时,围于理科实验班的"四环节"教学模式,是设计成"问难讨论课"呢?还是设计成"精讲点拨"课呢?由于胶体内容比较简单,问难讨论可能不需要一节课的时间,而不经过"问难讨论"环节,直接进入"精讲点拨"阶段,似乎不太符合学生的认知习惯,可能会造成学生学习上的困惑。

经过与同行老师们的商讨,最后决定,根据本课内容上的特点,不再拘泥于课型的限制,设计成一节"自学自研"基础上的实验探究讨论课,结果从课堂执行情况和课后学生反映来看,课还是成功有效的。达到了应该达到的教学目的。

一堂实验课的教学反思

今天的实验课依然沿用既定的办法——让学生根据提供的仪器和药品,结合课堂所学内容独立设计和开展实验。因已有多次这样上课的基础,绝大多数组的同学都能顺利做成很多实验。虽然有的其实还是教材规定实验,特别是部分女生,她们有的是"怕不按教材做影响考试时准确描述",但也有的不但是独立设计的,而且设计得非常有新意,简直令人叫绝!

如贾小凡的小组就设计并做了如下一个实验:取等量的2份溴水,一份加少量 NaBr 固体后振荡使之溶解,另一份不加。然后分别向两份溶液里加等量的 CCl_4 并剧烈振荡后静置,结果得到了他们预期的实验现象——加 NaBr 的试管里水层的颜色比未加 NaBr 的试管里水层的颜色明显要深,而前一试管里 CCl_4 层的颜色明显比后者浅。——他们根据 I_2 易溶于 KI 溶液推测,Br_2 在 NaBr 溶液里的溶解度也应该比在水里大。本实验就是为证实这一推测的。他们成功了!

其实绝大多数教师都做教学反思,只是形式不同,有的人善于思考但并不记录,而有的人则坚持把反思结果写下来。我们提倡的是把个人反思及时写下来。

虽然个人反思的习惯不同、对不同的课反思的角度也可能不同,但应该都离不开如下几个方面：

① 对课的整体感觉如何？顺利按预设方案完成的呢还是有临时调整？为什么要调整？调整后的情况好吗？

② 学生的课堂情绪如何？参与学习过程的积极性被调动得怎样？

③ 学生表现中有无特别精彩的？为什么他会如此精彩？

④ 板书、课堂提问等方面有何精彩之处？有何遗憾？

⑤ 演示实验教学进行得顺利吗？演示中出现过什么异常状况吗？可能要进行怎样的改进才会更好？实验教学的效果与预期的一样吗？有何意料之外的收获？（特别的现象？学生提出的特别的问题等。）

⑥ 课堂讲解中有无感觉别扭之处？为什么会产生这样的情况？

⑦ 课堂上学生的主体活动时间充足吗？

⑧ 下次再上本节课时，你将做怎样的调整？

写教学反思贵在坚持，上述提纲只是提供了一些思考问题的角度，随着习惯的养成，你将会写出很多新的想法、感悟，教学设计水平也会在不知不觉中随之提高。

2. 实验教学研究

2.1 演示实验教学研究

演示是辅助讲解的重要手段。班级授课制实施几百年来，特别是科学课程进入课堂以来，人们就一直没有停止对演示实验教学的研究。就某一特定内容的学习效果来说，演示实验肯定比不上学生亲自实验，但就面向很多人传播间接经验的课堂教学来说，是不可能把每一个实验都改为学生实验的。所以可以说，对演示实验教学的研究还会长期持续下去。

关于演示实验教学研究的内容，有非常多的角度。

2.1.1 演示实验内容的最优化

如：该演示是不是必要的？该演示方法的教学效果是不是最好的？就某一教学内容来说，除教材规定的演示外，还有没有必要增加别的演示？

2.1.2 演示实验效果的改进

如：如何保证本实验演示过程中全班学生都能明确观察到理想的现象？如何尽可能地缩短演示的时间？（这里指减少不必要的时间浪费，而不是说演示时间越短越好，有时演示过程中需要学生思考，多花些时间可能是必要的）如何避免演示的失误？教材介绍的演示方法与杂志介绍的新方法相比，哪一个更好？哪一个更适合本校？能不能借鉴杂志介绍的新方法？

2.1.3 最大限度地发挥演示实验的教学功效

要想让演示实验的教学功效最大化，就必须启发引导学生积极参与观察与思考。因此,演示过程中,结合演示进程连续抛出一系列问题,引导学生观察和思考,则可以大大提升教学效果。这些问题要根据教学的目的事先做好设计。问题的设计可依据如下线索展开(以实验室制氨气为例):

①关于实验原理的。如,所有的碱都能跟铵盐反应得到氨气,为什么用熟石灰与氯化铵? 用生石灰行吗? 用硝酸铵可能有什么危险? 用该方法制得的氨气中可能含有什么的杂质? 应该如何除去这些杂质?

②关于实验装置的。如,根据本实验所选用的试剂状态与反应条件,应该选用怎样的装置? 该装置与前边所学哪些气体的制备装置相似? 该装置的安装要领是什么? 根据氨气的物理、化学性质,收集氨气应该采用怎样的操作方法?

③关于操作方法的。该实验装置的气密性应该如何检验? 加热的要领是什么? 如何判断氨气是否已收集满? 如何取下已收集满气体的试管?

④关于实验现象的。如,你闻到氨是什么样的气味? 除产生氨外,还有别的什么现象? 用湿润的红色石蕊试纸检验氨时,有怎样的现象?

⑤关于实验评价与改进的。如,你认为这种制氨气的方法是最简单的吗? 你能不能想一个替代的方法? 有人也用向烧碱固体上滴加浓氨水的方法获得氨气,这一方法的原理是什么? 请与今天演示的方法做一比较。对今天的演示实验,你有没有什么好的改进建议?

2.1.4 补充演示实验的开发

对于一个地区来说,化学教材是统一的,但各学校的学生不是统一的,教学资源也不是统一的,因此,演示实验不可能完全一样。很多时候教师可以根据教学实际增加一些必要的演示。

如,化学与生活联系的实验。在学生学习氯离子检验的时候,千万不要只做一下规定化学试剂里的氯离子检验实验完事,务必要随手取些自来水(有时可以从教室里学生喝水的杯子里"借"些),现场检验一下自来水里的氯离子。硫酸根离子的检验也是如此,我国是燃煤大国,自来水里含硫酸根离子是常理,只是往往由于硫酸根离子浓度较小,加钡试剂后不易直接观察到白色沉淀,这时可采用对比实验的方法:取与自来水等量的蒸馏水,滴加钡试剂,对比观察,则可见明显的不同——前者有浑浊,而后者没有——这样,学生同时学习到了设置空白对比实验的实验方法。

类似的,在学习碘遇淀粉变蓝色性质时,淀粉未必一定要用配制好的淀粉溶液,可以"就地取材",饼干、粥、土豆、红薯等都可成为实验的材料。

化学源于生活,化学教学也要贴近学生生活,这样更容易使学生接受化学,理解化学,增进他们对化学学科的感情。所以,加强与生活相关的实验开发,是化学教师永恒的研究课题。

教学中,还可根据学校的实际条件,增加一些使用现代技术手段的实验。如,使用各

235

种传感器的实验,不仅可使学生更加直观地"看"到有关实验现象,而且能拉近学生与现代科技的距离。

下面的两幅图是用电压传感器测量铜锌原电池在无盐桥和有盐桥两种情况下所得的曲线示意图——前者电压不稳定而后者电压在一段时间内则能保持稳定。这样就非常直观地说明了盐桥的作用。

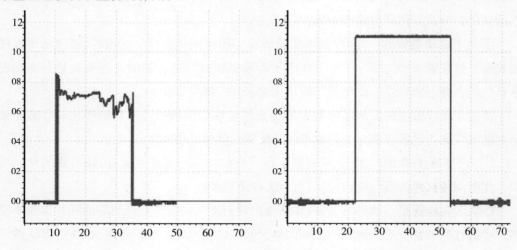

图 8 – 1 铜锌原电池电压随时间变化情况

2.2 改革学生实验课的研究

能亲自动手实验,是学生进行化学学习的幸福。无论观察实验课上学生的情绪表现,还是通过问卷调查了解学生最喜欢的化学教学形式,无疑都是"实验课"。

但从老师的角度来了解,可能就不一定是这样了。"实验课秩序难以控制","一旦开始动手,学生就会乱做一气","操作不熟练,连火柴都不敢划,几乎每节课都不能按时完成实验内容","课后不整理实验台","弄坏仪器、污染药品,影响下一个班正常使用"……

既然实验课对于化学学习非常重要,那么在实验课组织方面的这么多问题,正好提供了我们研究的机会。

实验室是一个特殊的学习场合,必须严肃维持实验室秩序。对于进实验室就"兴奋"、乱拿乱动、不听指令的学生,应该有事先的提醒和必要的处罚。比如,取消其亲自动手实验的权利,只准观察他人实验。

至于学生"乱做一气",首先要调查了解为什么学生会这样做。是由于教师对仪器药品交代不够清楚、学生不知如何开始实验?还是他们觉得"这个实验已经在课堂上看过老师演示,再重复一遍没意思"?如果是这样的原因,就要教师本身设法改变——改变实验内容的呈现方式及实验课的组织形式。

2.2.1 "实验内容实验习题化",是学生实验课改革的重要方向

如,离子检验部分的学生实验,由于学生已经在课堂上学习了 Cl^-、SO_4^{2-} 等离子检

验的原理及操作要领,若你还是让他们"取少量 NaCl 溶液,先滴加 AgNO₃ 溶液,再滴加稀硝酸,观察现象,写方程式"的话,他不好好按你说的去做也就在情理之中了。

若设计成下边这样的"未知物检出的自由实验"—— 提供若干个未知试样,告知学生有的含有待检验的离子而有的不含有,再提供与检验该离子有关的试剂。要求他们随意挑选未知试样来检测,能检测出几个不限。教学效果当是如何呢? 能不能起到复习巩固所学化学知识,训练提高操作技能的作用呢?

再如,中和滴定实验,与其教师在实验课上一再强调"润洗滴定管、不润洗锥形瓶,滴液要慢不能成液流,认真观察最后一滴液体滴下时溶液颜色如何如何……",很可能倒不如就给出一个标准酸溶液,一个未知浓度的碱溶液,要求比赛谁测得准。

有的老师试验过多次这样的改革,事实上由于实验课的挑战性增强了,学生的实验操作比以往认真多了,课的秩序也好多了,极大地调动了学生的积极性。

2.2.2 鼓励先进,允许落后

首先,我们必须承认不同的人其动手能力是不同的。

在学生实验操作的过程中,教师要通过巡视,善于发现那些操作技能娴熟的学生和操作特别慢的学生,一方面可通过调换分组的方法解决各组实验时间平衡的问题;另一方面也可通过个别指导的方法,使慢的组不太慢,不至于影响课堂进度。还有一个很好的策略,那就是,对于提前完成规定实验内容的组,可允许他们根据实验室提供的仪器药品,做一些自己设计的实验。这是一种莫大的奖励! 你会看到学生这时的神情多么激动,精神多么专注,态度多么认真!

2.2.3 元素化合物知识的实验课变"规定动作"为"自选动作"

过去的这类实验课内容基本上都是课堂演示的再现,学生不喜欢做是情理之中的事。如果改革一下,教师准备大量与课程内容相关的实验仪器和药品供学生自由选择,允许他们自行设计、自行选择试剂,做自己想做的实验。是不是可以更加充分地调动学生的积极性?

为防止学生不假思考地乱做一气,可以提出要求,每一个实验必须有明确的目的、科学的设计,必须写出实验报告。同时教师对学生的实验报告要给以特别的重视,对每一篇都要付出最大的精力认真阅读、圈点、写评语。通过这样的教学过程,引导学生重视实验设计、实验操作、写报告这种创造性的劳动,教会学生写真正的实验报告。

下边摘录了一些开展实验改革的学校的学生实验报告(实验收获与感想)片段:

——"看到一桌子的试剂使我眼花缭乱,无从下手,苦苦搜索脑中我所知道的化学反应,观看试剂思索哪些可以反应,哪些不反应。可是有些反应现象并不如我所料,使我百思不得其解。如:FeCl₃ 与硫酸应该是不反应的,可是原本黄褐色的液体(FeCl₃ 溶液)加入硫酸时却变得透明了,颜色也浅了一些?! 还有,加热 NaHCO₃ 溶液时有大量气体逸出,我猜想应该不是水气,因为水沸腾时放出气体远没有那么猛烈。……看来,酸碱盐还

有很多性质有待我去探究。"

——"在这一次实验中,我还知道了在进行实验前一定要有假设,否则无法准确地观察到实验现象,实验也就白做了。"

——"在收拾水池时,我发现有一块紫甘蓝的角上是蓝黑色的,实验中紫甘蓝遇碱变黄,遇酸变红,那么它遇到什么变蓝黑色呢? 我们用 $BaCl_2$ 与 $CuSO_4$ 溶液反应后再滴入石蕊试剂,结果液体变红。$BaCl_2$ 与 $CuSO_4$ 反应后应该生成 $BaSO_4$ 沉淀和 $CuCl_2$,那么是什么让石蕊试剂与之反应变红的?"

——"通过这次实验,我更觉得这个世界真奇妙! 有些物质反应后刚形成的沉淀是一种颜色,而放置一段时间则变为另一颜色。这次的实验课很特别,因为第一次没有按课本上的规定去做实验,而是由自己设计任意选择物质去实验,这样我们就摆脱书的限制,拥有了独立思考、自主发挥的机会,这样的实验更能锻炼我们的能力,使我们更好地把所学知识与实际操作联系到一起。……一节课的时间是短暂的,而想做的实验很多,这便需要我们探索一种更加有效的方法去应对,于是也就考验了我们的合作协调能力。"

从学生的这些感受里,可以看到实验课改革给实验课堂带来的巨大活力。

2.3 家庭小实验、趣味实验、综合探究性实验的开发研究

化学源于生活,实验与学生的学习生活密切相关。对于一部分学生来说,可能做好规定实验就已经够了,而对于很多对化学感兴趣的学生来说,他们往往并不满足于课堂实验。他们中,有的动手能力很强,有的探究意识很强,特别是目前的高中课程里有一门重要的课程——研究性学习,很多学生乐意在化学领域做一些项目。

2.3.1 家庭小实验

随着科技的进步,化学制品越来越多地走进家庭。厨房里有食醋、纯碱、小苏打、食盐、蔗糖、面粉、食用油、天然气、鸡蛋、牛奶,以及具有强氧化性的油烟清洗剂等"化学试剂"及加热设施;卫生间里有肥皂、合成洗涤剂、洗发液、护发素、牙膏、甘油、去污粉、漂白粉、以盐酸为主要成分的洁厕剂;另外,家里还有棉线、毛线、钢针、磁铁、纸张、花瓣、电池、导线等。这些物质组合起来,几乎就是一个小型的化学仪器、药品库,如果我们注意结合教学内容加以开发,是不是可以指导学生进行非常多的实验?

2.3.2 趣味实验

趣味实验有助于吸引学生的注意力,培养学生运用化学知识的能力,以及创设教学情景等。常见的趣味实验有:利用课堂所学化学原理与日常生活用品设计的现象出乎意料的实验,如"鸡蛋游泳"、"白磷自燃"、"以水点火"等;利用常见化学药品和课堂未学到的化学原理设计的实验,如"茶水变墨水"、"冰棍燃烧"、"过饱和溶液的瞬间结晶"、"蓝瓶子实验"、"NI_3 的微爆炸实验"等;化学制作,如"晶体花"、"水下花园"等。

除了教师独立进行研究开发外,还可以通过化学课外小组、选修课、活动课等形式带领学生开发。

2.3.3 综合探究性实验

这是结合近年来高中课程里的研究性学习开发的一些项目。如水发海产品(水发鱿鱼、海参)有没有利用甲醛保鲜的实验测定、市售水果汁里维生素 C 含量的测定、加碘盐中碘含量的测定、加铁酱油中含铁量的测定、北京市酸雨分布(课题较大)情况的研究、pH 对某类植物生长状况影响的研究,等等。

学生通过开展综合性实验活动,把课堂学习与实际生活联系起来,拓展课堂所学知识的同时,学生也初步学会科学研究的一般步骤、方法,增强了其科学研究的意识与能力。

3. 专项课题研究

高中化学教学研究可分为基础研究(理论研究)、应用研究、专项研究(对教学过程中出现问题的专门研究,一般采用行动研究的方法进行)等。

基础研究主要是为解决高中教学中的重大问题而进行的,如"高中化学课程标准的研究"、"高中化学课程内容设置的研究"、"科学安排化学课程中实验内容的研究"等,这样的课题一般不太适合于一线教师独立去做。当然,也不能绝对化地下此结论,有时一些经验非常丰富和理论水平非常高的一线教师,也完全可以承担这样的课题研究。

应用研究是指当前国内外教育、教学、学习领域已经形成了很多成熟的理论,要通过实践研究,把这样的理论运用到实际教学之中,使之充分发挥指导价值。如,前些年全国各地搞的"目标教学研究"就是把布鲁姆的理论推广应用的过程;"智能多元理论的实践研究",就是把加德纳的智能多元学说运用到教育评价之中,"多一把尺子量学生,就多出一批好学生",肯定每个学生的每一项积极努力,调动学生积极发展的心态。这样的研究通常主要也是由一些教育学专家承担,由各级教育教学研究部门出面组织,一线教师积极参与进行的。教师参与这样的研究,主要还是从中学习新理论,体验理论的指导作用,借以改进教学过程,提升业务能力。当然,也不排除有时候通过发表研究过程中的心得、经验等,为理论的推广作出贡献。

对于高中教师来说,根据自己教学实际中发现的问题、困惑,通过学习、思考、探索、总结提炼经验,是最常见的研究形式。一般运用行动研究的方法开展研究。其特点是,研究的效果随即在教学实践中得到充分体现,通过研究减少困惑,减轻未来的工作压力。

这样分析并非藐视中学教师的研究能力。"人民群众才是历史的真正创造者","小中见大"是化学教师开展教学研究的最大特点。如,关于概念教学的研究,如果进行文献搜索,会有成千上万篇论文、研究报告等,但就突破某一具体化学概念教学的研究,就未必有很多,而这,往往是一线工作者最为需要的。再如,关于实验教学的研究论文或报告恐怕也已不计其数,但就某一项具体实验教学效果最优化的研究,却未必有过多少,而我们每一位一线教师备课时所需要的,恰恰正是这个。

就高中教师来说,我们认为,在其成长的不同阶段,研究的主要方向应该是不断变化的。

从教初期,主要是把自己在师范大学里所学习的教育学、心理学、学科教学论知识运用于实际教学之中,即解决把教育教学理论"落地"的问题。这个期间的研究很重要,但可能不是以搞课题研究为主。

从事教学工作3~5年后,对高中化学教学的基本框架比较熟悉,常规教学能做到得心应手了,也就有能力钻研一些具体知识点的教学效率问题了。挖掘具体知识点的教育教学价值,可能是这一阶段的研究重点。这个期间所谓的研究,并不是一味冥思苦想、闭门造车,也要以学习为主,如听专家教师的课,咨询专家教师在处理具体教学问题的心得;再如看《化学教育》、《化学教学》、《中学化学教学参考》等杂志,了解前人对问题的研究状况,避免自己走过多的弯路。

这样经历10年左右的磨炼,对高中化学内容的理解基本达到融会贯通,教学手段基本能根据学生的情况信手拈来的时候,可能集中精力做一些较大的课题研究的能力就具备了,机会也多了。

3.1 研究方向的确定与研究课题的选择

一线的高中化学教师从事研究,一定是与自己的工作密切相关的课题。

从教之初,我们可以选择某一章、某一节,甚至是某一段教学内容的教学价值研究,通过思考、设计教学过程、实际教学操作、调查了解学生的学习效果与学习感受,完成自己的研究,并通过该研究提升自己对教学内容的理解水平。也可以针对某具体内容,开展不同教法的比较研究,通过查阅资料,独立设计与实施教学过程,调查了解学生的学习情况,体验各不同教法的优缺点,帮助自己提升教法选择能力。再如,尽管人们对应试教育非常痛恨,但对学生考试能力的培养却是每位高中教师绕不开的课题。为解决题海战术给学生带来的苦恼,我们不妨选择"高中化学习题分类研究"这一课题。通过搜集、整理、比较历年会考、高考、竞赛试题,针对自己所教学生的实际,编写一份最为精简的化学练习题。这份练习题本身就是你的重要研究成果。而实际上,你在研究中所受益的,还有通过习题加深对课程标准的理解水平——因为,这些习题都是由各级专家依据课程标准精心命制的,里面蕴涵有专家们对课程标准的理解。

随着教龄的增长,教学经验的丰富,我们可以逐步拓展自己的研究领域,加大研究课题的深度。如,某一大类化学知识的教学策略的研究,大家公认的某一个教学难点的突破策略,某一章、节课程内容的设置、调整及教学策略的分析与研究等。

研究水平达到一定程度后,化学教学的研究往往就与教育、学生成长指导等宏观教育问题挂起钩来了,不再是单一的化学教学研究。如,中学生学习中"粗心"问题的调查与分析,高中学生学习策略转变的研究,初高中衔接阶段学习指导的探索等。

3.2 文献调研

课题确定后,务必要进行文献资料的查阅,避免走弯路。若刚好查阅到与自己课题完全一样的资料,那是再好不过的事了——不用费事研究,只通过学习就很快地获得了问题的结论。若对所查资料觉得不够满意,后续的研究也是在这些资料的基础上开展的,至少节约了很多的时间与精力。当然,有时我们也可能对前人的研究结果持怀疑态度,那就更加坚定了我们研究的决心。

目前,随着网络的普及,文献检索比以往更加简洁、快速。一般的,利用互联网上的某些搜索引擎,输入要查找文献的某一个或几个关键词,立即就会有非常多的同类文献呈现出来,供我们选择。这里,关键词的确定就很重要,通过经常的查询,应该能够不断积累使用关键词的技巧。

这里要提示大家的是,虽然我们搞的是高中化学教学研究,但请记住"他山之石可以攻玉"的道理。比如我们要对某类教法开展研究的话,务必要搜索一下高中物理、高中生物、初中化学等相关教学领域的研究成果。

当然,搜索文本资料以及自己积累的重要文献资料,也是十分重要的方面。就要查找的资料,先行咨询同行,有时往往也会得到预想不到的结果。

3.3 开题论证

比较大的课题一般要有一个开题论证环节。课题主持人要根据前期的研究,把课题的由来(问题的提出)、初期的文献查阅情况(文献综述)、研究的目标、研究的价值、研究人员的构成及研究能力、课题研究的基本规划等写成开题报告,请一些有研究经验的专家审阅这个开题报告,评价该研究到底有无价值、价值高低,就研究的情况做出补充、提出他们的指导意见等。正是由于课题大,需要耗费的人力、物力大,才需要这样慎重从事。

因为专家大都理论水平高,经验丰富、见多识广,你所没有了解的情况很可能他们已经掌握,他们往往会就你所没有想到的研究方法提出中肯的意见和建议。所以,有专家参与开题论证会绝非可有可无。

3.4 研究过程

一个课题,经过选题、文献查阅、开题论证后,就应该立即投入研究。根据课题的特点,有各种不同的研究方法。

比如,有的课题主要采取理论研究的方法,就是通过分析、比较、归纳、概括等手段,处理各类文献资料,并做出自己的分析、判断,提出独到的见解。有时小组研究中还采用集体讨论的做法,小组集体讨论即近年来流行的一种"头脑风暴"的方法,有利于充分调动小组中每一位成员的主观能动性。具体做法如下:

7~8人的小组围坐在一起,由一位担任主持人、一位担任记录员,大家就主持人提出的核心话题依次发表自己的看法和想法,任何人都不得对别人发表的意见和观点进行评论、附和或质疑,每人每次只提出一个观点或看法,没有看法的人可暂时跳过,这样一个轮次一个轮次地进行,直到所有人都已表示无新的发言为止。由几个人一起把大家的发言内容整理,把同类的内容归一,发给小组每一位成员,由大家进行无记名投票,对各个观点的重要性排序,确定前 20% 的问题或观点为下一步研究的重点问题,分工进行研究。

而大多数课题研究往往都采用实验研究的方法。这就有"假设的提出"、"概念的界定"、"实验步骤的设计与实施"、"数据的获得与分析处理"、"对结果的解释与判断","报告的撰写"等内容。

假设的提出要合理,一般都是根据长期的积累、观察产生的预感,而非凭空想象。比如,"通过合理设计,让学生先后只写 5 遍就可以记住所学的化学方程式"的假设,与"让学生只写一次就能记住所学化学方程式"的假设,可能前者更符合实际。

概念的界定,是指确定本研究中涉及的新名词含义的指向,而非对所有概念都给以不同于其本来含义的界定。这一工作要在前人研究的基础上进行,先行描述别人研究中对此概念含义的分析,比较各不同研究者定义的优劣,再提出自己的见解。

实验步骤的设计要紧紧围绕假设展开,"若做了哪些工作,则应该或可能得到怎样的教学效果",实验的步骤就是要首先去做预期的工作,再设法获得能描述预期教学效果的数据、证据等。

数据处理与得出结论,有时需要借助数学分析的手段进行。这就给我们化学教师提出了学习使用数学及计算机工具的新要求。其实这个并不难,常见的数据分析软件Excel、SPSS 等工具其实都很易操作,只要用一次,几乎都能学会。

对结果的解释与判断,要本着客观、科学的态度去做,假设被证实与被证伪,对于研究本身来说都具有同样的价值。爱迪生在试验了一千多种灯丝材料后曾经说过:"我并没有失败,我已成功地证明这一千多种材料是不适合做灯丝的"。教学研究者其实也应该具有这样的精神。

对于研究周期较长的课题,往往要进行中期回顾(属于上级主管部门的课题叫中期检查)与研究方向的调整。

3.5 研究报告与研究论文的撰写

3.5.1 课题研究报告的撰写

只要研究过程宣告结束,就该着手研究报告的撰写了。因研究报告有固定的格式,所以并不难写。一般的研究报告必须包括如下几个方面:

①问题的提出——介绍本研究开展的背景,即为什么要进行该研究?并简要介绍前人的研究基础(这一部分可用开题报告中的文献综述缩略后替代),指出为什么我要在这里进行深入的研究(本研究的价值——理论意义与实践意义)。

②研究的目标——期望通过本研究解决怎样的问题,或得到什么样的结论。这里应该包含实验的假设、基本概念的界定等。

③研究过程 —— 包括步骤的设计与实施过程记录。有时还包括研究方向的改变情

况。记录要客观真实,不能为证明实验假设而编造数据、臆造事实。

④研究结论。首先要对研究过程中得到的数据进行分析、处理,再结合非数据性研究结果进行综合分析与判断,给出本研究的最终结论。

⑤反思与展望——就本研究过程中的成功之处、失误、遗憾等给后人以启发。或就进一步的研究提出期望。

⑥致谢——对本研究过程中作出贡献的个人与单位表示感谢之意。

⑦参考文献。

⑧附件——与本研究有关的重要资料、证据,一些本研究过程中发表的论文、出版的书籍、编写的学生学习用资料等,均可以附件的形式呈现。

3.5.2 研究论文的撰写

高中化学教学研究论文有很多类。包括对教学内容本身研究方面的,对一定教学内容教学价值的研究开发方面的,对某具体教学内容进行教学过程优化研究方面的,对高一、高二、高三各不同学段学生化学学习特征研究方面的,就化学原理、元素化学、化学实验、有机化学等不同模块学生学习情况调查研究方面的,以及针对不同类型的学校、不同水平的学生进行的化学课程开发研究方面的,等等。这些内容概括起来,无非两大类:一是关于化学科学内容的研究;二是关于如何教学生学化学的研究。

关于化学学科本身的研究,有人似乎觉得并不应该是高中教师的研究范畴,这种认识是完全错误的。其一,历史上很多的科学家其实原本就是中学教师,他们就是通过在教学过程中不断研究发展为科学家的;其二,目前的很多青年高中化学教师,完全可能通过考试进入研究生院等机构深造,转变为专业研究者;其三,目前在高中教学领域,有很多知识就是尚未有定论的,有些看似有定论,但其实是错误的。需要通过不断的研究,辨析其正误。

比如,对"重金属盐硫酸铜溶液滴入鸡蛋白溶液中,先出现白色沉淀,加过量硫酸铜溶液时白色沉淀消失"这一"异常"现象,过去全国上下比较一致的看法是"过量铜离子与已沉淀变性的蛋白质发生络合反应,而发生溶解",北京十一学校的董素英老师通过质疑、设计实验验证,指出原来的看法是错误的,铜离子并没有使蛋白质变性,而只是由于加硫酸铜溶液的量不同,导致溶液的 pH 发生变化(等电点时,蛋白质的溶解度最小),造成了上述现象[①]。

再如,关于浓硝酸与铜反应所得溶液呈绿色而非蓝色的问题,过去普遍的看法是,水合铜离子呈蓝色,而反应产生的 NO_2 溶解在溶液里呈黄色(久置的浓硝酸变黄色),蓝色与黄色掺加在一起,就显绿色了。这个解释与氯化铜溶液呈绿色而非单纯蓝色的解释非常相似,"很有道理"。但是杭州外语学校的胡列扬、郑学连老师通过质疑、设计实验探

---

① 董素英等. 关于蛋白质变性中的问题[J]. 化学教育. 2009(9):68

究,给出了新的解释,令人不得不信服①。

另外,还有很多高中教学中的知识性问题其实至今没有得到很好的解决。如金属表面钝化膜结构的问题、铜与浓硫酸反应产物中黑色固体成分的问题、久存于煤油中的钠表面暗黄色"钠皮"化学成分的问题、$Fe(OH)_2$氧化过程中灰绿色物质的化学成分问题等等。

这类关于化学知识本身的研究论文撰写,属于自然科学研究论文的范畴,基本遵循科学研究论文的撰写原则,即事实为依据,理论为支撑,简明扼要,容易复现。

关于教学研究的论文,又可分为纯粹经验类和教育教学理论应用类。

有关教学经验类的论文,最重要的是要有足够的事实证据,最好能找到该经验的理论依托。如,关于指导学生较快掌握化学方程式的教学经验,无论你设计得多么精巧,在高中阶段学生动手书写练习的次数都不可能少于3遍。因为这类知识在加涅的知识分类观看来,具有一定的"动作技能型知识"特征,不多动手练习,是很难一下子完全掌握的。而如果你用一个极特殊的超常儿童班为教学对象,以某几个个别方程式为教学内容,也许可能突破一般的练习规律,但这样的经验也就很难推广、普及。

随着近年来教学研究的深入,这种纯粹经验类的论文越来越少了。更多的关于新教学理论运用于高中化学教学实践的研究论文不断涌现出来。如,合作学习在高中化学教学中的应用、探究学习在某类知识教学中的实施、学生参与式课堂的构建、课堂讨论的组织方法、高效课堂的创建、发挥学生主体性的途径等等。

这类教学论文也有其明确的原则及具体的要求。其一,必须首先亮明理论观点,即我是根据什么样的教育教学理论开展教学实验的;其二,必须有明确的步骤设计与实施过程记录;其三,有令人信服的教学效果,最好是统计数据,包括前测、后测等,最好有实验班、对照班。其四,要说明实验开展的背景,及对实验结果的反思,使别人学习你的经验时,能有全面的理解。

比如,我要开展高三化学总复习教学的研究,首先要分析总复习教学的特点(认识的螺旋式上升阶段)、高三学生的年龄特征(逻辑思维能力较之高一高二进一步增强,自觉自律意识更强、学习意志品质更好、对学习环境的熟悉适应程度好等)、总复习的教学要求(既要深入理解知识,又要强化培养知识应用能力)等。

然后根据上述分析,就高中化学教学的各类内容做出教学设计,并具体组织实施,实施教学中可能会对原设计做适当修正,对教学的效果从各个方面进行评估(如学生的考试成绩、学生的学习感受、教学用时等方面)。最后指出该教学改革的优点,以及有待改进的方面。

无论哪一类的研究论文,其共同的特点是新颖、可借鉴。可能是理论新,别人都没有

① 胡列扬等."大胆假设 小心论证"才是应有的实验态度[J].化学教学.2010(11):70-73

看到过(虽然可能教学中隐隐约约有些类似体会);要么观点新,提出了与别人或传统观念完全不同的看法并给以充分论证;要么做法新,让别人觉得可以直接"拿来为我所用"。这应该成为研究论文的生命。

我们承认,作为高中化学教师,其主要任务是课程的开发与实施,并非论文撰写。但这并不影响在平日学习、思考、探究、积累的基础上,把自己的所思、所感写出来,供同行学习和参考。过去,我国并没有对一线高中化学教师写论文的统一要求,结果很多富有经验的老教师在退休后,他们宝贵的教育思想、教学经验也很快"退隐江湖",其影响的范围很窄、时间很短,非常令人遗憾!这就整个教育教学界来说,其实是一种极大的浪费。比如,现在如果有人说起原北京四中化学特级教师刘景昆先生对高中生所说的"领着走、扶着走、看着走"三个阶段学习要求,大概很少有人知道了。其实,这个"三步走",不正是以突出学生在学习中主体地位为目标的"教会学生学习"的过程吗?

近年来,为了尽快改进我国的中小学教学,普及推广先进的教育教学思想,教育管理部门通过各种途径要求教师加强教学研究,要求教师也要写教学研究论文,并把写论文与职称评定等挂钩。虽然出现了一些应付、抄袭等现象,毕竟在引导基层教师学习领会新理念、运用新理论指导教学、提高教学效率等方面起到了相当的推动作用。

参考文献

[1]刘知新主编. 化学教学论. 第 3 版[M]. 北京:高等教育出版社,2004

[2]王后雄主编. 新理念化学教学论[M]. 北京:北京大学出版社,2009

[3]郑长龙编著. 化学课程与教学论[M]. 长春:东北师范大学出版社,2005

[4]刘知新主编,何少华、毕华林著[M]. 学科现代教育理论书系·化学·化学课程论. 南宁:广西教育出版社,1996

[5]闫枫. 高等师范院校化学教学论课程改革的理论探索[D]. 武汉:华中师范大学,2006

[6]施良方著. 课程理论:课程的基础、原理与方法[M]. 北京:教育科学出版社,1996. 275

[7]蔡重庆. 普通高中化学课程标准(实验)研析[J]. 安徽教育学院学报,2004(11):108

[8]王克勤主编. 化学教学论[M]. 北京:科学出版社,2006

[9]江家发主编. 化学教学论[M]. 合肥:安徽人民出版社,2007

[10]马宏佳主编. 化学教学论[M]. 南京:南京师范大学出版社,2007

[11]王祖浩,王磊主编. 化学课程标准研制组编写.《走进新课程》丛书,普通高中化学课程标准(实验)解读[M]. 武汉:湖北教育出版社,2004. 27

[12]刘克文. 科学素养视野下的美国中学化学课程改革[J]. 外国中小学教育,2008(4):29

[13]中华人民共和国教育部制定. 普通高中化学课程标准(实验)[M]. 北京:人民教育出版社,2003

[14]胡建友. 论高中化学课程目标中的情感态度与价值观的培养[D]. 南昌:江西师范大学,2005

[15]王磊. 展望 21 世纪中学化学教育改革的方向和重点[J]. 化学通报,2001(6):393

[16]王后雄主编. 化学课程教育学[M]. 武汉:华中师范大学出版社,2004

[17]钟启泉总主编,高剑南,王祖浩主编. 化学教育展望[M]. 上海:华东师范大学出版社,2001

[18]刘克文. 科学素养:当代科学教育改革的主旋律[J]. 教育科学研究,2007

(10):16-18

[19]钟启泉总主编,高剑南,王祖浩主编.化学教育展望[M].上海:华东师范大学出版社,2001

[20]张英锋,张永安.新《高中化学课程标准》提高学生科学素养的理念[J].学科教育,2004(11):41-44

[21]毕华林,亓英丽著.化学教育新视角[M].济南:山东教育出版社,2004

[22]Laugsksch R C.Scientific Literacy.A Conceptual Overview.Science Education,2000,84(1):71-94

[23][美]国家研究理事会,戢守志等译.美国国家科学教育标准[M].北京:科学技术文献出版社,1999

[24]李晶,何彩霞主编.化学新课程与学科素质培养——化学教育新视野[M].北京:中国纺织出版社,2002

[25]许弟余,许国梁.教育是科学教育与人文教育融合的教育[J].四川职业技术学院学报,2008(11),第18卷第4期:81-83

[26]蔡铁权,姜旭英编著.科学课程与教学研究[M].杭州:浙江大学出版社,2008

[27]王磊主编.理解与实践高中化学新课程——与高中化学教师的对话[M].北京:高等教育出版社,2007

[28]孟献华,李广州.化学教学的人文性:基于课程与教学的理解[J].化学教育,2010(10):7-8

[29]黄晓.体现科学本质的科学教学——基于HPS的视角[C].上海:华东师范大学,2010

[30]汤艳,唐丽玲,王后雄.在化学新课程教学中培养学生问题意识的策略研究[J]高等函授学报,2005,19(6):3

[31]范杰主编.化学教育学[M].杭州:浙江教育出版社,1992

[32]冯生尧主编.课程改革:世界与中国[M].广州:广东教育出版社,2004

[33]王祖浩,王磊主编.化学课程标准研制组编写.《走进新课程》丛书,普通高中化学课程标准(实验)解读[M].武汉:湖北教育出版社,2004

[34]董素静.科学探究教学存在的问题及建议[J].中国教育学刊,2010(4):54-56

[35]李默.抓住化学学科特点创设探究性课堂[J].教育理论与实践,2009(12):62-64

[36]聂姣平.高中化学探究教学策略探讨[M].高等函授学报,2007(8):59

[37]江家发主编.化学教学论[M].合肥:安徽人民出版社,2007

[38]毕华林,刘冰著.化学探究学习论[M].济南:山东教育出版社,2004

[39]徐光宪.21世纪化学的内涵、四大难题和突破口[J].科学通报,2001(12):2086

[40]王凤军.谈化学学科的本质特征[J].白城师范学院学报,2006,20(6):21~23

[41]王祖浩,王磊主编.化学课程标准研制组编写.普通高中化学课程标准(实验)解读[M].武汉:湖北教育出版社,2004

[42]王磊,胡久华主编.高中化学新课程必修课教与学[M].北京:北京大学出版社,2006

[43]王磊,刘克文,支瑶等主编.高中化学新课程选修课教与学[M].北京:北京大学出版社,2006

[44]王磊主编.化学教学研究与案例[M].北京:高等教育出版社,2006

[45]孔令鹏,陈子钦主编.山东省基础教育新课程教师远程研修丛书·高中化学[M].济南:山东教育出版社,2010

[46]孔令鹏主编.山东省教学研究室编写.化学教学研究与指导[M].北京:电子工业出版社,2010

[47]宋心琦,王晶主编.普通高中化学课程标准实验教科书(八个模块分册)[M].北京:人民教育出版社,2009

[48]王晶主编.普通高中化学课程标准实验教科书教师教学用书(八个模块分册)[M].北京:人民教育出版社,2009

[49]王磊,陈光巨主编.普通高中化学课程标准实验教科书(八个模块分册)[M].济南:山东科技出版社,2009

[50]王磊,陈光巨主编.普通高中化学课程标准实验教科书教师用书(八个模块分册)[M].济南:山东科技出版社,2009

[51]王祖浩主编.普通高中化学课程标准实验教科书(八个模块分册)[M].南京:江苏教育出版社,2009

[52]王祖浩主编.普通高中化学课程标准实验教科书教学参考书(八个模块分册)[M].南京:江苏教育出版社,2009

[53]杨承印主编.化学教学设计与技能实践.北京:科学出版社,2007.17

[54]苹赞梅,支梅,秦林,何彩霞."从海水中提取有用物质"复习课教学设计[J].化学教学.2009,(6):57

[55]鲁献蓉.从传统教案走向现代教学设计[J].课程教材教法,2004,(7):17~23

[56]皮连生.学与教的心理学[M].上海:华东师范大学出版社,2007

[57]黄济,王策三.现代教育论[M].北京:人民教育出版社,2006

[58]袁振国.当代教育学(修订版)[M].北京:教育科学出版社,2004

[59]裴新宁.化学课程与教学论[M].杭州:浙江教育出版社,2003

[60]杨承印.化学课程与教学论[M].西安:陕西师范大学出版社,2010

[61]郑长龙.化学课程与教学论[M].长春:东北师范大学出版社,2005

[62]周青.科学课程教学论[M].北京:科学出版社,2007

[63]石中英.公共教育学[M].北京:北京师范大学出版社,2008

[64]郭熙汉、何穗、赵东方等.教学评价与测量[M].武汉:武汉大学出版社,2008

[65]王磊.中学化学实验及教学研究[M].北京:北京师范大学出版社,2009

[66]崔允漷.有效教学[M].上海:华东师范大学出版社,2009

[67]王策三.教学论稿[M].北京:人民教育出版社,2000

[68]普通高中课程标准实验教科书(化学)[M].北京:人民教育出版社,2009

[69]何克抗,李文光.教育技术学[M].北京:北京师范大学出版社,2002

[70]王磊.基础化学教育课程改革10年进展与反思[J].化学教育.2010(5)20~24

[71]王秀荣.高中化学有效教学的实施障碍与策略研究[D].河南师范大学.硕士论文,2008

[72]全国第二届高中化学优质课观摩评比暨教学改革研讨会会议资料[C],2010